普通高等院校土建类专业"十四五"创新规划教材

公路工程试验检测技术

主　编　李锐铎　方宏远　吕大为

副主编　范哲哲　胡国平　袁延召　陈卫丽　朱子禄

中国建材工业出版社

北　京

图书在版编目(CIP)数据

公路工程试验检测技术/李锐铎，方宏远，吕大为主编．--北京：中国建材工业出版社，2024.2
普通高等院校土建类专业"十四五"创新规划教材
ISBN 978-7-5160-3836-9

Ⅰ.①公… Ⅱ.①李… ②方… ③吕… Ⅲ.①道路工程－试验－高等学校－教材 Ⅳ.①U41

中国国家版本馆 CIP 数据核字（2023）第 192110 号

公路工程试验检测技术
GONGLU GONGCHENG SHIYAN JIANCE JISHU
主　编　李锐铎　方宏远　吕大为
副主编　范哲哲　胡国平　袁延召　陈卫丽　朱子禄

出版发行：中国建材工业出版社
地　　址：北京市海淀区三里河路 11 号
邮　　编：100831
经　　销：全国各地新华书店
印　　刷：北京印刷集团有限责任公司
开　　本：787mm×1092mm　1/16
印　　张：13.5
字　　数：320 千字
版　　次：2024 年 2 月第 1 版
印　　次：2024 年 2 月第 1 次
定　　价：49.80 元

本社网址：www.jccbs.com，微信公众号：zgjcgycbs
请选用正版图书，采购、销售盗版图书属违法行为
版权专有，盗版必究。本社法律顾问：北京天驰君泰律师事务所，张杰律师
举报信箱：zhangjie@tiantailaw.com　　举报电话：(010) 57811389
本书如有印装质量问题，由我社事业发展中心负责调换，联系电话：(010) 57811387

前 言

本书根据相关院校多年教学及实践经验，结合公路工程试验检测技术课程教学的特点，依据我国现行的相关规范编写而成。

本书编写的目的是使学生熟悉国内外先进的公路工程试验检测技术及设备，能够使用国家现行试验检测规范进行相关试验及检测，具备试验检测方案的制定、试验数据分析处理和编制正确的技术报告的能力，同时具有家国情怀、职业道德和追求卓越的科学精神。

本书由李锐铎、方宏远、吕大为担任主编，范哲哲、胡国平、袁延召、陈卫丽、朱子禄担任副主编。具体分工如下：第 1 章由河南城建学院吕大为编写，第 2 章由河南城建学院胡国平编写，第 3 章和第 7 章由河南城建学院李锐铎编写，第 4 章由河南城建学院袁延召编写，第 5 章 5.4.2 部分由郑州大学方宏远编写，第 5 章其他部分由河南城建学院范哲哲编写，第 6 章 6.1～6.4 部分由河南城建学院陈卫丽编写，第 6 章 6.5 案例部分由中犇检测认证有限公司朱子禄编写。

本书在编写过程中，参阅了国家相关法律法规、规范资料和一些院校优秀教材的相关内容，向有关作者谨表谢意。

本书的出版得到河南城建学院教材建设项目支持。本教材的编写得到河南省教育科学规划课题（2022YB0341）、河南省高等教育教学改革研究与实践项目（2021SJGLX260 及 2021SJGLX259）、河南城建学院高等教育教学改革研究与实践项目（2021JG212）支持。

由于编者水平有限，加之时间仓促，不妥之处在所难免，希望有关院校师生及读者提出宝贵意见，以便及时修改完善，联系邮箱：lird2010@126.com。

编 者
2023 年 10 月

目 录

第 1 章　公路工程试验检测技术基础知识 ——————————————— 1
1.1　试验检测的目的和意义　/ 1
1.2　试验检测法律、法规、标准和规程　/ 2
1.3　公路工程试验检测管理　/ 4
1.4　公路工程试验检测机构和人员信用评价　/ 9
1.5　公路工程试验检测数据报告的编制　/ 10
1.6　公路工程工地试验室建设　/ 19
习题与讨论　/ 20

第 2 章　试验检测数据处理 ——————————————————— 21
2.1　试验检测数据的基本知识　/ 21
2.2　数据的统计特征及概率分布　/ 26
2.3　可疑数据的取舍方法　/ 31
2.4　试验结果的表达方法　/ 34
2.5　抽样检验基础　/ 36
2.6　Excel 在试验检测数据处理中的应用　/ 39
习题与讨论　/ 42

第 3 章　公路工程质量评定方法与检查项目 ———————————— 43
3.1　公路工程质量检验评定方法　/ 43
3.2　路基工程质量检查项目　/ 45
3.3　路面工程质量检查项目　/ 49
3.4　桥梁工程质量检查项目　/ 54
3.5　隧道工程质量检查项目　/ 64
习题与讨论　/ 67

第 4 章　路基工程试验检测技术 ————————————————— 68
4.1　路基准备阶段工程试验检测技术　/ 68
4.2　路基施工阶段工程试验检测技术　/ 88
习题与讨论　/ 106

第 5 章　路面工程试验检测技术 ————————————————— 107
5.1　路面使用性能检查　/ 107

5.2 路面平整度试验检测方法 / 108
5.3 路面抗滑性能试验检测方法 / 116
5.4 路面结构层厚度检测 / 123
5.5 路面结构强度检测 / 140
习题与讨论 / 149

第 6 章 桥梁工程试验检测技术 — 150

6.1 桥梁的检查与检验 / 150
6.2 桥梁荷载试验 / 153
6.3 桥梁技术状况评定 / 173
6.4 桥梁承载能力评定 / 181
习题与讨论 / 190

第 7 章 隧道工程试验检测技术 — 191

7.1 隧道工程检测内容 / 191
7.2 预应力锚杆试验 / 192
7.3 喷射混凝土试验 / 195
7.4 监控量测 / 196
7.5 超前地质预报 / 200
习题与讨论 / 203

参考文献 — 204

附录 A 单位、分部及分项工程的划分 — 207

附录 B 结构混凝土外观质量限制缺陷 — 208

第1章 公路工程试验检测技术基础知识

1.1 试验检测的目的和意义

中共中央、国务院于 2019 年 9 月印发了《交通强国建设纲要》（以下简称《纲要》）。《纲要》作为建设交通强国的顶层设计和系统谋划，开启了新时代交通运输工作的新篇章。《纲要》指出，到 2020 年，完成决胜全面建成小康社会交通建设任务和"十三五"现代综合交通运输体系发展规划各项任务，为交通强国建设奠定坚实基础。从 2021 年到本世纪中叶，分两个阶段推进交通强国建设。第一个阶段，到 2035 年，基本建成交通强国，现代化综合交通运输体系基本形成。第二个阶段，从 2036 年到 2050 年，要全面建成人民满意、保障有力、世界前列的交通强国。

自从改革开放以来，特别是 1998 年以来，我国持续加大基础建设投资力度，基础设施建设实现了跨越式发展，高速公路、高速铁路、跨海大桥、机场、港口等基础设施建设创造了一个又一个奇迹，取得了举世瞩目的成就。

随着我国经济社会的发展、规范标准的不断完善和质量要求的不断提高，工程试验检测越来越受到重视，工程试验检测保证了工程质量，提高了工程综合效益和促进了科技进步。

公路水运工程试验检测是指根据国家有关法律和法规，依据相应规范、规程、技术标准等对公路水运工程所涉及的原材料、制品、实体、环境等有关技术参数进行的试验、检测、监理等活动。它主要分为公路工程与水运工程两大类，本教材主要讲述公路工程相关的试验及检测技术知识。

公路工程试验检测是施工质量控制和竣工验收评定工作中不可缺少的一个重要环节。通过试验检测能够控制施工质量，加快施工进度，充分利用当地原材料，降低工程造价，迅速推广利用新材料、新技术和新工艺，推动施工技术进步。

公路工程试验检测技术是一门快速发展的新兴交叉学科，它集试验检测基本理论、仪器设备生产与使用及相关基础理论知识于一体，是施工质量控制、施工验收评定、工程设计参数、养护管理决策及相关技术规范和规程修订的主要依据。特别是近几年，随着自动化和智能化技术及设备的飞速发展，公路工程试验检测方法也发生了翻天覆地的变化，检测的准确性和重复性也得到了大幅提高。例如无人机在桥梁检测中的应用、无线数据监测及采集系统的使用都极大地促进了公路工程检测技术的发展。

1.2 试验检测法律、法规、标准和规程

1.2.1 中华人民共和国计量法

根据我国相关法律、法规和标准规范，用于试验检测的仪器设备的计量必须准确可靠。计量是人类文明发展进步的重要基础，计量与经济发展、社会管理和百姓生活息息相关，近年来我国计量事业取得了长足发展。1985 年，我国颁布了《中华人民共和国计量法》（以下简称《计量法》）。随着我国经济社会的快速及高质量发展，减少政府过度干预，对接国际通行法则，提高违法成本，进一步激发了市场主体创新活力。时隔30 余年，2015 年，国家对《计量法》进行了多次修正，最新修订的《计量法》于2019 年 10 月 22 日起施行。《计量法》主要由总则（第一章），计量基准器具、计量标准器具和计量检定（第二章），计量器具管理（第三章），计量监督（第四章），法律责任（第五章）和附则（第六章）组成。

为进一步转变政府职能，优化营商环境，激发市场活力，2021 年 10 月 23 日第十三届全国人民代表大会常务委员会第三十一次会议通过决议：授权国务院暂时调整适用《计量法》的有关规定，在北京、上海、重庆、杭州、广州、深圳 6 个营商环境创新试点城市试行。暂时调整适用的期限为三年。

1.2.2 中华人民共和国标准化法

标准（含标准样品）是指农业、工业、服务业以及社会事业等领域需要统一的技术要求。标准主要有：国家标准、行业标准、地方标准以及团体标准和企业标准。国家标准分为强制性标准和推荐性标准，由国务院标准化行政主管部门负责制定。行业标准由国务院有关行政主管部门负责制定。地方标准由省、自治区、直辖市以及设区的市人民政府标准化行政主管部门制定。行业标准和地方标准均为推荐性标准。团体标准由学会、协会、商会、联合会、产业技术联盟等社会团体制定。企业标准由企业或企业联合制定。

为了提高产品质量，促进技术发展及进步，提高社会经济效益，国家于 1988 年 12 月 29 日修订通过《中华人民共和国标准化法》，自 1989 年 4 月 1 日起施行。为了进一步提升产品和服务质量，促进科学技术发展及进步，保障人身健康和生命财产安全，维护国家安全、生态环境安全，提高经济社会发展水平，新修订的《中华人民共和国标准化法》（以下简称《标准化法》）于 2018 年 1 月 1 日起正式实施。《标准化法》由总则（第一章）、标准的制定（第二章）、标准的实施（第三章）、监督管理（第四章）、法律责任（第五章）和附则（第六章）组成。

质检机构检测的依据是试验检测技术规范、规程、标准及设计文件等，有时也可由委托方自行提出检测要求。现行公路工程相关常用的试验检测标准及规程（行业标准）主要有：

1) 公路工程技术标准（JTG B01—2014）；
2) 公路技术状况评定标准（JTG 5210—2018）；

3）公路工程质量检验评定标准 第一册 土建工程（JTG F80/1—2017）；
4）公路工程质量检验评定标准 第二册 机电工程（JTG 2182—2020）；
5）公路工程沥青及沥青混合料试验规程（JTG E20—2011）；
6）公路工程水泥及水泥混凝土试验规程（JTG E30—2005）；
7）公路土工试验规程（JTG 3430—2020）；
8）公路工程岩石试验规程（JTG E41—2005）；
9）公路工程集料试验规程（JTG E42—2005）；
10）公路工程土工合成材料试验规程（JTG E50—2006）；
11）公路工程无机结合料稳定材料试验规程（JTG E51—2009）；
12）公路路基路面现场测试规程（JTG 3450—2019）；
13）公路路面技术状况自动化检测规程（JTG/T E61—2014）；
14）岩土锚杆与喷射混凝土支护工程技术规范（GB 50086—2015）；
15）公路隧道施工技术规范（JTG/T 3660—2020）；
16）公路隧道养护技术规范（JTG H12—2015）；
17）锚杆锚固质量无损检测技术规程（JGJ/T 182—2009）。

1.2.3 中华人民共和国产品质量法

为了加强对产品质量的监督管理，提高产品质量水平，明确产品质量责任，保护消费者的合法权益，维护社会经济秩序，国家制定了《中华人民共和国产品质量法》（以下简称《产品质量法》），1993年2月22日第七届全国人民代表大会常务委员会第三十次会议通过，自1993年9月1日起施行。2018年12月29日第十三届全国人民代表大会常务委员会第七次会议通过关于修改《产品质量法》等五部法律的决定。《产品质量法》由总则（第一章），产品质量的监督（第二章），生产者、销售者的产品质量责任和义务（第三章），损害赔偿（第四章），罚则（第五章），附则（第六章）组成。本教材将《产品质量法》部分内容摘录如下。

《产品质量法》第二章为产品质量的监督，主要内容如下：

第十二条 产品质量应当检验合格，不得以不合格产品冒充合格产品。

第十九条 产品质量检验机构必须具备相应的检测条件和能力，经省级以上人民政府产品质量监督管理部门或者其授权的部门考核合格后，方可承担产品质量的检验工作。法律、行政法规对产品质量检验机构另有规定的，依照有关法律、行政法规的规定执行。

第二十一条 产品质量检验机构、认证机构，必须依法按照有关标准，客观公正地出具检验结果或者认证证明。

产品质量认证机构应当依照国家规定对准许使用认证标志的产品进行认证后的跟踪检查；对不符合认证标准而使用认证标志的，要求其改正；情节严重的，取消其使用认证标志的资格。

《产品质量法》第五章为罚则，主要内容如下：

第五十七条 产品质量检验机构、认证机构伪造检验结果或者出具虚假证明的，责令改正，对单位处五万元以上十万元以下的罚款，对直接负责的主管人员和其他直接责任人员处一万元以上五万元以下的罚款；有违法所得的，并处没收违法所得；情节严重的，取消其检验资格、认证资格；构成犯罪的，依法追究刑事责任。

产品质量检验机构、认证机构出具的检验结果或者证明不实，造成损失的，应当承担相应的赔偿责任；造成重大损失的，撤销其检验资格、认证资格。

产品质量认证机构违反本法第二十一条第二款的规定，对不符合认证标准而使用认证标志的产品，未依法要求其改正或者取消其使用认证标志资格的，对因产品不符合认证标准给消费者造成的损失，与产品的生产者、销售者承担连带责任；情节严重的，撤销其认证资格。

1.2.4 建设工程质量管理条例

为了加强对建设工程质量的管理，保证建设工程质量，保护人民生命和财产安全，国家根据《中华人民共和国建筑法》，制定《建设工程质量管理条例》（中华人民共和国国务院令第279号）。《建设工程质量管理条例》经2000年1月10日国务院第25次常务会议通过，自2000年1月30日发布起施行。凡在中华人民共和国境内从事建设工程的新建、扩建、改建等有关活动及实施对建设工程质量监督管理的，必须遵守本条例。2017年10月7日，国家对《建设工程质量管理条例》进行了修订（中华人民共和国国务院令第687号）。

1.2.5 中华人民共和国认证认可条例

为了规范认证认可活动，提高产品、服务的质量和管理水平，促进经济和社会的发展，2003年9月3日，国家发布了《中华人民共和国认证认可条例》（以下简称《认证认可条例》）（中华人民共和国国务院令第390号）。《认证认可条例》根据2016年2月6日《国务院关于修改部分行政法规的决定》进行了修订，根据2020年11月29日《国务院关于修订和废止部分行政法规的决定》进行了第二次修订。

1.3 公路工程试验检测管理

公路工程试验检测是保证工程质量的重要方法及手段，不同等级公路改建及新建工程的试验检测工作需要不同等级的试验检测机构来承担，在具体实施过程中也需要规范的操作及管理才能保证工程质量、提高工程综合效益和促进科技进步。

为规范公路水运工程试验检测活动，保证公路水运工程质量及人民生命和财产安全，交通部于2005年10月19日颁布了《公路水运工程试验检测管理办法》（交通部令2005年第12号）。根据2016年12月10日《交通运输部关于修改〈公路水运工程试验检测管理办法〉的决定》，对该办法进行了第一次修正；根据2019年11月28日《交通运输部关于修改〈公路水运工程试验检测管理办法〉的决定》，对该文件进行了第二次修正。为了贯彻落实《公路水运工程试验检测管理办法》，原交通部质监总站还出台了《公路水运工程试验检测机构等级标准》和《公路水运工程试验检测机构等级评定程序》。

为满足公路水运工程质量安全监管工作的要求，解决近年来大量试验检测技术的更新和有关技术标准的更替所产生的检测工作不一致的问题，进一步提高公路水运工程试验检测工作质量和管理水平，交通运输部于2017年8月4日以交安监发〔2017〕113号文印发了修订后的《公路水运工程试验检测机构等级标准》及《公路水运工程试验检测机构等级评定及换证复核工作程序》的通知，并发文明确了现有检测机构等级换证的过渡要求。

为了实现试验检测机构建设、管理及工作的标准化、规范化、信息化和智能化，《公路水运工程试验检测等级管理要求》（JT/T 1181—2018）于2018年5月1日起实施。本标准规定了公路水运工程试验检测等级管理的要求，包括基本规定、试验检测分类及代码、公路水运工程试验检测机构等级标准和等级评定及换证复核工作程序的应用说明，以及检测机构运行通用要求；本标准适用于公路水运工程试验检测机构建设与管理、等级评定、换证复核、检查评价等工作，其他有关检验检测工作可参考使用。

本书摘录《公路水运工程试验检测管理办法》部分内容如下。

《公路水运工程试验检测管理办法》第二章为检测机构等级评定，主要内容如下：

第六条 检测机构等级，是依据检测机构的公路水运工程试验检测水平、主要试验检测仪器设备及检测人员的配备情况、试验检测环境等基本条件对检测机构进行的能力划分。

检测机构等级，分为公路工程和水运工程专业。

公路工程专业分为综合类和专项类。公路工程综合类设甲、乙、丙3个等级。公路工程专项类分为交通工程和桥梁隧道工程。

水运工程专业分为材料类和结构类。水运工程材料类设甲、乙、丙3个等级。水运工程结构类设甲、乙2个等级。

检测机构等级标准由部质量监督机构另行制定。

第七条 部质量监督机构负责公路工程综合类甲级、公路工程专项类和水运工程材料类及结构类甲级的等级评定工作。

省级交通质监机构负责公路工程综合类乙、丙级和水运工程材料类乙、丙级、水运工程结构类乙级的等级评定工作。

第八条 检测机构可以同时申请不同专业、不同类别的等级。

检测机构被评为丙级、乙级后须满1年且具有相应的试验检测业绩方可申报上一等级的评定。

第九条 申请公路水运工程试验检测机构等级评定，应向所在地省级交通质监机构提交以下材料：

（一）《公路水运工程试验检测机构等级评定申请书》；

（二）质量保证体系文件。

第十条 公路水运工程试验检测机构等级评定工作分为受理、初审、现场评审3个阶段。

第十一条 省级交通质监机构认为所提交的申请材料齐备、规范、符合规定要求的，应当予以受理；材料不符合规定要求的，应当及时退还申请人，并说明理由。

所申请的等级属于部质量监督机构评定范围的，省级交通质监机构核查后出具核查意见并转送部质量监督机构。

第十二条 初审主要包括以下内容：

（一）试验检测水平、人员及检测环境等条件是否与所申请的等级标准相符；

（二）申报的试验检测项目范围及设备配备与所申请的等级是否相符；

（三）采用的试验检测标准、规范和规程是否合法有效；

（四）检定和校准是否按规定进行；

（五）质量保证体系是否具有可操作性；

（六）是否具有良好的试验检测业绩。

第十三条 初审合格的进入现场评审阶段；初审认为有需要补正的，质监机构应当通知申请人予以补正直至合格；初审不合格的，质监机构应当及时退还申请材料，并说明理由。

第十四条 现场评审是通过对申请人完成试验检测项目的实际能力、检测机构申报材料与实际状况的符合性、质量保证体系和运转等情况的全面核查。

现场评审所抽查的试验检测项目，原则上应当覆盖申请人所申请的试验检测各大项目。抽取的具体参数应当通过抽签方式确定。

第十五条 现场评审由专家评审组进行。

专家评审组由质监机构组建，3人以上单数组成（含3人）。评审专家从质监机构建立的试验检测专家库中选取，与申请人有利害关系的不得进入专家评审组。

专家评审组应当独立、公正地开展评审工作。专家评审组成员应当客观、公正地履行职责，遵守职业道德，并对所提出的评审意见承担个人责任。

第十六条 专家评审组应当向质监机构出具《现场评审报告》，主要内容包括：

（一）现场考核评审意见；

（二）公路水运工程试验检测机构等级评分表；

（三）现场操作考核项目一览表；

（四）两份典型试验检测报告。

第十七条 质监机构依据《现场评审报告》及检测机构等级标准对申请人进行等级评定。

质监机构的评定结果，应当通过交通运输主管部门指定的报刊、信息网络等媒体向社会公示，公示期不得少于7天。

公示期内，任何单位和个人有权就评定结果向质监机构提出异议，质监机构应当及时受理、核实和处理。

公示期满无异议或者经核实异议不成立的，由质监机构根据评定结果向申请人颁发《公路水运工程试验检测机构等级证书》（以下简称《等级证书》）；经核实异议成立的，应当书面通知申请人，并说明理由，同时应当为异议人保密。

省级交通质监机构颁发证书的同时应当报部质量监督机构备案。

第十八条 《公路水运工程试验检测机构等级评定申请书》和《等级证书》由部质量监督机构统一规定格式。

《等级证书》应当注明检测机构从事公路水运工程试验检测的专业、类别、等级和项目范围。

第十九条 《等级证书》有效期为5年。

《等级证书》期满后拟继续开展公路水运工程试验检测业务的，检测机构应提前3个月向原发证机构提出换证申请。

第二十条 换证的申请、复核程序按照本办法规定的等级评定程序进行，并可以适当简化。在申请等级评定时已经提交过且未发生变化的材料可以不再重复提交。

第二十一条 换证复核以书面审查为主。必要时，可以组织专家进行现场评审。

换证复核的重点是核查检测机构人员、仪器设备、试验检测项目、场所的变动情况，试验检测工作的开展情况，质量保证体系文件的执行情况，违规与投诉情况等。

第二十二条 换证复核合格的，予以换发新的《等级证书》。不合格的，质监机构应当责令其在6个月内进行整改，整改期内不得承担质量评定和工程验收的试验检测业务。整改期满仍不能达到规定条件的，质监机构根据实际达到的试验检测能力条件重新作出评定，或者注销《等级证书》。

换证复核结果应当向社会公布。

第二十三条 检测机构名称、地址、法定代表人或者机构负责人、技术负责人等发生变更的，应当自变更之日起30日内到原发证质监机构办理变更登记手续。

第二十四条 检测机构停业时，应当自停业之日起15日内向原发证质监机构办理《等级证书》注销手续。

第二十五条 等级评定不得收费，有关具体事务性工作可以通过政府购买服务等方式实施。

第二十六条 《等级证书》遗失或者污损的，可以向原发证质监机构申请补发。

第二十七条 任何单位和个人不得伪造、涂改、转让、租借《等级证书》。

《公路水运工程试验检测管理办法》第三章试验检测活动主要内容如下：

第二十八条 取得《等级证书》，同时按照《计量法》的要求经过计量行政部门考核合格的检测机构，可在《等级证书》注明的项目范围内，向社会提供试验检测服务。

第二十九条 取得《等级证书》的检测机构，可设立工地临时试验室，承担相应公路水运工程的试验检测业务，并对其试验检测结果承担责任。

工程所在地省级交通质监机构应当对工地临时试验室进行监督。

第三十条 检测机构应当严格按照现行有效的国家和行业标准、规范和规程独立开展检测工作，不受任何干扰和影响，保证试验检测数据客观、公正、准确。

第三十一条 检测机构应当建立严密、完善、运行有效的质量保证体系。应当按照有关规定对仪器设备进行正常维护，定期检定与校准。

第三十二条 检测机构应当建立样品管理制度，提倡盲样管理。

第三十三条 检测机构应当重视科技进步，及时更新试验检测仪器设备，不断提高业务水平。

第三十四条 检测机构应当建立健全档案制度，保证档案齐备，原始记录和试验检测报告内容必须清晰、完整、规范。

第三十五条 检测机构在同一公路水运工程项目标段中不得同时接受业主、监理、施工等多方的试验检测委托。

第三十六条 检测机构依据合同承担公路水运工程试验检测业务，不得转包、违规分包。

第三十七条 检测人员分为试验检测师和助理试验检测师。

检测机构的技术负责人应当由试验检测师担任。

试验检测报告应当由试验检测师审核、签发。

第三十八条 检测人员应当重视知识更新，不断提高试验检测业务水平。

第三十九条 检测人员应当严守职业道德和工作程序，独立开展检测工作，保证试验检测数据科学、客观、公正，并对试验检测结果承担法律责任。

第四十条 检测人员不得同时受聘于两家以上检测机构，不得借工作之便推销建设材料、构配件和设备。

1.3.1 试验检测机构等级标准人员配备要求

公路工程试验检测机构等级标准人员的配备要求见表 1-1。

表 1-1 公路工程试验检测机构等级标准人员配备要求

项目	综合甲级	综合乙级	综合丙级	交通工程专项	桥梁隧道工程专项
持试验检测人员证书总人数	**≥50**	**≥23**	**≥9**	**≥28**	**≥30**
持试验检测师证书人数	**≥20**	**≥8**	**≥4**	**≥13**	**≥15**
持试验检测师证书专业配置	道路工程≥10人 桥梁隧道工程≥7人 交通工程≥3人	道路工程≥6人 桥梁隧道工程≥2人	道路工程≥3人 桥梁隧道工程≥1人	交通工程≥13人	道路工程≥3人 桥梁隧道工程≥12人
相关专业高级职称（持试验检测师证书）人数及专业配置	**≥12** 道路工程≥6人 桥梁隧道工程≥5人 交通工程≥1人	**≥3** 道路工程≥2人 桥梁隧道工程≥1人	—	**≥8** 交通工程≥8人	**≥8** 道路工程≥1人 桥梁隧道工程≥7人
技术负责人	1. 相关专业高级职称；2. 持试验检测师证书；3. 8年以上试验检测工作经历	1. 相关专业高级职称；2. 持试验检测师证书；3. 5年以上试验检测工作经历	1. 相关专业中级职称；2. 持试验检测师证书；3. 5年以上试验检测工作经历	1. 相关专业高级职称；2. 持交通工程试验检测师证书；3. 8年以上试验检测工作经历	1. 相关专业高级职称；2. 持桥梁隧道工程试验检测师证书；3. 8年以上试验检测工作经历
质量负责人	1. 相关专业高级职称；2. 持试验检测师证书；3. 8年以上试验检测工作经历	1. 相关专业高级职称；2. 持试验检测师证书；3. 5年以上试验检测工作经历	1. 相关专业中级职称；2. 持试验检测师证书；3. 5年以上试验检测工作经历	1. 相关专业高级职称；2. 持试验检测师证书；3. 8年以上试验检测工作经历	1. 相关专业高级职称；2. 持试验检测师证书；3. 8年以上试验检测工作经历

注：1. 表中黑体字为强制性要求，一项不满足视为不通过。非黑色字体为非强制性要求，不满足按扣分处理。
　　2. 试验检测人员证书名称及专业遵循国家设立的公路水运试验检测专业技术人员职业资格制度相关规定。

1.3.2 试验检测机构等级标准主要试验检测仪器设备要求

试验检测机构等级标准对不同的试验检测类别和级别的试验检测能力及主要仪器设备均有详细要求,主要包括试验检测项目、主要试验检测参数和仪器设备配置等,由于内容较多,不再赘述,详见《公路水运工程试验检测机构等级标准》(JT/T 1181—2018)。

1.3.3 试验检测机构等级标准试验检测环境要求

试验检测机构等级标准试验检测环境要求见表1-2。

表1-2 试验检测环境要求

项目	甲级	乙级	丙级	交通工程专项	桥梁隧道工程专项
试验检测用房面积（不含办公面积）（m²）	≥1300	≥700	≥400	≥900	≥900
	试验检测环境应满足所开展检测参数要求,布局合理、干净整洁				

注:此表内容为强制性要求。

1.4 公路工程试验检测机构和人员信用评价

试验检测机构和试验检测人员在试验检测活动中的各种行为都属于从业承诺履约行为。例如,试验检测机构在资质申请、等级增项、换证复核、投标活动及合同履约等过程中的行为,试验检测人员在资格考试、证书使用、合同履约等过程中的行为都属于从业承诺履约行为。

为加强公路水运工程试验检测管理和信用体系建设,增强试验检测机构和人员诚信意识,促进试验检测市场健康有序发展,营造诚信守法的检测市场环境,依据《建设工程质量管理条例》《公路建设市场管理办法》《水运建设市场监督管理办法》（交通部2004年14号令）和《公路水运工程试验检测管理办法》（交通部2005年12号令）,交通运输部于2009年制定了《公路水运工程试验检测信用评价办法（试行）》（交质监发〔2009〕318号）。2018年,修订了《公路水运工程试验检测信用评价办法》（以下简称《信用评价办法》）。

《信用评价办法》所称信用评价是指交通运输主管部门对持有公路水运工程试验检测师或助理试验检测师（试验检测工程师或试验检测员）资格证书的试验检测从业人员（以下简称检测人员）和取得公路水运工程试验检测等级证书并承担公路水运工程试验、检测及监测业务的试验检测机构的从业承诺履行状况等诚信行为的综合评价。《信用评价办法》包括总则、试验检测机构信用评价、试验检测人员信用评价、信用评价管理、附则五章及附件。现就该办法中相关内容进行简单介绍。

1.4.1 试验检测机构信用评价

试验检测机构、工地试验室及现场检测项目的信用评价基准分为100分,按照《公路水运工程试验检测信用评价办法》附件 1、附件 2 的扣分内容进行扣分。试验检测机构的综合得分按式（1-1）计算。

$$W = W'(1-\gamma) + \frac{\gamma}{n} \cdot \sum_{i=1}^{n} W_i^n \qquad (1\text{-}1)$$

式中　W——试验检测机构信用评价综合得分；

　　　W'——母体机构得分；

　　　W_i——工地试验室及现场检测项目得分；

　　　n——工地试验室及现场检测项目数；

　　　γ——权重。

$n=0$ 时，$\gamma=0$；

$n=1\sim3$ 时，$\gamma=0.3$；

$n=4\sim6$ 时，$\gamma=0.4$；

$n=7\sim10$ 时，$\gamma=0.6$；

$n>10$ 时，$\gamma=0.7$。

试验检测机构信用评价分为 AA、A、B、C、D 五个等级，评分对应的信用等级分别为：

AA 级：信用评分≥95 分，信用好；

A 级：85 分≤信用评分＜95 分，信用较好；

B 级：70 分≤信用评分＜85 分，信用一般；

C 级：60 分≤信用评分＜70 分，信用较差；

D 级：信用评分＜60 分或直接确定为 D 级，信用差。

被评为 D 级的试验检测机构直接列入黑名单，并按《公路水运工程试验检测管理办法》等相关规定予以处理。对被直接确定为 D 级的试验检测机构应当及时公布。

1.4.2　试验检测人员信用评价

试验检测人员信用评价实行累计扣分制，评价标准见《公路水运工程试验检测管理办法》附件 3《公路水运工程试验检测人员信用评价标准》，评价表见附件 7《试验检测人员信用评价表》。

评价周期内累计扣分分值大于等于 20 分，小于 40 分的试验检测人员信用等级为信用较差；扣分分值大于等于 40 分的试验检测人员信用等级为信用差。连续 2 年信用等级被评为信用较差的试验检测人员，其当年信用等级为信用差。被确定为信用差的试验检测人员列入黑名单。

在评价周期内，试验检测人员在不同项目和不同工作阶段发生的违规行为累计扣分。一个具体行为涉及两项以上违规行为的，以扣分标准高者为准。

1.5　公路工程试验检测数据报告的编制

交通运输部为了加快现代工程管理，提高行业参建单位形象，从 2011 年起开展高速公路施工标准化行动。交通运输部质监局根据相关要求制定出台了《关于印发工地试验室标准化建设要点的通知》，并且组织编写了《公路工程工地试验室标准化指南》，对工地试验室的标准化建设和管理进行了细化和要求。2012年交通运输部出台了《公路试验检测数据报告编制导则》，制定了数据的记录表及报告的编制等规范。随着社会的发展及工程建设信息化要求，同时为了进一步保证试验检测数据报告的规范性和可溯源性，并且能够进行信息化方式编制和保存，交通运输部组织编写了《公路水运试验检测数据报告编制导则》（JT/T 828—2019）代替 JT/T 828—2012。该规范包括范围、规范性引用文件、术语和定义、基本规定、记录表的编制、检测类报告的编制和综合类评价报告的编制7章。在附录中给出了记录表格式、检测类报告格式及实例，并且给出了综合评价类报告封面、扉页、签字页、正文部分的格式。

1.5.1 记录表的编制

公路水运试验检测数据报告包括试验检测记录表（以下简称记录表）和试验检测报告（以下简称报告）。记录表应由标题、基本信息、检测数据、附加声明、落款五部分组成，相关信息及数据要内容完整、真实可靠，且具有可追溯性。

1. 标题

标题由记录表名称、唯一性标识编码、检测单位名称、记录编号、页码组成。其中，记录表名称位于标题部分第二行居中位置，采用"项目名称"＋"参数名称"＋"试验检测记录表"的形式命名。

1）记录表名称。当试验参数有多种测试方法可选择时，宜在记录表名称后将选用的测试方法以括号的形式加以标识。

例如：混凝土强度试验检测记录表（回弹法）。

当同一样品在一次试验中得到两个以上参数值时，记录表名称宜列出全部参数名称，并用顿号分隔，参数个数不宜大于4。

例如：水泥标准稠度、用水量、凝结时间、安定性试验检测记录表。

2）唯一性标识编码。记录表拥有唯一性标识编码，标识编码由9位或10位字母和数字组成，如图1-1所示。记录表标识编码各段位示意如下：

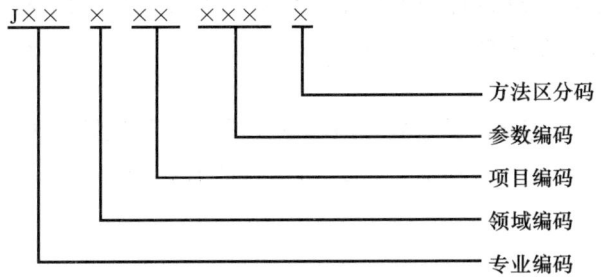

图 1-1　记录表唯一性标识编码结构示意

（1）专业编码：由3位大写英文字母组成，第1位字母为J，代表记录表，第2、3位字母用于区分专业类别，GL代表公路工程专业，SY代表水运工程专业；

(2) 领域编码：由1位大写英文字母组成，应符合JT/T 1181的规定；
(3) 项目编码：由2位数字组成，应符合JT/T 1181的规定；
(4) 参数编码：由3位数字组成，应符合JT/T 1181的规定；
(5) 方法区分码：为1位小写英文字母，应符合JT/T 1181的规定，可省略。
3) 检测单位名称。位于标题部分第三行，靠左对齐，具体要求如下：
(1) 当检测单位为检测机构时，应填写等级证书中的机构名称，可附加等级证书的编号；
(2) 当检测单位为工地试验室时，应填写其授权文件上的工地试验室名称。
4) 记录编号。与"检测单位名称"位于同行（靠右对齐），用于记录表的身份识别，由检测单位自行编制。
5) 页码。位于标题部分第一行位置，靠右对齐，以"第×页；共××页"形式表示。

2. 基本信息

基本信息用于表明试验检测的基本信息，位于标题之后。其包括工程名称、工程部位/用途、样品信息、试验检测日期、试验条件、检测依据、判定依据、主要仪器设备名称及编号。

当涉及盲样时，可以不填工程名称和工程部位/用途。样品信息包括来样时间、样品名称、样品编号、样品数量、样品状态、制作情况和抽样情况，制作情况和抽样情况根据实际情况删减填写。试验检测日期以"YYYY年MM月DD日"的形式表示。试验条件为试验时的温度、湿度、照度、气压等环境条件。检测依据为试验依据的标准、规范、规程、作业指导书等技术文件，当技术文件为公开发布的，可以只填写代号，如有必要，还需填写技术文件的方法编号等信息（例：JTG E20—2011 T 0715—2011）。判定依据为检测结论依据的标准、规范、规程、设计文件等依据材料。主要仪器设备名称及编号一项填写试验所使用的主要仪器设备名称及编号。

3. 检测数据

检测数据应包括原始观测数据、数据处理过程与方法和试验结果等相关内容。手工记录的原始数据应在现场如实、完整记录，确需修改的数据，应画横杠后并在修改处签字；仪器自动采集生成的数据、试验照片等资料，可打印签字后粘贴在记录表中或留存原始数据电子档。数据处理过程与方法部分填写原始数据推导出试验结果的过程，包括计算公式、推导过程、数字修约等内容。

4. 附加声明

附加声明主要用于说明需要提醒和声明的事项。主要包括：对试验检测的依据、方法、条件等偏离情况的声明；其他见证方签认（如有，需要见证方签名）；其他需要补充说明的事项。

5. 落款

落款位于附加声明之后，主要用于表明记录表的签认信息，由检测、记录、复核和日期组成。

记录表格式如图1-2所示。

土击实试验检测记录表

JGLQ01007

检测单位名称：××检测有限公司　　　　　　　　　　　　　　　　　　　　　　　　　　　记录编号：JL-2021-TJS-009

工程名称	××高速公路				
工程部位/用途	K1+200～K3+200				
样品信息	来样时间：2021年8月16日；样品名称：素填土；样品编号：YP-2021-TSI-009				
试验检测日期	2021年8月20日		试验条件	温度26℃湿度62％RH	
检测依据	JTG 3430—2020　ET 0131—2019		判定依据	/	
主要仪器设备名称及编号	击实仪（××）、电子天平（××）、烘箱（××）等				
击锤质量（g）	4.5	每层击数	98	落距（mm）	45	大于40mm颗粒含量（％）	/

	试验次数	1	2	3	4	5
干密度	筒容积（cm³）	997	997	997	997	997
	筒质量（g）	1879.7	1879.7	1879.7	1879.7	1879.7
	筒+湿土质量（g）					
	湿土质量（g）					
	湿密度（g/cm³）					
	干密度（g/cm³）					
含水率	盒号					
	盒质量（g）					
	盒+湿土质量（g）					
	盒+干土质量（g）					
	水质量（g）					
	干土质量（g）					
	含水率（％）					
	平均含水率（％）					
击实曲线	最大干密度			最佳含水率		

附加声明：/

检测：　　　　　记录：　　　　　复核：　　　　　　　　　　　　　　　　日期：　　年　月　日

图1-2　记录表格式

1.5.2 检测类报告的编制

根据检测目的和报告内容的不同,报告可分为检测类报告和综合评价类报告两类。报告应格式及形式统一并满足要求。检测类报告由标题、基本信息、检测对象属性、检测数据、附加声明、落款六部分组成;综合评价类报告由封面、扉页、目录、签字页、正文、附件六部分组成,其中目录部分、附件部分可根据实际情况删减。检测类报告的格式及编制要求如下。

1. 标题

标题由报告名称、唯一性标识编码、检测单位名称、专用章、报告编号、页码组成。

1) 报告名称。报告名称位于标题部分第二行居中位置,宜采用"项目名称"+"参数名称"(由单一记录表导出的报告,如由多个记录表导出的报告则不要此项)+"试验检测报告"。

2) 专用章。专用章包括检测专用印章、等级专用标识章、资质认定标志等信息。检测专用印章应端正地盖压在检测单位名称上;等级专用标识章和资质认定标志应按照 JT/T 1181 和相关规定使用。

3) 唯一性标识编码。由 10 位数字和字母组成,与报告名称在同一行,如图 1-3 所示。

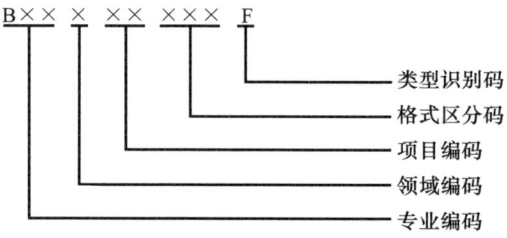

图 1-3 检测类报告唯一性标识编码结构示意

（1）专业编码：由 3 位大写英文字母组成,第 1 位字母为 B,代表报告,第 2、3 位字母用于区分专业类别,GL 代表公路工程专业,SY 代表水运工程专业;

（2）领域编码：为 1 位大写英文字母,应符合 JT/T 1181 的规定;

（3）项目编码：由 2 位数字组成,应符合 JT/T 1181 的规定;

（4）格式区分码：由 3 位数字组成,由检测单位自行制定并采用 001～009 的形式;

（5）类型识别码：用"F"表示检测类报告。

4) 检测单位名称。检测单位名称靠左对齐,位于标题部分第三行。

5) 报告编号。报告编号靠右对齐,与"检测单位名称"处于一行。

2. 基本信息

基本信息位于标题部分之后,用来表征试验检测的基本信息,包括施工/委托单位、工程名称、工程部位/用途、样本信息、检测依据、判定依据、主要仪器设备名称和编号信息。施工/委托单位应填写委托单位全称,为二选一填写项,如是工地试验室可填写施工单位全称。其他信息填写与记录表相关信息填写要求一致。

3. 检测对象属性

检测对象属性用来详细描述被检对象和测试过程中的相关技术信息,位于基本信息之后,包括基础资料、测试说明、制作情况和抽样情况等信息。基础资料宜为描述工程实体的基本技术参数(设计参数、地质情况、成型工艺等);测试说明宜包括测试点位、测试路线、图片资料等内容。

4. 检测数据

检测数据的内容源于记录表内容,包括检测项目、技术要求/指标、检测结果、检测结论等必要图表信息。

5. 附加声明

附加声明用来说明需要提醒和声明的事项。其主要用于对试验检测的依据、方法、条件等偏离情况的声明;对报告使用方式和责任的声明;报告出具方联系信息及其他需要说明的事项。

6. 落款

落款用来表征报告的签署信息,由检测、审核、批准、日期组成。其中,检测、审核和批准应为实际承担试验检测相应工作的人员。日期为报告的批准日期。

检测类报告格式与实例如图1-4和图1-5所示。

××试验检测报告

B××××××××F

检测单位名称(专用章): 报告编号:

施工/委托单位		工程名称	
工程部位/用途			
样品信息			
检测依据		判定依据	
主要仪器设备名称及编号			
检测结论:			
附加声明:			

检测: 审核: 批准: 日期: 年 月 日

图1-4 检测类报告格式

土击实试验检测报告

检测单位名称（专用章）：××试验检测有限公司   BGLQ01001F
报告编号：BG-2021-TJS-001

施工/委托单位	××路桥集团有限公司	工程名称	××高速公路
工程部位/用途	K1+200～K3+200 路基填筑		
样品信息	样品名称：素填土；样品编号：YP-2021-TSI-009；样品数量：200g；样品状态：黄色、颗粒均匀、无杂质		
检测依据	JTG 3430—2020 ET 0131—2019	判定依据	/
主要仪器设备名称及编号	击实仪（××）、电子天平（××）、烘箱（××）等		
取样位置	K2+210	代表数量	/

序号	检测项目	技术指标	检测结果	结果判定
1	标准击实	最大干密度（g/cm³）	/	1	/
		最佳含水率（%）	/	2	/

检测结论：经检测，该土样的最佳含水率为　%，最大干密度为　g/cm³。

附加声明：报告无本单位"专用章"无效；报告无三级审核无效；报告改动换页无效；委托试验检验报告仅对来样负责；未经本单位书面授权，不得部分复制本报告或用于其他用途；若对本报告有异议，应于收到报告15个工作日内向本单位提出书面复议申请，逾期不予受理。

地址：　　　　　　电话：　　　　　　传真：

检测：　　　审核：　　　批准：　　　　　　日期：　年　月　日

图1-5　检测类报告实例

1.5.3　综合评价类报告的编制

综合评价类报告由封面、扉页、目录、签字页、正文、附件六部分组成。封面宜包括唯一性标识编码、报告编号、报告名称、委托单位、工程（产品）名称、检测项目、检测类别、报告日期和检测单位名称等信息。

唯一性标识编码位于封面右上角，靠右对齐，类型识别码为"H"；报告编号位于封面右上角第二行，靠右对齐；报告名称位于"报告编号"之后的居中位置，统一为"检测报告"；委托单位应填写委托单位全称；检测项目为具体检测项目内容，宜采用"项目名称"+"参数名称"的形式命名；检测类别可分为委托送样检测、见证取样检测、质量监督检验、仲裁检测及其他；报告日期、检测单位名称、专用章要求与前述记录表对应项目要求一致。

扉页宜包含报告有效性规定、效力范围申明、使用要求、异议处理方式，以及检测机构联系方式等内容。

目录按照"标题名称"+"页码"的方式编写,显示一级标题即可。页码宜从正文首页开始以阿拉伯数字顺序编排。

签字页应包括工程名称、项目负责人、项目参与人、报告编写人、报告审核人和批准人,宜打印姓名并且亲笔手签,采用信息化编制的报告也可以使用数字签名。

正文部分应包括项目概况、检测依据、人员和仪器设备、检测内容与方法、检测数据分析、结论与分析评估、有关建议等内容。项目概况至少包括以下信息:委托单位信息、项目名称、所在位置、项目建设信息、原设计情况及主要设计图示、主要技术标准、养护维修及加固情况,与检测项目及检测参数相关的设计值、规定值、项目实施情况等内容;报告应按照检测参数列出相应的标准、规范及设计报告等文件名称;人员和仪器设备应列出参加检测的主要人员姓名、参与检测工作的主要工作内容等信息,明确检测使用的主要仪器设备名称及编号;检测内容与方法应包括检测参数、对应的具体检测方法、测点布设、抽样情况等内容,对于复杂的检测项目应包括检测技术方案;检测数据分析部分需说明检测结果的统计和整理、检测数据分析的基本理论或方法,并说明利用实测数据进行推演计算的过程,还宜包括推演计算结果与设计值、理论值、标准规范规定值、历史检测结果的对比分析,如有必要,也可以使用图表表达数据变化的趋势和规律;结论与分析评估部分宜包括各检测结果,以及检测结果与设计值、理论值、标准规范规定值、历史检测结果的对比分析结论,出现上述偏差的必要原因分析及评估,如有必要,还应给出各检测结果是否满足设计文件或评判标准要求的结论;有关建议部分为根据前述检测结论和分析评估结果,提出项目在项目实施或使用阶段应采取的处置措施或注意事项等建议;附件部分主要包括检测过程对检测结论进行支撑和证明的试验数据、照片等资料及试验检测记录表。

综合评价类报告封面、扉页、签字页、正文部分的格式如图1-6~图1-9所示。

B××××××××H

报告编号:

检 测 报 告

委 托 单 位:＿＿＿＿＿＿＿＿＿＿＿＿＿＿＿＿＿＿

工程(产品)名称:＿＿＿＿＿＿＿＿＿＿＿＿＿＿＿＿

检 测 项 目:＿＿＿＿＿＿＿＿＿＿＿＿＿＿＿＿＿＿

检 测 类 别:＿＿＿＿＿＿＿＿＿＿＿＿＿＿＿＿＿＿

报 告 日 期:＿＿＿＿＿年＿＿＿月＿＿＿日

检测单位名称

图1-6 综合评价类报告封面

注意事项

1. 本报告每页都应盖有"专用章"或骑缝章，否则视为无效。
2. 复制本报告未重新加盖"专用章"或检测单位公章无效。
3. 报告无负责人、审核人、批准人签字无效。
4. 报告涂改无效，部分提供和部分复制报告无效。
5. 对报告若有异议，应于本报告发出之日起 15 天内向本单位提出。
6. 对于来样检测，仅对来样的检测数据负责，不对来样所代表的批量产品的质量负责。

联系地址：
邮政编码：
电话：
传真：
Email：

图 1-7　综合评价类报告扉页

工程（产品）名称：

签　字　表

岗位	姓名	职业资格证书编号	职称	签字
项目负责人				
项目主要参加人员				
报告编写人				
报告审核人				
报告批准人				

检测单位名称
年　月　日

图 1-8　综合评价类报告签字页

1. 项目概况
2. 检测依据
3. 人员和仪器设备
4. 检测内容与方法
5. 检测数据分析
6. 结论与分析评估
7. 有关建议

图 1-9　综合评价类报告正文

1.6 公路工程工地试验室建设

公路工程特别是高速公路工地大都处于远离市区的地方,因此,为了促进工程质量管控及建设进度,需要建设工地试验室。工地试验室的选址应充分考虑安全、环保、交通便利及满足工程建设需求等因素。工地试验室应避开山体崩塌、滑坡、泥石流等自然灾害易发区,并做好防治自然灾害的应对措施,宜设在拌和场内或附近,便于管理及减少交通成本。

工地试验室一般分为工作区和生活区,应按要求分开设置,工作区分为办公室、功能室和资料室;功能室根据工程内容、工程量和试验检测项目进行确定。对于路基路面、桥梁隧道等主体工程,工地试验室功能室一般包括土工室、力学室、集料室、石料室、沥青室、沥青混合料室、水泥室、水泥混凝土室、化学室、标准养护室、样品室、留样室、外检室、储藏室(放置杂物、闲置或废弃的仪器设备等)等相对独立的功能室,具体设置模式可参照表1-3。

表1-3 工地试验室功能室设置表

工程类别	路基工程	路面工程	桥梁工程	隧道工程
土工室	√	√	—	—
力学室	√	√	√	√
集料室	√	√	√	√
石料室	—	—	—	√
沥青室	—	√	—	—
沥青混合料室	—	√	—	—
水泥室	√	√	√	√
水泥混凝土室	√	√	√	√
化学室	—	√	—	—
标准养护室	√	√	√	√
样品室	√	√	√	√
留样室	√	√	√	√
外检室	√	√	√	√
储藏室	√	√	√	√

交通运输部质监局组织编写的《公路工程工地试验室标准化指南》详细规定了工地试验室建设和试验室管理的具体要求。其中,工地试验室建设主要对选址,规划,房屋建设,环境建设,其他设施,标牌、标志,人员配备,设备配置,办公设施,交通工具,体系与文化建设等方面进行了详细规定;在工地试验室管理方面,主要对职责范围,组织机构,人员,仪器设备,参考标准和有证标准物质,样品,化学品(试剂)及其他耗材,环境控制,标准、方法,记录、报告,试验检测工作管理,外委试验管理,试验检测资料管理。信息化管理、母体授权管理等方面进行了详细规定。各地也根据具体情况编制了相应的规范等指导工地试验室的标准化建设,以扎实有效地推动工地试验

室标准化建设和管理工作。

习题与讨论

1. 加强试验检测工作,对工程质量控制有何意义?
2. 试验检测工作实施细则的内容是什么?
3. 一般的高速公路标段试验室包括哪些分室?

第 2 章 试验检测数据处理

2.1 试验检测数据的基本知识

试验检测数据是进行工程质量评价的主要依据，但现场采集的原始试验数据类多量大，存在各种各样的误差，甚至还包含一些错误数据，若不能合理地对试验检测数据进行取舍、处理，则无法透过繁杂的数据对工程质量进行评价。在进行数据处理之前，需掌握试验检测数据的一些基本知识，主要有真值、误差、有效数字等。

2.1.1 真值

真值又称真实值，是指在某一条件下，被测量物理量客观存在的量值。真值实际上是一个理想概念，其客观存在却很难获取，实际应用中所说的真值一般指理论真值、约定真值和相对真值。

1. 理论真值

理论真值又称绝对真值，例如平面三角形的内角和为 $180°$，一个圆的圆心角为 $360°$。

2. 约定真值

约定真值又称规定真值，例如，国际单位制规定"1kg 的定义为对应普朗克常数为 $6.62607015 \times 10^{34}$ J·s 时的质量单位"，这个千克的基准就被当作度量质量的约定真值。

3. 相对真值

根据其测量精度不同，计量器具可以被分为若干等级，当高一级计量器具的误差是低一级或者普通计量器具误差的 $1/20 \sim 1/3$ 时，则前者的测量值可作为后者的相对真值。

在进行科学实验（试验）时，真值是指在无系统误差的前提下，无限多次观测值的算术平均值，但实际上无限多次观测也是难以实现的，往往采用有限次数观测值的算术平均值代替真值，也称为近似真值。

2.1.2 误差

1. 误差的表示方法

通过试验测量所获得的量值称为测量值（或测量结果），由于种种原因，实际测得的值仅为被测量真值的近似值，这种测量值与真值之差即为误差，表示误差的基本形式有绝对误差和相对误差。

1）绝对误差

绝对误差等于测量结果减去被测量的真值，表示测量值偏离真值的大小。绝对误差的表示如下：

$$\Delta x = x - x_0 \tag{2-1}$$

式中　Δx——绝对误差；

　　　x——实测值；

　　　x_0——真值。

由于真值一般是未知的，所以绝对误差实际上是无法求得的，因而在实际工作中，一般采用约定真值或者高精度仪器获得的相对真值来代替真值进行计算，有时也可以根据实际情况估算出真值的大小范围。假设$|\Delta x|_{max}$为最大的绝对误差，则真值的范围为

$$x_0 \approx x \pm |\Delta x|_{max} \tag{2-2}$$

式中，x、Δx、x_0意义同上。

绝对误差具有以下一些性质：

（1）绝对误差是有量纲的量，其单位与测量值相同；

（2）绝对误差是有符号的量，可用"±"表示测量值比实际值大还是小；

（3）绝对误差不能很好地反映测量的精确程度。

2）相对误差

评价一个测量结果的优劣，不仅要看其绝对误差的大小，还要看被测量值本身的大小。例如，一辆水泥罐车装水泥40050kg，若测量的绝对误差为2kg，则此次测量的准确度还是很高的；但是2kg绝对误差在进行蚂蚁体重的测量时则是完全难以接受的。故而，引出了相对误差，即

$$\delta = \frac{\Delta x}{x_0} \times 100\% \tag{2-3}$$

式中　δ——相对误差；

　　　Δx、x_0——意义同上。

相对误差不仅能表示测量的绝对误差，而且能反映测量值所达到的精度。相对误差具有以下性质：

（1）相对误差无量纲，通常用百分数表示；

（2）相对误差有大小和符号，可以反映误差的大小和方向；

（3）相对误差能表示测量的精度。当相对误差相同时，所测量的量大者精度高。

相对误差能反映测量误差在所测量值中所占的百分比，如果需要对不同结果进行准确度比较，用相对误差更直观方便。

【例2.1】用电子天平测得某样品的质量为50g，且已知该电子天平的最大绝对误差为0.5g，试求该样品的真正质量和相对误差。

【解】$x = 50g$，$\Delta x = 0.5g$

真正质量：$x_0 = x \pm \Delta x = (50 \pm 0.5)$ g；

相对误差：$\delta = \Delta x / x = 0.5/50 \times 100\% = 1\%$。

2. 误差的来源

测量的目的在于获得被测量值的真值，但实际上无论采用多么精密的设备和先进的

测量手段也不能避免误差的产生，只是更接近真实值而已。在测量过程中产生误差的原因是多方面的，归纳起来有以下几种途径：

1）装置误差

测量装置的基本误差，通常是误差的基本来源，该误差不可避免。如砝码质量不准、标尺刻度不准、轴尖与轴承之间发生摩擦、等臂天平不等臂、仪器安装不正确等。

2）环境误差

在非标准条件下，各种环境因素所引起的测量值改变量。如温度、湿度、外磁场、外电场、辅助电压与仪器本身的标准工作环境有差别。

3）主观误差

主观误差是由测试人员生理上的最小分辨率和固有习惯引起的误差。如某一测试人员在读取指针式仪表时，始终偏左或偏右、偏高或偏低；某些分析人员在读取第二次测定值时，会主观地使两次结果尽量接近。

4）方法误差

测试人员未按照规定的操作方法进行试验所引起的误差。如在强度试验时放置试块偏心、试验机加荷速度过快等。

需要指出的是，在试验中以上几种误差多是联合作用，在进行误差分析时可作为一个独立的误差因素来考虑。

3. 误差的分类

根据误差的性质，可分为系统误差、随机误差（偶然误差）和过失误差（粗差）。

1）系统误差

系统误差是指在一定试验条件下，多次重复对同一量进行测量时测量结果按某一恒定规律偏高或偏低的现象。系统误差在测量之前就已存在，具有重现性，是客观存在的恒定值，不能通过增加试验测定次数发现，也不能通过多次测定平均值来减小。系统误差有正误差和负误差，其正负大小在理论上是可以测定的，最显著的特点就是"单向性"。产生系统误差的原因有很多，可能来自仪器、方法、试剂、恒定的操作人员和操作环境等。

2）随机误差

随机误差又称偶然误差，是由于测定过程中一些随机的、偶然的因素协同造成的。由于每个因素出现与否，以及这些因素所造成的误差大小、方向事先无法知道，有时大、有时小，有时正、有时负，其发生完全出于偶然，很难在试验中消除。但是，当样本容量较大时，随机误差一般是符合正态分布的，由于正负误差的相互抵消，误差的平均值趋向于零，故可以通过增加试验次数来对随机误差进行处理。

3）过失误差

过失误差是一类显然与事实不符的误差，如测错、读错、记错等。一旦发现有过失误差时必须及时改进，对出现的数据要按照一定的规则及时剔除。通常只要测试人员足够细心、态度认真，这类误差是完全可以避免的。

在进行误差分析时要注意的是，试验数据的误差分析只进行系统误差和偶然误差的分析，过失误差不包括在内。

2.1.3 有效数字

科学试验中任何物理量的测定其准确度都是有限的，必然存在误差。有效数字的概念可表述为：由数字组成的一个数，除最末一位数字是不确切值或可疑值，其他数字皆为可靠值或确切值，则组成该数的所有数字包括末位数字称为有效数字，其余数字为多余数字。有效数字占有的位数，即为有效数字的个数，为该数的有效位数。例如，3.46 的有效数字是 3 位，"3.4"是从测具或仪器上直接读出的，称为可靠数字；尾数"6"是目测或从测具上估读的，称为可疑数字。可靠数字和可疑数字都是实际测量的客观反映，因此都是有效的，所以既不能多写也不能少写。

数据中小数点的位置不影响有效数字的位数。例如，21.3mm 与 0.0213m，这两个数字的准确度是相同的，它们的有效数字位数都为 3。

值得注意的是，对于"0"这个数字，根据其在数中位置的不同，可能是有效数字，也可能是多余数字。

整数前的"0"无意义，是多余数字。对于纯小数，数字前的"0"只起定位作用，也是多余数字，如 0.32cm、0.045s 中的"0"只起到决定数量级的作用。

处于数字中间的"0"是有效数字。

处于数字后面的"0"是否为有效数字可分为以下三种情况：

1) 若把多余数字的"0"用 10 的乘幂来表示，使其余有效数字分开，则 10 的乘幂以前的所有数字包括"0"皆为有效数字；

2) 作为测量结果并标明误差的数值，其值大于或等于误差值的所有数字，包括"0"皆为有效数字；

3) 除上述两种情况外，很难判断后面的"0"是否为有效数字。

在进行试验测量时应取多少位有效数字，可以根据下述准则进行判断：

1) 对于不需要标明误差的数字，其有效位数应取到最末一位数字为可疑数字。如采用分度值为 1mm 的钢直尺测量某物体的长度 $L=40.2$mm，其中"40"为可靠数字，尾数"2"为可疑数字，有效数字的位数为 3 位。

2) 对于需要标明误差的数字，其有效位数应与误差同一数量级。如正确的表示为

$$m=（70.15\pm0.02）\text{kg}$$

错误的表示为

$$m=（70.1\pm0.02）\text{cm 或者 } m=（70.132\pm0.02）\text{cm}$$

2.1.4 数值的修约规则

在进行数据处理时，参与计算的各测量值的有效数字的位数可能不完全相同，因此，需要根据有关规则对有效数字进行修约。

1. 数值修约规则

最常用的修约规则是"四舍五入"，但是这种方法是有缺点的，它容易使修约后数据的均值偏大，且无法消除，这时可采用如下的修约规则：

1) 拟舍去数字的最左一位数字小于 5 时，则舍去，即保留的各位数字不变。例如，将 1.23416 修约到四位有效数字，得 1.234；将 1.23416 修约到小数点后两位小数，得 1.23。

2) 拟舍去数字的最左一位数字大于或等于 5，且其后面跟有非零数字时，则进 1，即保留的末位数字加 1。例如，将 1167 修约到三位有效数字，得 1.17×10^3；将 10.501 修约到个位数，得 11。

3) 拟舍去数字的最左一位数字等于 5，且其右无数字或全部为 0 时，若保留的末位数字为奇数（1，3，5，7，9）则进 1，为偶数（2，4，6，8，0）则舍弃。例如，将 1335 修约到 3 位有效数字，得 1.34×10^3；将 12.500 修约到个位数，得 12。

4) 对于负数的修约，先将其绝对值按照上述三条规则进行修约，再在修约值前面加上负号。例如，将 −13.500 修约到个位数，得 −14。

5) 当采用 0.5 单位的修约间隔进行修约时，将拟修约数值先乘以 2，然后按指定的位数进行修约，最后将该数值除以 2。例如，将下列数值修约到"个"数位的 0.5 单位（或修约间隔为 0.5）。

拟修约数值（A）	2A	2A 修约值	A 修约值
50.38	100.76	101	50.5
−50.25	−100.5	−100	−50.0

6) 当采用 0.2 单位的修约间隔进行修约时，将拟修约数值先乘以 5，然后按指定的位数进行修约，最后将该数值除以 5。

以上的修约规则有时也称为"奇升偶舍法"，与常用的"四舍五入"方法相比，进舍的状况和进舍的误差均具有平衡性。采用此方法对若干个数据进行修约后，修约值的和变大与变小的可能性基本相同。

2. 数值修约的注意事项

1) 在进行数值修约时，应在明确修约位数以后一次完成，不应该多次按照进舍规则连续修约，否则会造成不正确的结果。

例如，将 15.4546 修约至"个"位。

正确的方法：15.4546→15；

错误的方法：15.4546→15.455→15.46→15.5→16。

2) 在具体工作中，有时测量人员先将获得的数据按照指定的修约位数报出，而后由其他部门判定。为避免出现多次修约的错误，应按下述步骤进行。

(1) 报出数字最右侧非 0 数字为 5 时，应在数字后面加"（＋）""（−）"或不加符号，以分别表示已经进行过舍、进或无舍进。

例如：23.50（＋）表示实际值大于 23.50，经舍弃成为 23.50；23.50（−）表示实际值小于 23.50，经进 1 成为 23.50。

(2) 如果获得的报出值需要进行修约，当拟舍去数字的最后一位数字为 5，且其后无数字或全为 0 时，后缀有（＋）的进 1，后缀有（−）的舍去；其余情况按照进舍规则进行修约。

例如：将下列数值修约到"个"数位后进行判定（报出值多留一位到一位小数）。

实测值	报出值	修约值
14.4546	14.5（−）	14
15.5103	15.5（＋）	16
11.5000	11.5	12

2.1.5 有效数字的运算规则

1. 加减运算

几个数字相加减的结果，经修约后保留有效数字的位数，应以绝对误差最大（即小数点后位数最少）的数据为基准。在实际计算中，首先统一单位，各数值保留的位数应比各数值中小数点后位数最少者多一位小数，计算结果只保留一位存疑数字。

例如，29.2+36.582−3.0281≈29.2+36.58−3.03=62.75，最后计算结果只保留一位小数，为62.8。

当采用计算程序运算时，按照正常的加减运算进行，计算结果的修约同前。

例如，29.2+36.582−3.0281=62.8。

需要注意的是，当机器计算结果小数点后面全为0时，不能直接记录，需要根据前述原则将小数点后面的"0"补齐。

2. 乘除运算

几个数据的乘除法以相对误差最大（有效数字位数最少）的数值为基准来决定计算结果的位数。在实际计算中，先将各数值修约至比有效数字位数最少多一位进行计算，计算结果的有效数字的位数与参与计算的数值中有效数字位数最少的相同，与小数点的位置无关。

例如，0.0122×26.52×1.06892≈0.0122×26.52×1.069=0.345868536，最终计算结果用三位有效数字来表示，得0.346。

3. 乘方和开方运算

原数值的底有几位有效数字，计算结果就可保留几位有效数字。例如，$2.4^2=5.8$。若该计算结果仍参加进一步计算，可以比原数值多保留一位有效数字。

4. 对数运算

计算结果的有效数字的位数应与真数的有效数字的位数相同。

5. 其他

1）在计算4个或者4个以上数据的平均值时，结果有效数字的位数可以增加一位。

2）所有取自手册上的数据，其有效数字的位数应根据实际需要取；当原始数据有限制时要服从原始数据。

3）一些常数的有效数字的位数可以认为是无限的，如 e、π 等，可以根据需要取。

4）在工程试验的计算中，一般有效数字的位数取2或3位即可。

2.2 数据的统计特征及概率分布

2.2.1 总体与样本

1. 总体

总体又称母体，是统计分析中所要研究对象的全体。组成总体的每个元素称为个体。在统计工作中，总体是根据研究目的确定的，如某沥青混合料拌和工地需要确定新进的一批沥青质量是否合格，则这批沥青就是总体。

总体中个体的数量一般用 N 来表示。总体又分为有限总体和无限总体。当总体内所含个体个数有限时，称为有限总体。当总体内所含个体个数无限时，称为无限总体。如一道工序，由于工序总在源源不断地生产出产品，有时是一个连续的整体，这样的总体可视为无限总体。

总体中包含的个体数 N 理论上应趋于无穷大，总体的性质由其包含的所有个体共同决定，当需要对总体的性质进行检测时理论上应该对所有个体进行检验。在工程实践中对无限总体的所有个体进行检验显然是不可能的；对于有限总体，由于很多试验是破坏性的，同样不能进行全数检验，这就涉及了样本的概念。

2. 样本

在抽样检验中，来自总体的部分个体的集合称为样本。例如，一批沥青有 100 桶，从每一桶沥青中取两个试样，抽查了 200 个试样做试验，则这 200 个试样就是样本。从总体获得样本的过程称为抽样。样本中每个个体称为样品。样本中所包含样品的个数称为样本容量，常用 n 表示。

样本容量大小直接关系到判断结果的可靠性。一般来说，样本容量越大，可靠性越好，但检测所耗费的工作量亦越大，成本也就越高。样本容量与总体中所含个体的数量相等时，是一种极限状态，因此，全数检验是抽样检验的极限。

2.2.2 数据的统计特征量

常用的表示数据分布的特征量分为位置特征值和离散特征值两类。

在实际测量中所获得的数据都是分散的，必须通过平均数将它们集中起来，反映其共同趋向的平均水平，也就是说位置特征值用来表示数据的集中位置，通常可以采用一些平均数（如算术平均值、中位数）作为分析量测数据的基本指标。对于一组测量数据而言，平均数具有代表性和典型性。

常用的离散特征值有极差、方差和变异系数等。该类特征值表示一组测量数据波动的程度和离散的性质，表示组中各测量值相对于某一确定数的偏差程度，一般以各测量值相对于平均值的差异作为出发点进行分析。

1. 算术平均值

将一组数据所有测量值之和除以该组数据总数所得的商即为算术平均值，它是表示一组数据集中位置最有用的统计特征量。总体的平均值用 μ 来表示，样本的算术平均值用 $\bar{x}$ 来表示。设有一组数据由 n 个数据组成，分别用 x_1，x_2，……，x_n 来表示，则该组数据的算术平均值为

$$\bar{x} = \frac{1}{n}(x_1 + x_2 + \cdots + x_n) = \frac{1}{n}\sum_{i=1}^{n} x_i \tag{2-4}$$

式中 x_i——任意一个测量数据。

【例 2.2】采用摆式仪进行沥青混凝土面层抗滑性能检测，对检测路段某测点共测了 10 次，其值（即摆值 F_B）分别为：58、56、60、53、48、54、50、61、57、55，求摩擦摆值的算术平均值（取整数）。

【解】摩擦摆值的算术平均值为

$F_B = (58+56+60+53+48+54+50+61+57+55)/10 = 55$（摆值）

2. 中位数

中位数也是表示数据分布集中位置的一个特征量。在一组数据 x_1，x_2，…，x_n 中，按其大小次序排序，以排在正中间的一个数表示总体的平均水平，称之为中位数或中值，用 $\tilde{x}$ 表示。当 n 为奇数时，正中间的数只有一个；n 为偶数时，正中间的数有两个，则取这两个数的平均值作为中位数，即

$$\tilde{x}=\begin{cases} x_{\frac{n+1}{2}} & (n \text{ 为奇数}) \\ \dfrac{1}{2}(x_{\frac{n}{2}}+x_{\frac{n}{2}+1}) & (n \text{ 为偶数}) \end{cases} \tag{2-5}$$

【例 2.3】 检测值同例 2.2，求中位数。

【解】 检测值（摆值 F_B）按照大小次序排列为：61、60、58、57、56、55、54、53、50、48，则中位数为

$$\tilde{F}_B=\frac{F_{B(5)}+F_{B(6)}}{2}=\frac{56+55}{2}=55.5 \text{（摆值）}$$

3. 极差

在一组测量数据中最大值与最小值之差，称为极差，记作 R。其表达式如下：

$$R=x_{\max}-x_{\min} \tag{2-6}$$

式中　$x_{\max}$——测量数据中的最大值；

　　　$x_{\min}$——测量数据中的最小值。

【例 2.4】 求例 2.2 中检测数据的极差。

【解】 检测数据的极差为

$$R=x_{\max}-x_{\min}=61-48=13 \text{（摆值）}$$

需要注意的是，极差没有充分利用数据的信息，只能表示一组数据两端的差异，不能反映数据的分布情况。但由于极差是最简单、最容易计算的表示测量数据离散性质的一个特征量，因此，在很多情况下仍然用极差来表示一组测量数据的离散程度，但其一般仅适用于样本容量较小（$n<10$）的情况。

4. 方差

方差是指各测量值与平均值的偏差平方和除以测量值的个数而得的结果，有时也称为均方。在实际应用中，总体的方差 σ^2 难以求得，样本的方差 S^2 可采用下式（2-7）进行计算：

$$S^2=\frac{(x_1-\bar{x})^2+(x_2-\bar{x})^2+\cdots+(x_n-\bar{x})^2}{n-1}=\frac{\sum_{i=1}^{n}(x_i-\bar{x})^2}{n-1} \tag{2-7}$$

5. 标准偏差

标准偏差又称标准差，它是衡量一组测量数据波动性的指标。在实际的质量检测中，总体的标准偏差 σ 难以获得，但样本的标准偏差 S 可以按照如下公式进行计算：

$$S=\sqrt{\frac{(x_1-\bar{x})^2+(x_2-\bar{x})^2+\cdots+(x_n-\bar{x})^2}{n-1}}=\sqrt{\frac{\sum_{i=1}^{n}(x_i-\bar{x})^2}{n-1}} \tag{2-8}$$

在描述测量值离散程度的特征值中，标准偏差是一项最重要的特征值，对数据分布的离散程度的反映灵敏而客观，在统计推断、假设检验中起着重要的作用。应该注意的

是，S 是 σ 的一个近似值，代表可以求到的测量精度，与测量的次数 n 密切相关，当 n 较小时，它存在明显的误差。

【例 2.5】 求例 2.2 中检测数据的标准差 S。

【解】 根据式（2-8）可知，检测数据的标准差为

$$S = \left\{ \frac{1}{10} \left[(58-55.2)^2 + (56-55.2)^2 + (60-55.2)^2 + (53-55.2)^2 + \right. \right.$$
$$(48-55.2)^2 + (54-55.2)^2 + (50-55.2)^2 + (61-55.2)^2 +$$
$$\left. \left. (57-55.2)^2 + (55-55.2)^2 \right] \right\}^{1/2}$$
$$= 4.13$$

6. 变异系数

当两组或两组以上测量数据的平均值不同或其单位不同时，仅采用标准偏差不能比较其离散程度。如试验室进行两组水泥的抗压强度试验，A 组水泥抗压强度的测量值为：58.8、58.7、58.6、58.5、58.4、58.3（MPa）；B 组水泥抗压强度的测量值为：48.8、48.7、48.6、48.5、48.4、48.3（MPa）。计算出 A 组水泥抗压强度平均值为 58.6MPa，标准差为 0.187；B 组水泥抗压强度平均值为 48.6MPa，标准差为 0.187。两组数据的平均值不同，但标准偏差相同，若据此判定两组数据的离散程度相同显然是不合适的。因此，引入变异系数的概念，变异系数用 C_V 表示，其计算公式为

$$C_V = \frac{S}{\bar{x}} \times 100\% \tag{2-9}$$

变异系数没有单位，也可用于不同度量单位的测量结果离散情况分析。

【例 2.6】 甲、乙两段路沥青混凝土面层摩擦系数的测定结果为：甲组测定的摩擦摆值为 $\bar{F}_甲 = 55.2$，标准偏差为 $S_甲 = 4.13$；乙组测定的摩擦摆值为 $\bar{F}_乙 = 60.8$，标准偏差为 $S_乙 = 4.27$。试计算两段路摩擦摆值的变异系数，并进行分析比较。

【解】 两段路摩擦摆值的变异系数分别为：

甲路段 $\qquad C_{V甲} = \frac{4.13}{55.2} \times 100\% = 7.48\%$

乙路段 $\qquad C_{V乙} = \frac{4.27}{60.8} \times 100\% = 7.02\%$

分析可知，$S_甲 < S_乙$、$C_{V甲} > C_{V乙}$，说明甲路段的摩擦系数的波动性较乙路段大。

2.2.3 数理统计中的常用分布

道路检测中测量数据为随机变量，随机变量包括计量值数据和计数值数据，各自服从一定的分布。大多数情况下，道路工程检测的计量值符合正态分布的规律，这里重点介绍正态分布。

正态分布的概率密度函数为

$$f(x) = \frac{1}{\sigma \sqrt{2\pi}} e^{-\frac{(x-\mu)^2}{2\sigma^2}} \tag{2-10}$$

式中 x——随机变量；
μ——正态分布的平均值；
σ——正态分布的标准偏差。

在正态分布概率密度函数中，π 和 e 是常量，不影响 $f(x)$ 与 x 的关系，平均值 μ 是 $f(x)$ 曲线的位置参数，决定曲线最高点的横坐标；标准差 σ 是 $f(x)$ 曲线的形状参数，其值反映了曲线的宽窄程度。

当平均值 μ 和标准偏差 σ 已知时，即可绘出正态分布曲线，如图 2-1 所示。

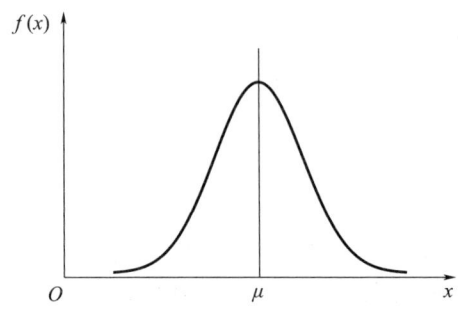

图 2-1 正态分布曲线

正态分布具有以下特点：
1) 分布曲线是单峰、对称的悬钟形曲线；
2) 分布曲线的对称轴为 $x=\mu$，且 $f(x)$ 在 $x=\mu$ 处达到极大值；
3) $f(x)$ 是非负函数，以 x 轴为渐近线，分布从 $-\infty \to +\infty$；
4) 曲线与 x 轴所夹面积为 1，即服从正态分布的随机变量在区间 $(-\infty, +\infty)$ 内的概率等于 1，即

$$P(-\infty < X < +\infty) = \int_{-\infty}^{+\infty} \frac{1}{\sigma\sqrt{2\pi}} e^{-\frac{(x-\mu)^2}{2\sigma^2}} dx = 1$$

一般地，随机变量 X 服从参数 μ 和 σ 的正态分布时，可以记作 $X \sim N(\mu, \sigma^2)$。当 $\mu=0$、$\sigma=1$ 时的正态分布称为标准正态分布，用 $X \sim N(0, 1)$ 表示，其概率密度函数为

$$f(x) = \frac{1}{\sqrt{2\pi}} e^{-\frac{x^2}{2}}$$

若随机变量 X 服从参数 μ 和 σ 的正态分布，则 X 的取值落在任意区间 $[x_1, x_2)$ 的概率记作 $P(x_1 \leqslant X < x_2)$，即

$$P(x_1 \leqslant X \leqslant x_2) = \frac{1}{\sigma\sqrt{2\pi}} \int_{x_1}^{x_2} e^{-\frac{(x-\mu)^2}{2\sigma^2}} dx \tag{2-11}$$

对于任意一个服从正态分布 $N(\mu, \sigma^2)$ 的随机变量 X，可以通过标准化变换：$z = \frac{x-\mu}{\sigma}$，使 $Z \sim N(0, 1)$，标准正态分布的概率密度函数和分布函数分别记作 $\varphi(z)$ 和 $\Phi(z)$，即

$$P(x_1 \leqslant X \leqslant x_2) = \Phi(z_2) - \Phi(z_1)$$

在进行计算时，只要将积分区间的上下限做标准化变换，就可以通过查标准正态分布概率表的方法计算。

在公路工程质量检测与评价中，一般称式（2-11）中的 μ 为保证率系数 Z_a，其取值与公路等级有关，见表 2-1。

表 2-1　Z_a 的取值

层位	Z_a	
	高速公路、一级公路	二、三级公路
沥青面层	1.645（$P=95\%$）	1.5（$P=93\%$）
路基	2.0（$P=98\%$）	1.645（$P=95\%$）

【例 2.7】某新建高速公路竣工后，在不利季节测得某段沥青路面的 22 个弯沉值，其平均值 $\bar{l}=29.6$（0.01mm），标准差 $S=2.09$（0.01mm）。路面的设计弯沉值为 40（0.01mm），试判断该路段的弯沉值是否符合要求。

【解】代表弯沉值为弯沉值的上波动界限，根据规范可知，保证率系数 $Z_a=1.645$，对于评定路段，弯沉的代表值为

$$l=\bar{l}+Z_a S=29.6+1.645\times 2.09=33.0\ (0.01\text{mm})$$

该高速公路沥青路面设计弯沉值为 40（0.01mm），33.0<40（0.01mm），所以该路段的弯沉值是满足规范要求的。

2.3　可疑数据的取舍方法

在一组条件完全相同的重复试验中，个别的测量值可能会出现异常。如测量值过大或过小，这些过大或过小的测量数据是不正常的，或称为可疑的。对于这些可疑数据，应该用数理统计的方法去辨别其真伪，并决定取舍。常用的可疑数据的取舍方法有拉依达准则、肖维纳特准则和格拉布斯准则等。

2.3.1　拉依达准则

当试验次数较多时，可以简单地用 3 倍标准偏差（3S）作为可疑数据取舍的标准。当某一测量数据（x_i）与其测量结果的算术平均值（$\bar{x}$）之差大于 3 倍标准偏差时，用公式表示为

$$|x-\bar{x}|>3S \tag{2-12}$$

则该测量值判定为异常值，应舍去。

采用 3S 作为数据取舍标准的原因是，根据随机变量的正态分布规律，在多次试验中，测量值落在 $\bar{x}-3S$ 与 $\bar{x}+3S$ 之间的概率是 99.73%，出现在此范围之外的概率仅为 0.27%，也就是在近 400 次试验中才能遇到一次，这种事件是小概率事件，几乎不可能发生。因而在实际检测中，一旦出现，就认为该测量数据是不可靠的，应将其舍弃。

另外，当测量值与平均值偏差大于 2 倍标准偏差时，该测量值应保留，但需存疑。至于选取 3S 还是 2S 作为判断标准，取决于显著性水平。通常情况下，3S 相当于 $\alpha=0.01$，2S 相当于 $\alpha=0.05$。

【例 2.8】某试验室进行同配比的混凝土强度试验，其试验结果为（$n=10$）：23.0、24.5、26.0、25.0、24.8、27.0、25.5、31.0、25.4、25.8（MPa），试用 3S 法对该组试验数据进行取舍。

【解】分析上述 10 个测量数据，$x_{\min}=23.0$MPa 和 $x_{\max}=31.0$MPa 最可疑，故应先对 $x_{\min}$ 和 $x_{\max}$ 进行分别判断。

经计算：$\bar{x}=25.8$MPa，$3S=6.3$MPa；由于

$$|x_{\max}-\bar{x}|=|31.0-25.8|=5.2\text{MPa}<3S=6.3\text{MPa}$$
$$|x_{\min}-\bar{x}|=|23.0-25.8|=2.8\text{MPa}<3S=6.3\text{MPa}$$

故上述数据均需保留。

拉依达法简单方便，但要求较宽，当试验检测次数较多或要求不高时可以采用，但值得注意的是，当 $n<10$ 时，用 $3S$ 作为取舍标准，即使有异常数据，也无法剔除；若用 $2S$ 作为取舍标准，5次以内试验次数无法剔除数据。

2.3.2 肖维纳特准则

进行 n 次试验，其测量值服从正态分布，以概率 $1/(2n)$ 设定一判别范围 $(-k_nS_k, k_nS_k)$，当偏差（测量值 x_i 与其算术平均值 $\bar{x}$ 之差）超出该范围时，就意味着该测量值 x_i 是异常的，应舍弃。其判别范围由下式确定：

$$\frac{1}{2n}=1-\int_{-k_n}^{k_n}\frac{1}{\sqrt{2\pi}}e^{\frac{t^2}{2}}dt \tag{2-13}$$

式中，k_n 为肖维纳特系数，与试验次数 n 有关，可由正态分布系数表查得，见表2-2。

表2-2 肖维纳特系数

n	k_n	n	k_n	n	k_n	n	k_n	n	k_n	n	k_n
3	1.38	8	1.86	13	2.07	18	2.20	23	2.30	50	2.58
4	1.53	9	1.92	14	2.10	19	2.22	24	2.31	75	2.71
5	1.65	10	1.96	15	2.13	20	2.24	25	2.33	100	2.81
6	1.73	11	2.00	16	2.15	21	2.26	30	2.39	200	3.02
7	1.80	12	2.03	17	2.17	22	2.28	40	2.49	500	3.20

因此，根据肖维纳特判定准则，可疑数据的舍弃标准为

$$\frac{|x_i-\bar{x}|}{S}\geqslant k_n \tag{2-14}$$

【例2.9】试验结果同例2.8，试用肖维纳特法进行可疑数据的判别取舍。

【解】查表2-2，当 $n=10$ 时，$k_n=1.96$。对于可疑数据 $x_{\max}=31.0$，则有

$$\frac{|x_i-\bar{x}|}{S}=\frac{|31.0-25.8|}{2.1}=2.48>k_n=1.96$$

说明测量数据31.0是异常的，应予以舍弃。这一结论与拉依达法的结果不一致。

肖维纳特法改善了拉依达法，但从理论上分析，当 $n\to\infty$ 时，$k_n\to\infty$，此时所有的异常值都无法舍弃。此外，肖维纳特系数与置信水平之间无明确联系。

2.3.3 格拉布斯准则

格拉布斯准则假定测量结果服从正态分布，根据顺序统计量来确定可疑数据的取舍。

进行 n 次重复试验，试验结果为 $x_1, x_2, \cdots, x_n$，且 x_i 服从正态分布。为了检验 x_i（$i=1, 2, \cdots, n$）中是否有可疑值，可将测定值 x_i 按由小到大的顺序排列，得

$$x_{(1)}\leqslant x_{(2)}\leqslant\cdots\leqslant x_{(n)}$$

根据顺序统计原则，给出标准化顺序统计量 g：

当最小值 $x_{(1)}$ 可疑时，则

$$g=\frac{\overline{x}-x_{(1)}}{S} \tag{2-15}$$

当最大值 $x_{(n)}$ 可疑时，则

$$g=\frac{x_{(n)}-\overline{x}}{S} \tag{2-16}$$

根据格拉布斯统计量的分布，在指定的显著性水平 α（一般 $\alpha=0.05$）下，求得判别可疑值临界值 $g_0(\alpha, n)$。格拉布斯法的判别标准为

$$g \geqslant g_0(\alpha, n) \tag{2-17}$$

此时，测量值 x_i 是异常值，应舍去。格拉布斯临界值 $g_0(\alpha, n)$ 见表 2-3。

表 2-3 格拉布斯检验临界值 $g_0(\alpha, n)$

n	α 0.01	α 0.05	n	α 0.01	α 0.05	n	α 0.01	α 0.05
3	1.15	1.15	13	2.61	2.33	23	2.96	2.62
4	1.49	1.46	14	2.66	2.37	24	2.99	2.64
5	1.75	1.67	15	2.70	2.41	25	3.01	2.66
6	1.94	1.82	16	2.74	2.44	30	3.10	2.74
7	2.10	1.94	17	2.78	2.47	35	3.18	2.81
8	2.22	2.03	18	2.82	2.50	40	3.24	2.87
9	2.32	2.11	19	2.85	2.53	50	3.34	2.96
10	2.41	2.18	20	2.88	2.56	100	3.59	3.17
11	2.48	2.24	21	2.91	2.58			
12	2.55	2.29	22	2.94	2.60			

利用格拉布斯法每次只能舍弃一个可疑值，若有两个以上的可疑数据，应该一个一个数据舍弃，舍弃第一个数据后，试验次数由 n 变为 $n-1$，以此为基础再判别第二个可疑数据。

【例 2.10】 试验结果同例 2.8，试用格拉布斯法进行可疑数据的判别取舍。

【解】 将测量数据按照从小到大的顺序排列为：23.0、24.5、24.8、25.0、25.4、25.5、25.8、26.0、27.0、31.0。

数据的统计特征量：$\overline{x}=25.8\text{MPa}$，$S=2.10\text{MPa}$。

计算统计量：

$$g_{(1)}=\frac{\overline{x}-x_{(1)}}{S}=\frac{25.8-23.0}{2.10}=1.33$$

$$g_{(10)}=\frac{x_{(10)}-\overline{x}}{S}=\frac{31.0-25.8}{2.10}=2.48$$

选定显著水平 $\alpha=0.05$，则由表 2-3 查得，$g_0(0.05, 10)=2.18$。

判别：由于 $g_{(10)}=2.48>2.18$，所以 $x_{(10)}=31.0$ 为异常值，应舍弃。这一结论与肖维纳特方法的结论一致。仿照上述方法继续对余下 9 个数据进行判别，经计算没有异常值。

2.4 试验结果的表达方法

试验结果表达是数据处理的任务之一，试验结果的表达不是简单的罗列数据，而是需要科学地表述，即表述要清晰、简洁，推理要合理，结论要正确。那么，如何对这些数据进行深入的分析，以便得到各参数之间的关系，甚至用数学解析的方法导出各参数之间的函数关系，这是数据处理的任务之一。

测量数据（试验结果）的表达方法通常有表格法、图示法和经验公式法三种。

2.4.1 表格法

用表格来表示函数的方法，在自然科学和工程技术上用的特别多。在科学试验中，一系列数据都是首先列成表格，再进行其他处理。表格法简单方便，但要进行深入分析，表格法就不能胜任了。首先，尽管测量次数相当多，但它不能给出所有的函数关系；其次，从表格中不易看出自变量变化时函数的变化规律，只能大致估计出函数是递增的、递减的，还是周期性变化的等。列成表格是为了表示测量结果，为了以后计算方便，同时也是图示法和经验公式法的基础。

表格有两种，一种是试验检测数据记录表，另一种是试验检测结果表。

试验检测数据记录表是该项试验检测的原始记录表，它包括的内容应有试验检测目的、内容摘要、试验日期、环境条件、检测仪器设备、原始数据、测量数据、结果分析以及参加人员和负责人等。

试验检测结果表只反映试验检测结果的最后结论，一般只有几个变量之间的对应关系。试验检测结果表应力求简明扼要，能说明问题。

2.4.2 图示法

图示法是利用试验测得的原始数据，通过正确的作图方法画出合适的直线或曲线，以图的形式表达试验结果，是在自然科学和工程技术中表示测量数据最普遍的一种方法。图示法最大的优点是直观，即从图形中可以非常直观地看出函数的变化规律，如递减性或递增性、最小值或最大值、是否具有周期性变化规律等。但是，从图形上只能得出函数变化关系而不能进行数学分析。

图示法的基本要点如下：

1) 在直角坐标系中绘制测量数据的图形时，应以横坐标为自变量，纵坐标为对应的函数值。

2) 坐标纸的大小与分度的选择应与测量数据的精度相适应。分度过粗时，影响原始数据的有效数字，绘图精度将低于试验中参数测量的精度；分度过细时会高于原始数据的精度。坐标分度值不一定自零起，可用低于试验数据的某一数值作起点和高于试验数据的某一数值作终点，曲线以基本占满全幅坐标纸为宜。

3) 坐标轴应注明分度值的有效数字和名称、单位，必要时还应标明试验条件，坐标的文字书写方向应与该坐标轴平行，在同一图上表示不同数据时应该用不同的符号加以区别。

4) 曲线应平滑。测量数据往往是分散的,如果用短线连接各点得到的就不是光滑的曲线,而是折线。由于每一个测点总存在误差,按带有误差的各数据所描的点不一定是真实值的正确位置。根据足够多的测量数据,完全有可能作出一条光滑曲线,决定曲线的走向应考虑曲线尽可能通过或接近所有的点,但曲线不必强求通过所有的点,尤其是两端的点。当不可能时,则应移动曲线尺,顾及所绘制的曲线与实测值之间的误差平方和最小,此时曲线两边的点数接近于相等。

需要注意的是,作一条曲线需要足够多的点,对于一条直线,一般要求至少有4个点,一条曲线则至少需要6个点。当数值变化较大导致曲线出现突折点时,应在折点处标出多个数据点使曲线弯曲自然。

2.4.3 经验公式法

测量数据不仅可以用图形表示出函数之间的关系,而且可以用与图形对应的一个公式来表示所有的测量数据,当然这个公式不可能完全表达全部数据。因此,常把与曲线对应的公式称为经验公式,在回归分析中则称之为回归方程。

把全部测量数据用一个公式来代替,不仅有紧凑扼要的优点,而且可以对公式进行必要的数学运算,以研究各自变量与函数之间的关系。但是所建的公式能正确表达测量数据的函数关系往往不是一件容易的事情,在很大程度上取决于试验人员的经验和判断能力,而且建立公式的过程比较烦琐,有时还要多次反复才能得到与测量数据更接近的公式。

根据一系列测量数据,如何建立公式、建立什么形式的公式,这是首先需要解决的问题。建立公式的步骤大致可归纳如下:

1) 描绘曲线。以自变量为横坐标、函数量为纵坐标,将测量数据描绘在坐标纸上,并把数据点描绘成测量曲线,可参考图示法的步骤。

2) 对所描绘的曲线进行分析,确定公式的基本形式。

如果数据点描绘的基本上是直线,则可用一元线性回归方法确定直线方程。

如果数据点描绘的是曲线,则要根据曲线的特点判断曲线属于何种类型,判断时可参考现有的数学曲线形状加以选择,对选择的曲线按一元非线性回归方法处理。

如果测量曲线很难判断属于何种类型,则可按多项式回归处理。

3) 曲线化直。如果测量数据描绘的曲线被确定为某种类型的曲线,则先将该曲线方程变换为直线方程,然后按一元线性回归方程处理。

例如:双曲线 $\frac{1}{y}=a+b\frac{1}{x}$,坐标变换时令 $y'=\frac{1}{y}$,$x'=\frac{1}{x}$,即取 y' 为纵坐标、x' 为横坐标,双曲线就变直线了,可得线性方程 $y'=a+bx'$。其他形式的曲线也可按类似的方法化为直线。

4) 确定公式中的常量。代表测量数据的直线方程或经曲线化直后的直线方程表达式为 $y=a+bx$,可根据一系列测量数据确定方程中的常量 a 和 b,其方法一般有图解法、端直法、平均法和最小二乘法等。

5) 检验所确定公式的准确性。即用测量数据中自变量值代入公式计算出函数值,看它与实际测量值是否一致,如果差别很大,说明所确定的公式基本形式可能有错误,则应建立另外形式的公式。

用函数公式表达试验结果,不仅给微分、积分、外推或内插等运算带来极大的方便,而且便于进行科学分析和科技交流,随着计算机的普及,用函数表达试验结果的方法将运用得更加广泛。

2.5 抽样检验基础

检验是指通过测量、试验等质量检测方法,将工程产品与其质量要求相比较并做出质量评判的过程。工程质量检验是工程质量控制的重要环节,是保证工程质量的必要手段。

检验可分为全数检验和抽样检验两大类。全数检验是对待检产品的每一个产品进行检验,从而判断该批产品的质量状况;抽样检验是从待检产品中抽出少量的单个产品进行检验,从而推断该批产品的质量状况。全数检验较抽样检验可靠性好,但检验工作量非常大,往往难以实现;抽样检验以数理统计学为理论依据,具有很强的科学性和经济性,在许多情况下,只能采用抽样检验方法。公路工程不同于一般产品,它是一个连续的整体,且采用的质量检测手段又多属于破坏性的。所以,就公路工程质量检验而言,不可能采用全数检验,而只能采用抽样检验,即从待检工程中抽取样本,根据样本的质量检查结果,推断整个待检工程的质量状况,如图 2-2 所示。

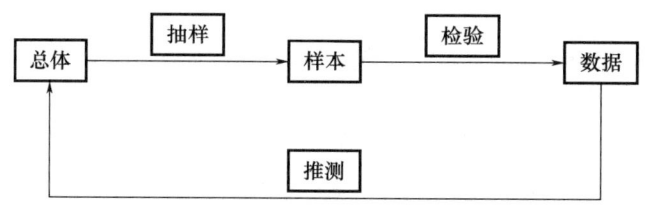

图 2-2 抽样检验样本与总体的关系

质量检验的目的在于准确判断工程质量状况,以促进工程质量的提高。其有效性取决于检验的可靠性,而检验的可靠性则与下面 3 个因素密切相关:

1) 质量检测手段的可靠性;
2) 抽样检验方法的科学性;
3) 抽样检验方案的科学性。

在质量检验过程中,必须全面考虑上述 3 个因素,以提高质量检验的可靠性。

2.5.1 抽样检验的类型

抽样是从总体中抽取样本的过程,并通过样本了解总体。总的来说,抽样检验分为非随机抽样与随机抽样两大类。

1. 非随机抽样

进行人为的有意识的挑选取样即为非随机抽样。非随机抽样中,人的主观因素占主导作用,因此所得的质量数据往往会对总体做出错误的判断。因此,非随机抽样方法所得的检验结论,其可信度较低。

2. 随机抽样

随机抽样排除了人的主观因素，使待检总体中的每一个产品具有同等被抽取到的机会。只有随机抽取的样本才能客观地反映总体的质量状况。这类方法所得的数据代表性强，质量检验的可靠性得到了基本保证。因此，随机抽样是以数理统计的原理，根据样本取得的质量数据来推测、判断总体的一种科学抽样检验方法，因而被广泛使用。

先举一个例子来说明随机抽样的方法。假如有一批产品，共 100 箱，每箱 20 件，从中选择 200 个样品。一般有以下几种抽样方法：

1）从整批中，任意抽取 200 件；
2）从整批中，先分 10 组，每组 10 箱，然后分别从各组中任意抽取 20 件；
3）从整批中，分别从每箱中任意抽取 2 件；
4）从整批中，任意抽取 10 箱，对这 10 箱进行全数检验。

上述四种方法，分别称为单纯随机抽样、系统抽样、分层抽样、密集群抽样。

3. 适合于公路工程质量检验的随机抽样方式

1）单纯随机抽样

在总体中，直接抽取样本的方法即为单纯随机抽样。这是一种完全随机化的抽样方法。要实现单纯随机抽样，应对总体中各个个体进行编码。随机抽样并不意味着随便地、任意地取样，而是应采取一定的方式获取随机数，以确保抽样的随机性。而随机数可以利用随机数表获得，也可以利用掷骰子和抽签的方法获得。

2）系统抽样

有系统地将总体划分成若干部分，然后从每一个部分抽取一个或若干个个体，组成样本。这一方法称之为系统抽样。在工程质量控制中，系统抽样的实现主要有 3 种方式：

（1）将比较大的工程分为若干部分，再根据样本容量的大小，每部分按比例进行单纯随机抽样，将各部分抽取的样品组合成一个样本。

（2）间隔定时法。每隔一定的时间，从工作面抽取一个或若干个样品。该方法适用于工序质量控制。

（3）间隔定量法。每隔一定数量的产品，抽取一个或若干个样品。该方法主要适用于工序质量控制。

3）分层抽样

一项工程或工序往往是由若干不同的班组施工的。分层抽样法就是根据此类情况，将工程或工序分为若干层。如：同一个班组施工的工程或工序作为一层，若某项工程或工序是由 3 个不同的班组施工，则可分为 3 层，然后按一定的比例确定每层应抽取样品数，对每层则按单纯随机抽样法抽取样品。分层时，应尽量使层内均匀，而层间不均匀。分层抽样法便于了解每层的质量状况，分析每层产生质量问题的原因。

2.5.2 路基路面现场随机取样方法

为了公正、合理地反映工程质量状况，取样的位置不应带有任何倾向性，应根据随机数表来确定现场取样的具体位置。

应用随机数表确定现场取样位置时，应事先准备好编号 1～28 共 28 块硬纸片，并将其装入布袋中。下面分测定区间或断面和测点位置两种情况加以讨论。

1. 测定区间或断面确定方法

1) 路段确定，根据路基路面施工或验收、质量评定方法等有关规范决定需检测的路段。它可以是一个作业段、一天完成的路段或路线全程，在路基路面工程检查验收时，通常以1km为一个检查路段，此时，检测路段的确定也应按本方法的步骤进行。

2) 将确定的测试路段划分为一定长度的区间或按桩号间距（一般为20m）划分若干个断面，并按1、2、……、T进行编号，其中T为总的区间数或断面数。

3) 从布袋中随机摸出一块硬纸片，硬纸片上的号数即为随机数表中的栏号，从1~28栏中选出该栏号的一栏。

4) 按照测定区间数、断面数的频度要求（总的取样数为n，当$n>30$时应分次进行），依次找出与A列中01、02、……、n对应的B列中的值，共n对对应的A、B值。

5) 将n个B值与总的区间数或断面数T相乘，四舍五入成整数，即得到n个断面的编号。

【例2.11】按照有关规范规定，拟从K36+000~K37+000的1km检测路段中选择20个断面测定路面宽度、高程、横坡等外形尺寸。断面决定方法如下：

1) 1km总长的断面数$T=1000/20=50$个，编号1、2、……、50。

2) 从布袋中摸出一块硬纸片，其编号为14，即使用随机数表的第14栏。

3) 从第14栏A列中挑出小于或等于20所对应的B列数值，将B与T相乘，四舍五入得到20个编号，并得到20个断面的桩号（表2-4）。

表2-4 路面宽度、高程、横坡检测断面随机取样计算

断面编号	14栏A列	B列	$B \times T$	断面号	桩号	断面编号	14栏A列	B列	$B \times T$	断面号	桩号
1	17	0.089	4.45	4	K36+080	11	16	0.527	26.35	26	K36+520
2	10	0.149	7.45	7	K36+140	12	05	0.797	39.85	40	K36+800
3	13	0.244	12.2	12	K36+240	13	15	0.801	40.05	40	K36+820
4	08	0.264	13.2	13	K36+260	14	12	0.836	41.8	42	K36+840
5	18	0.285	14.25	14	K36+280	15	04	0.854	42.7	43	K36+860
6	02	0.340	17.0	17	K36+340	16	11	0.884	44.2	44	K36+880
7	06	0.359	17.95	18	K36+360	17	19	0.886	44.3	44	K36+900
8	20	0.387	19.35	19	K36+380	18	07	0.929	46.45	46	K36+920
9	14	0.392	19.60	20	K36+400	19	09	0.932	46.6	47	K36+940
10	03	0.408	20.40	20	K36+420	20	01	0.970	48.5	49	K36+980

2. 测点位置确定方法

1) 从布袋中任意取出一块硬纸片，纸片上的号数即为随机数表的栏号，从1~28栏中选出该栏号的一栏。

2) 按照测点数的频度要求（总的取样数为n），依次找出栏号的取样位置数，每个栏号均有A、B、C三列。根据检验数量n（当$n>30$时应分次进行），在所选栏号的A列找出等于所需取样位置数的全部数，如01、02、……、n。

3) 确定取样位置的纵向距离。找出与 A 列中相对应的 B 列中的数值，以此数乘以检测区间的总长度，并加上该段的起点桩号，即可得出取样位置距该段起点的距离或桩号。

4) 确定取样位置的横向距离。找出与 A 列中相对应的 C 列中的数值，以此数乘以路基路面的宽度，再减去宽度的一半，即得出取样位置与路中心线的距离。如差值是正值（＋），表示在中心线的右侧；如差值是负值（－），表示在中心线的左侧。

【例 2.12】 按照有关规范规定，检查验收时拟在 K36＋000～K37＋000 的 1km 检测路段中选择 6 个测点进行钻孔取样检验压实度、沥青用量和矿料级配等，钻孔位置决定方法如下：

1) 选定的随机数栏为栏号 3。
2) 栏号 3 中从上至下小于或等于 6 的数依次为 01、06、03、02、04 及 05。
3) 随机数表栏号 3 的 B 列中与这 6 个数相对应的数为 0.175、0.310、0.494、0.699、0.838 及 0.977。
4) 取样路段长度 1000m，计算得出 6 个乘积（取样位置与该段起点的距离）分别为 175m、310m、494m、699m、838m、977m。
5) 随机数表栏号 3 的 C 列中与 A 列数值相对应的数分别为 0.647、0.043、0.929、0.073、0.166 及 0.494。
6) 路面宽度为 10m，计算得出 6 个乘积分别为 6.47m、0.43m、9.29m、0.73m、1.66m 及 4.94m。因此，6 个取样的横向位置分别是右侧 1.47m、左侧 4.57m、右侧 4.29m、左侧 4.27m、左侧 3.34m 及左侧 0.06m。

上述计算结果见表 2-5。

表 2-5 钻孔位置取样选点计算

测点编号	栏号 3		取样路段长度 1000m		路面宽度 10m		测点数 6 个
	A 列	B 列	距起点距离 (m)	桩号	C 列	距路边缘距离 (m)	距中心线位置 (m)
NO.1	01	0.175	175	K36＋175	0.647	6.47	右 1.47
NO.2	06	0.310	310	K36＋310	0.043	0.43	左 4.57
NO.3	03	0.494	494	K36＋494	0.929	9.29	右 4.29
NO.4	02	0.699	699	K36＋699	0.073	0.73	左 4.27
NO.5	04	0.838	838	K36＋838	0.166	1.66	左 3.34
NO.6	05	0.977	977	K36＋977	0.494	4.94	左 0.06

需要指出的是，对于连续测量的自动化检测设备，不必按本方法进行选点。

2.6 Excel 在试验检测数据处理中的应用

随着计算机的普及，计算机已被广泛应用于试验检测数据的处理中，利用计算机进行试验数据的处理具有处理速度快、准确度高的特点。目前成熟的数据统计和处理软件很多，有 Excel、SAS（statistical analysis system）、SPSS（statistical package for the social science）、Matlab、Origin 等，其中使用最为广泛的是由微软公司开发的 Excel 软件。Excel 软件功能强大，有中文版本，入门门槛较低，很容易掌握和使用，既可以对数据进行记录，还可以进行深入的计算分析并作图。本章以 Excel 2016 中文版界面为例，介绍 Excel 在试验数据处理中的应用。

2.6.1 试验数据的输入

1. 基本输入方法

建立一个 Excel 文件之后，便可以进行数据的输入操作，数据表格的建立是处理试验数据的基础。新建立的工作表的名称一般为"新建 Microsoft Excel 工作表 1"，可根据需要对其重新命名，但不可以更改文件名的后缀"xlsx"，否则会导致文件无法打开；打开文件后，文件内一般包含 3 个"sheet"表格，可以通过单击进行切换选取，也可通过单击鼠标右键选择重命名。

Excel 表格中的每一个表格称为"单元格"，"单元格"可以进行合并和分解操作，单击单元格即可通过键盘输入数据。Excel 中包含的数据类型有很多，如数值型、字符型和逻辑型等。在进行数据输入时需选择合适的数值类型，分述如下：

1）如数据由数字和小数点构成，Excel 将自动识别为数字型，普通数字的输入可采用普通记数法和科学记数法。在未进行特别设置之前，Excel 采用的是常规格式，不包含任何的数字格式，数字前、后的 0 均会自动省略，当需特殊显示时，可以对数字的格式进行设置，即点击【开始】选项卡下的【数字】命令组右下方的箭头进行扩展操作，选择【分类】选项卡下的"数值"一栏进行相应的设定即可。

2）负数的输入可以用负号"—"开始，也可以用（ ）的形式，如（34）表示-34。

3）分数的输入：在默认的单元格数据格式的情况下，直接输入分数会变成日期，可以先输入"0"和空格，如输入"0 1/2"可得到 1/2。

4）将数字作为文本输入时，可以在英文输入状态下，输入"'数字"。如输入文本 0123，可在单元格中输入"'0123"。

2. 有规律数据的输入

如果数据是有规律的文本或数值，可以用特殊的方法进行输入。例如，需要在相邻的几个单元格填充相同的数值或文本时，可以采用自动填充方法输入数据。

3. 等差数据的输入

当数据具有等差规律时，可以通过单元格"填充柄"的拖拽来完成。如，在 A1～A10 区域中输入从 0 开始的偶数，可以在 A1 单元格中输入 0，在 A2 单元格中输入 2，然后选中 A1 和 A2 单元格，将鼠标指针移动至单元格右下角的点上，待鼠标变成"+"时单击并拖拽，即可完成等差数据的自动填充。从一个单元格可以向上、下、左、右四个方向拖拽，向左、上方向为递减，向右、下方向为递增。

2.6.2 Excel 公式和函数的应用

Excel 提供了完整的算术运算符，如＋（加）、－（减）、＊（乘）、/（除）、^（指数）等和丰富的内置函数（公式），如 sum（求和）、average（求算术平均值）等，从而可以根据数据处理需求，建立各种公式，对数据执行计算操作，生成需要的数据。

在 Excel 中，凡是以"="开头，由单元格名称、运算符、数据或函数名称组成的字符串都被认为是公式，我们可以根据需要，利用 Excel 提供的运算符自行创建公式。公式的输入可以在选中的某个单元格中，也可以在公式编辑栏中进行。

【例 2.13】试验结果同例 2.8，利用 Excel 求该组数据的算术平均值、样本方差、样本标准差、极差和变异系数。

【解】计算过程如图 2-3 所示。

	A	B	C	D
1	数据	项目	公式	结果
2	23.0	算术平均值	=AVERAGE(A2:A11)	25.8
3	24.5	样本方差	=VAR.S(A2:A11)	4.4
4	26.0	样本标准差	=STDEV.S(A2:A11)	2.1
5	25.0	极差	=MAX(A2:A11)-MIN(A2:A11)	8.0
6	24.8	变异系数	=STDEV.S(A2:A11)/AVERAGE(A2:A11)	0.1
7	27.0			
8	25.5			
9	31.0			
10	25.4			
11	25.8			

图 2-3 例 2.13 的计算过程及结果

2.6.3 Excel 在图表绘制及回归分析中的应用

Excel 支持多种类型的图形，如柱形图、条形图、折线图、饼图、散点图、面积图、曲面图、圆环形图等。在 Excel 中生成图形的过程非常简单，总体上分为三大步，首先是在 Excel 中建立数据表格，然后在【插入】选项卡【图表】组中选择合适的图表类型，最后对生成的图表进行适当的修改，即可完成图形的制作。

Excel 提供了多种回归分析类型，在利用 Excel 图表功能进行回归分析时，首先要根据数据的散点图确定图形的数学模型，然后才能得到有意义的回归方程。但图表法只能解决一元回归问题，不能解决多元回归问题。

【例 2.14】对 20 块混凝土试件进行强度试验，分别测定其抗压强度 R 和回弹值 N，试验结果见表 2-6，试用 Excel 的图表功能在直角坐标系中画出 R-N 之间的线图并拟合一元线性回归方程。

表 2-6 R-N 试验结果

序号	1	2	3	4	5	6	7	8	9	10
N	27.1	27.5	30.3	31.0	35.7	35.4	38.9	37.6	26.9	25.0
R	12.2	11.6	16.9	17.5	20.5	32.1	31.0	32.9	12.0	10.8
序号	11	12	13	14	15	16	17	18	19	20
N	28.0	31.0	32.2	37.8	36.6	36.6	24.2	31.0	30.4	33.3
R	14.4	18.4	22.8	27.9	32.9	30.8	10.8	15.2	16.3	22.4

【解】 操作步骤

1) 按散点图的制作方法绘制散点图，如图 2-4（a）所示。

2) 选中图中的散点，单击右键，选择"添加趋势线（R）"，这时可以根据散点图的规律，选择合适的趋势线类型。

3) 在"设置趋势线格式"对话框中，有指数、线性、对数、多项式、幂、移动平均共 6 个选项，选取"线性"对数据进行拟合。

4) 在"设置趋势线格式"对话框中，选中"显示公式"，其结果如图 2-4（b）所示，得一元线性回归方程 $R=1.6762N-32.874$。

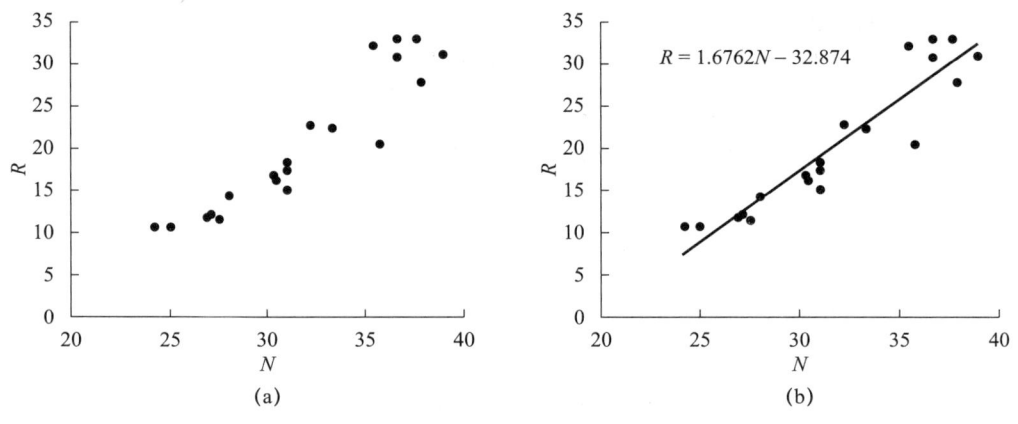

图 2-4　R-N 关系图及其回归方程
（a）散点图；（b）拟合曲线与回归方程

习题与讨论

1. 何谓有效数字和有效位数？
2. 何谓总体、样本？
3. 什么是误差、绝对误差和相对误差？误差按其性质和来源分，又分为哪几类？
4. 某路段二灰碎石基层无侧限抗压强度试验结果（单位：MPa）为：0.792、0.306、0.968、0.804、0.447、0.894、0.702、0.424、0.498、1.075、0.815，请分别用拉依达法、肖维纳特法和格拉布斯法对上述数据进行取舍判别。
5. 对某路段路基进行施工质量检测，用标准车测得 10 点的弯沉值（单位：0.01mm）分别为 100、101、102、110、95、98、93、96、103、104，试计算该路段弯沉值的算术平均值、中位数、极差、标准偏差、变异系数和弯沉代表值（保证率系数 $Z_a=2.0$）。

第 3 章 公路工程质量评定方法与检查项目

3.1 公路工程质量检验评定方法

3.1.1 一般规定

1. 公路工程质量检验评定应按分项工程、分部工程、单位工程逐级进行，并应符合下列规定：
   1) 在合同段中，具有独立施工条件和结构功能的工程为单位工程。
   2) 在单位工程中，按路段长度、结构部位及施工特点等划分的工程为分部工程。
   3) 在分部工程中，根据施工工序、工艺或材料等划分的工程为分项工程。
2. 单位工程、分部工程和分项工程应在施工准备阶段按附录 A 进行划分。
3. 公路工程质量检验评定应符合下列规定：
   1) 分项工程完工后，应根据标准进行检验，对工程质量进行评定。隐蔽工程在隐蔽前应检查合格。
   2) 分部工程、单位工程完工后，应汇总评定所属分项工程、分部工程质量资料，检查外观质量，对工程质量进行评定。

3.1.2 工程质量检验

1. 分项工程应按基本要求、实测项目、外观质量和质量保证资料等检验项目分别检查。
2. 分项工程质量应在所使用的原材料、半成品、成品及施工控制要点等符合基本要求的规定，无外观质量限制缺陷且质量保证资料真实齐全时，方可进行检验评定。
3. 基本要求检查应符合下列规定：
   1) 分项工程应对所列基本要求逐项检查，经检查不符合规定时，不得进行工程质量的检验评定。
   2) 分项工程所用的各种原材料的品种、规格、质量及混合料配合比和半成品、成品应符合有关技术标准规定并满足设计要求。
4. 实测项目检验应符合下列规定：
   1) 对检查项目按规定的检查方法和频率进行随机抽样检验并计算合格率。
   2) 标准中以路段长度规定的检查频率为双车道路段的最低检查频率，对多车道应按车道数与双车道之比相应增加检查数量。

3) 应按式（3-1）计算检查项目合格率：

$$\text{检查项目合格率}(\%) = \frac{\text{合格的点（组）}}{\text{该检查项目的全部检查点（组）数}} \times 100\% \quad (3-1)$$

5. 检查项目合格判定应符合下列规定：

1) 关键项目的合格率应不低于95%（机电工程为100%），否则该检查项目为不合格。

2) 一般项目的合格率应不低于80%，否则该检查项目为不合格。

3) 有规定极值的检查项目，任一单个检测值不应突破规定极值，否则该检查项目为不合格。

4) 采用《公路工程质量检验评定标准 第一册 土建工程》（JTG F80/1—2017）附录B至附录S所列方法进行检验评定的检查项目，不满足要求时，该检查项目为不合格。

6. 外观质量应进行全面检查，并满足规定要求，否则该检验项目为不合格。

7. 工程应有真实、准确、齐全、完整的施工原始记录、试验检测数据、质量检验结果等质量保证资料。质量保证资料应包括下列内容：

1) 所用原材料、半成品和成品的质量检验结果；

2) 材料配合比、拌和加工控制检验和试验数据；

3) 地基处理、隐蔽工程施工记录和桥梁、隧道施工监控资料；

4) 质量控制指标的试验记录和质量检验汇总图表；

5) 施工过程中遇到的非正常情况记录及其对工程质量影响分析评价资料；

6) 施工过程中如发生质量事故，经处理补救后达到设计要求的认可证明文件等。

8. 检验项目评为不合格的，应进行整修或返工处理直至合格。

3.1.3　工程质量评定

1. 工程质量等级应分为合格与不合格。

2. 分项工程、分部工程、单位工程质量评定应有符合《公路工程质量检验评定标准 第一册 土建工程》（JTG F80/1—2017）附录K规定的资料。

3. 分项工程质量评定合格应符合下列规定：

1) 检验记录应完整。

2) 实测项目应合格。

3) 外观质量应满足要求。

4. 分部工程质量评定合格应符合下列规定：

1) 评定资料应完整。

2) 所含分项工程及实测项目应合格。

3) 外观质量应满足要求。

5. 单位工程质量评定合格应符合下列规定：

1) 评定资料应完整。

2) 所含分部工程应合格。

3) 外观质量应满足要求。

6. 评定为不合格的分项工程、分部工程，经返工、加固、补强或调测，满足设计要求后，可重新进行检验评定。

7. 所含单位工程合格，该合同段评定为合格；所含合同段合格，该建设项目评定为合格。

3.2 路基工程质量检查项目

3.2.1 一般规定

1. 土方路基和填石路基的实测项目的规定值或允许偏差按高速公路、一级公路和其他公路（指二级及以下公路）两档设定，其中土方路基压实度按高速公路和一级公路、二级公路、三四级公路三档确定。

2. 路基压实度应分层检测，上路床压实度应按《公路工程质量检验评定标准 第一册 土建工程》（JTG F80/1—2017）附录B的规定进行评定。路基工程其他检查项目应在上路床进行检查评定。

3. 土质路肩工程可作为路面工程的一个分项工程进行检查评定。

4. 收费广场、服务区道路、停车场的土方工程压实标准可按土方路基要求进行检验。

3.2.2 土方路基

1. 土方路基应符合下列基本要求：

1) 在路基用地和取土坑范围内，应清除地表植被、杂物、积水、淤泥和表土，处理坑塘，并对基底进行压实。表土应充分利用。

2) 填方路基应分层填筑压实，每层表面平整，路拱合适，排水良好，不得有明显的碾压轮迹，不得亏坡。

3) 应设置施工临时排水系统，避免冲刷边坡，路床顶面不得积水。

4) 在设定取土区内合理取土，不得滥开滥挖。完工后应按要求对取土坑和弃土场进行修整。

2. 实测项目应符合表3-1的规定。

表3-1 土方路基实测项目

项次	检查项目			规定值或允许偏差			检查方法和频率
				高速公路、一级公路	其他公路		
					二级公路	三、四级公路	
1△	压实度（%）	上路床		0~0.3m	≥96	≥95	≥94	按《公路工程质量检验评定标准 第一册 土建工程》（JTG F80/1—2017）附录B检查；密度法：每200m每压实层测2处
		下路床	轻、中及重交通荷载等级	0.3~0.8m	≥96	≥95	≥94	
			特重、极重交通荷载等级	0.3~1.2m	≥96	≥95	—	
		上路堤	轻、中及重交通荷载等级	0.8~1.5m	≥94	≥94	≥93	
			特重、极重交通荷载等级	1.2~1.9m	≥94	≥94	—	
		下路堤	轻、中及重交通荷载等级	>1.5m	≥93	≥92	≥90	
			特重、极重交通荷载等织	>1.9m	≥93	≥92	—	

续表

项次	检查项目	规定值或允许偏差			检查方法和频率
		高速公路、一级公路	其他公路		
			二级公路	三、四级公路	
2△	弯沉（0.01mm）	不大于设计验收弯沉值			按《公路工程质量检验评定标准 第一册 土建工程》（JTG F80/1—2017）附录J检查
3	纵断高程（mm）	+10，−15	+10，−20		水准仪：中线位置每200m测2点
4	中线偏位（mm）	50	100		全站仪：每200m测2点，弯道加HY、YH两点
5	宽度（mm）	满足设计要求			尺量：每200m测4点
6	平整度（mm）	≤15	≤20		3m直尺：每200m测2处×5尺
7	横坡（%）	±0.3	±0.5		水准仪：每200m测2个断面
8	边坡	满足设计要求			尺量：每200m测4点

注：1. "△"标识的分项工程为关键项目，其对结构安全、耐久性和主要使用功能起决定性作用，其他的检查项目为一般项目。
2. 表列压实度系按现行《公路土工试验规程》（JTG 3430—2020）重型击实试验所得最大干密度求得的压实度。评定路段内的压实度平均值下置信界限不得小于规定标准，单个测定值不得小于极值（表列规定值减5个百分点）。按测定值不小于表列规定值减2个百分点的测点占总检查点数的百分率计算合格率。
3. 特殊干旱、特殊潮湿地区或过湿土路基等，可按路基设计、施工规范所规定的压实度标准进行评定。
4. 三、四级公路铺筑沥青混凝土或水泥混凝土路面时路基压实度应采用二级公路标准。

3. 土方路基外观质量应符合下列规定：
1) 路基边线与边坡不应出现单向累计长度超过50m的弯折。
2) 路基边坡、护坡道、碎落台不得有滑坡、塌方或深度超过100mm的冲沟。

3.2.3 填石路基

1. 填石路基应符合下列基本要求：
1) 填石路基应分层填筑压实，每层表面平整，路拱合适，排水良好，上路床不得有碾压轮迹，不得亏坡。
2) 修筑填石路基时应进行地表清理，填筑层厚度应符合规范规定并满足设计要求，填石空隙用石渣、石屑嵌压稳定。
3) 填石路基应通过试验路确定沉降差控制标准。

2. 填石路基实测项目应符合表 3-2 的规定。

表 3-2 填石路基实测项目

项次	检查项目		规定值或允许偏差		检查方法和频率
			高速公路、一级公路	其他公路	
1△	压实①		孔隙率满足设计要求		密度法：每 200m 每压实层测 1 处
			沉降差≤试验路确定的沉降差		精密水准仪：每 50m 测 1 个断面，每个断面测 5 点
2△	弯沉（0.01 mm）		不大于设计值		按《公路工程质量检验评定标准 第一册 土建工程》(JTG F80/1—2017)附录 J 检查
3	纵断高程（mm）		+10，-20	+10，-30	水准仪：中线位置每 200m 测 2 点
4	中线偏位（mm）		≤50	≤100	全站仪：每 200m 测 2 点，弯道加 HY、YH 两点
5	宽度（mm）		满足设计要求		尺量：每 200m 测 4 点
6	平整度（mm）		≤20	≤30	3m 直尺：每 200m 测 2 处×5 尺
7	横坡（%）		±0.3	±0.5	水准仪：每 200m 测 2 个断面
8	边坡	坡度	满足设计要求		尺量：每 200m 测 4 点
		平顺度	满足设计要求		

① 上下路床填土时压实度检验标准同土方路基。

3. 填石路基外观质量应符合下列规定：
1) 路基边线与边坡不应出现单向累计长度超过 50m 的弯折。
2) 上边坡不得有危石。

3.2.4 软土地基处置

1. 软土地基处置应符合下列基本要求：
1) 换填地基的填筑压实要求同《公路工程质量检验评定标准 第一册 土建工程》(JTG F80/1—2017) 第 4.2 节土方路基。
2) 砂垫层：应分层碾压施工；砂垫层宽度应宽出路基边脚 0.5～1.0m，两侧端以片石护砌；砂垫层厚度及其上铺设的反滤层应满足设计要求。
3) 反压护道：护道高度、宽度应满足设计要求，压实度不低于 90%。
4) 袋装砂井、塑料排水板：沙袋和塑料排水板下沉时不得出现扭结、断裂等现象；井（板）底高程应满足设计要求，塑料排水板超过孔口的长度应伸入砂垫层不小于 500mm。
5) 粒料桩：施工工艺应符合规范规定；施工前应进行成桩工艺和成桩挤密试验；桩体应连续、密实。
6) 加固土桩：施工前应进行成桩工艺和成桩强度试验；施工设备必须安装喷粉（浆）自动记录装置，施工工艺应符合规范规定。
7) 水泥粉煤灰碎石桩：施工前应进行成桩工艺和成桩强度试验；混合料应拌和均

匀，桩体施工应选择合理的施打顺序，成桩过程中应对已打桩的桩顶进行位移监测。

8) 刚性桩：施工前应进行成桩试验；施工工艺应符合规范规定。

9) 软土地基上的路堤应满足沉降标准和稳定性的设计要求。

2. 软土地基处置实测项目应符合表 3-3～表 3-6 的规定。

表 3-3 砂垫层实测项目

项次	检查项目	规定值或允许偏差	检查方法和频率
1	砂垫层厚度	不小于设计值	尺量：每 200m 测 2 点，且不少于 5 点
2	砂垫层宽度	不小于设计值	尺量：每 200m 测 2 点，且不少于 5 点
3	反滤层设置	满足设计要求	尺量：每 200m 测 2 点，且不少于 5 点
4	压实度（％）	≥90	密度法：每 200m 测 2 点，且不少于 5 点

表 3-4 袋装砂井、塑料排水板实测项目

项次	检查项目	规定值或允许偏差	检查方法和频率
1	井（板）距（mm）	+150	尺量：抽查 2% 且不少于 5 点
2△	井（板）长	不小于设计值	查施工记录
3	井径（mm）	+10，0	挖验 2% 且不少于 5 点
4	灌砂率（％）	−5	查施工记录

表 3-5 粒料桩实测项目

项次	检查项目	规定值或允许偏差	检查方法和频率
1	桩距（mm）	±150	抽查 2% 且不少于 5 点
2	桩径（mm）	不小于设计值	抽查 2% 且不少于 5 点
3△	桩长（m）	不小于设计值	查施工记录并结合重型动力触探
4	粒料贯入率	不小于设计值	查施工记录
5	地基承载力	满足设计值要求	抽查桩数的 0.1% 且不少于 3 处

表 3-6 加固土桩实测项目

项次	检查项目	规定值或允许偏差	检查方法和频率
1	桩距（mm）	±100	尺量：抽查 2% 且不少于 5 点
2	桩径（mm）	不小于设计值	尺量：抽查 2% 且不少于 5 点
3△	桩长（m）	不小于设计值	查施工记录并结合 0.2% 成桩取芯检查
4	单桩每延米喷粉（浆）量	不小于设计值	查施工记录
5△	强度（MPa）	不小于设计值	取芯法：抽查桩数的 0.5% 且不少于 3 组
6	地基承载力	满足设计要求	抽查桩数的 0.1% 且不少于 3 组

3.3 路面工程质量检查项目

3.3.1 一般规定

1. 路面工程的实测项目规定值或允许偏差应按高速公路、一级公路和其他公路两档确定，路面结构层厚度检验标准均为允许偏差。
2. 垫层应按相同材料的底基层检验。透层、黏层和封层的基本要求应与《公路工程质量检验评定标准 第一册 土建工程》（JTG F80/1—2017）第7.5.1条沥青表面处置层相同。水泥混凝土面层中钢筋加工及安装分项工程应按前述质量检验评定标准第8章的要求进行检验。
3. 水泥混凝土上加铺沥青面层的复合式路面，两种结构均应进行检验评定。其中，水泥混凝土路面结构可不检查抗滑构造深度，平整度应符合相应等级公路的标准；沥青面层可不检查弯沉。
4. 稳定土基层和底基层包括水泥土、石灰土、石灰粉煤灰、石灰粉煤灰土等；稳定粒料基层和底基层包括水泥稳定材料、石灰稳定材料、石灰粉煤灰稳定材料、水泥粉煤灰稳定材料等。
5. 粒料基层完工后应及时洒布透层油并铺筑封层，透层油透入深度应不小于5mm，无机结合料稳定材料基层透层油透入深度宜不小于3mm。

3.3.2 水泥混凝土面层

1. 水泥混凝土面层应符合下列基本要求：
1) 基层质量应符合规定要求并满足设计要求，表面清洁、无浮土。
2) 接缝填缝料应符合规范规定并满足设计要求。
3) 接缝的位置、规格、尺寸及传力杆、拉力杆的设置应符合设计要求。
4) 混凝土路面铺筑后按施工规范要求养护。
5) 应对干缩、温缩产生的裂缝进行处理。
2. 水泥混凝土面层实测项目应符合表3-7的规定。

表3-7 水泥混凝土面层实测项目

项次	检查项目		规定值或允许偏差		检查方法和频率
			高速公路、一级公路	其他公路	
1△	弯拉强度（MPa）		在合格标准内		按《公路工程质量检验评定标准 第一册 土建工程》（JTG F80/1—2017）附录C检查
2△	板厚度（mm）	代表值	−5		按《公路工程质量检验评定标准 第一册 土建工程》（JTG F80/1—2017）附录H检查：每200m测2点
		合格值	−10		
		极值	−15		

续表

项次	检查项目		规定值或允许偏差		检查方法和频率
			高速公路、一级公路	其他公路	
3	平整度①	σ（mm）	≤1.32	≤2.0	平整度仪；全线每车道连续检测，每100m计算σ、IRI
		IRI（m/km）	≤2.2	≤3.3	
		最大间隙 h（mm）	3	5	3m直尺；每半幅车道每200m测2处×5尺
4	抗滑构造深度（mm）	一般路段	0.7～1.1	0.5～1.0	铺砂法：每200m测1处
		特殊路段②	0.8～1.2	0.6～1.1	
5	横向力系数SFC	一般路段	≥50	—	按《公路工程质量检验评定标准 第一册 土建工程》（JTG F80/1—2017）附录L检查：每20m测1点
		特殊路段②	≥55	≥50	
6	相邻板高差（mm）		≤2	≤3	尺量：胀缝每条测2点；纵、横缝每200m抽查2条，每条测2点
7	纵、横缝顺直度（mm）		≤10		纵缝20m拉线尺量，每200m测4处；横缝沿板宽拉线尺量，每200m测4条
8	中线平面偏位（mm）		20		全站仪：每200m测2点
9	路面宽度（mm）		±20		尺量：每200m测4点
10	纵断高程（mm）		±10	±15	水准仪：每200m测2个断面
11	横坡（%）		±0.15	±0.25	水准仪：每200m测2个断面
12	断板率③（%）		≤0.2	≤0.4	目测：全部检查，数断板面板块数占总块数比例

①表中 σ 为平整度仪测定的标准差；IRI 为国际平整段指数；h 为 3m 直尺与面层的最大间隙。
②特殊路段：高速公路、一级公路特殊路段包括立体交叉匝道、平面交叉口、弯道、变速车道、组合坡度不小于3%坡度段、桥面、隧道路面及收费站广场等处；其他公路特殊路段包括设超高路段、组合坡度大于或等于4%坡度段、交叉口路段、桥面及其上下坡段、隧道路面及集镇附近路段等处。
③断板率中包含断角率，应统计行车道与超车道面板，不计硬路肩板，不计入修复后的面板。

3. 水泥混凝土面层外观质量应符合下列规定：

1) 不应出现《公路工程质量检验评定标准 第一册 土建工程》（JTG F80/1—2017）附录P中板的外观限制缺陷。

2) 面板不应有坑穴、鼓包和掉角。

3) 接缝填注不得漏填、松脱，不应污染路面。

4) 路面应无积水。

3.3.3 沥青混凝土面层和沥青碎（砾）石面层

1. 沥青混凝土面层和沥青碎（砾）石面层应符合下列基本要求：

1) 基层质量应符合规范规定并满足设计要求，表面应干燥、清洁、无浮土。

2) 应严格控制沥青混合料拌和的加热温度。拌和后的沥青混合料应均匀、无花白、无粗细料分离和结团成块现象。

3) 应按规定要求控制碾压工艺，严格控制摊铺和碾压温度。

2. 沥青混凝土面层和沥青碎（砾）石面层实测项目应符合表3-8的规定。

表3-8　沥青混凝土面层和沥青碎（砾）石面层实测项目

项次	检查项目		规定值或允许偏差		检查方法和频率
			高速公路、一级公路	其他公路	
1△	压实度① （%）		≥试验室标准密度的96%（*98%） ≥最大理论密度的92%（*94%） ≥试验段密度的98%（*99%）		按《公路工程质量检验评定标准 第一册 土建工程》（JTG F80/1—2017）附录B检查，每200m测1点。核子（无核）密度仪每200m测1处，每处5点
2	平整度	σ (mm)	≤1.2	≤2.5	平整度仪：全线每车道连续检测，按每100m计算IRI或σ
		IRI (m/km)	≤2.0	≤4.2	
		最大间隙h (mm)	—	≤5	3m直尺：每200m测2处×5尺
3	弯沉值（0.01mm）		不大于设计验收弯沉值		按《公路工程质量检验评定标准 第一册 土建工程》（JTG F80/1—2017）附录J检查
4	渗水系数 (mL/min)	SMA路面	≤120	—	渗水试验仪：每200m测1处
		其他沥青混凝土路面	≤200		
5	摩擦系数		满足设计要求	—	摆式仪：每200m测1处；横向力系数测定车：全线连续检测，按《公路工程质量检验评定标准 第一册 土建工程》（JTG F80/1—2017）附录L评定
6	构造深度		满足设计要求	—	铺砂法：每200m测1处
7△	厚度② (mm)	代表值	总厚度：-5%H 上面层：-10%h	-8%H	按《公路工程质量检验评定标准 第一册 土建工程》（JTG F80/1—2017）附录H检查，每200m测1点
		合格值	总厚度：-10%H 上面层：-20%h	-15%H	
8	中线平面偏位（mm）		20	30	全站仪：每200m测2点
9	纵断高程（mm）		±15	±20	水准仪：每200m测2个断面
10	宽度（mm）	有侧石	±20	±30	尺量：每200m测4个断面
		无侧石	不小于设计值		
11	横坡（%）		±0.3	±0.5	水准仪：每200m测2个断面
12△	矿料级配		满足生产配合比要求		T 0725，每台班1次
13△	沥青含量		满足生产配合比要求		T 0721、T 0722、T 0735，每台班1次
14	马歇尔稳定度		满足生产配合比要求		T 0709，每台班1次

①表内压实度，高速公路、一级公路应选用2个标准评定，以合格率低的作为评定结果；其他公路选用1个标准进行评定。带*号者是指SMA路面。
②表列沥青层厚度仅规定负允许偏差。H为沥青层总厚度，h为沥青上面层厚度；其他公路的厚度代表值和合格值允许偏差按总厚度计，当H≤60mm时，允许偏差分别为-5mm和-10mm；当H>60mm时，允许偏差分别为-8%H和-15%H。

3. 沥青混凝土面层和沥青碎（砾）石面层外观质量应符合下列规定：

1）表面裂缝、松散、推挤、碾压轮迹、油丁、泛油、离析的累计长度不得超过 50m。

2）搭接处烫缝应无枯焦。

3）路面应无积水。

3.3.4 稳定土基层和底基层

1. 稳定土基层和底基层应符合下列基本要求：

1）石灰应经充分消解，路拌深度应达到层底。

2）石灰类材料应处于最佳含水率状态下碾压，水泥类材料碾压终了的时间不应超过水泥的终凝时间。

3）碾压检查合格后立即覆盖或洒水养护，养生期应符合规范规定。

2. 稳定土基层和底基层实测项目应符合表 3-9 的规定。

表 3-9 稳定土基层和底基层实测项目

项次	检查项目		规定值或允许偏差				检查方法和频率
			基层		底基层		
			高速公路、一级公路	其他公路	高速公路、一级公路	其他公路	
1△	压实度（%）	代表值	—	≥95	≥95	≥93	按《公路工程质量检验评定标准 第一册 土建工程》（JTG F80/1—2017）附录 B 检查，每 200m 测 2 点
		极值	—	≥91	≥91	≥89	
2	平整度（mm）		—	≤12	≤12	≤15	3m 直尺：每 200m 测 2 处×5 尺
3	纵断高程（mm）		—	+5，−15	+5，−15	+5，−20	水准仪：每 200m 测 2 个断面
4	宽度（mm）		不小于设计值		不小于设计值		尺量：每 200m 测 4 个断面
5△	厚度（mm）	代表值	—	−10	−10	−12	按《公路工程质量检验评定标准 第一册 土建工程》（JTG F80/1—2017）附录 H 检查，每 200m 测 2 点
		合格值	—	−20	−25	−30	
6	横坡（%）		—	±0.5	±0.3	±0.5	水准仪：每 200m 测 2 个断面
7△	强度（MPa）		满足设计要求		满足设计要求		按《公路工程质量检验评定标准 第一册 土建工程》（JTG F80/1—2017）附录 G 检查

3. 稳定土基层和底基层外观质量应符合下列规定：

1）表面应无松散、无坑洼、无碾压轮迹。

2）表面连续离析不得超过 10m，累计离析不得超过 50m。

3.3.5 稳定粒料基层和底基层

1. 稳定粒料基层和底基层应符合下列基本要求：

1) 应选择质坚干净的粒料，石灰应充分消解，矿渣应分解稳定，未分解渣应予剔除。

2) 路拌深度应达到层底。

3) 石灰类材料应处于最佳含水率状态下碾压，水泥类材料碾压终了的时间不应超过水泥的终凝时间。

4) 碾压检查合格后立即覆盖或洒水养护，养护期应符合规范规定。

2. 稳定粒料基层和底基层实测项目应符合表 3-10 的规定。

表 3-10 稳定粒料基层和底基层实测项目

项次	检查项目		规定值或允许偏差				检查方法和频率
			基层		底基层		
			高速公路、一级公路	其他公路	高速公路、一级公路	其他公路	
1△	压实度（%）	代表值	≥98	≥97	≥96	≥95	按《公路工程质量检验评定标准 第一册 土建工程》（JTG F80/1—2017）附录 B 检查，每200m测2点
		极值	≥94	≥93	≥92	≥91	
2	平整度（mm）		≤8	≤12	≤12	≤15	3m 直尺：每200m测2处×5尺
3	纵断高程（mm）		+5, -10	+5, -15	+5, -15	+5, -20	水准仪：每200m测2个断面
4	宽度（mm）		满足设计要求		满足设计要求		尺量：每200m测4点
5△	厚度（mm）	代表值	-8	-10	-10	-12	按《公路工程质量检验评定标准 第一册 土建工程》（JTG F80/1—2017）附录 H 检查，每200m测2点
		合格值	-10	-20	-25	-30	
6	横坡（%）		±0.3	±0.5	±0.3	±0.5	水准仪：每200m测2个断面
7△	强度（MPa）		满足设计要求		满足设计要求		按《公路工程质量检验评定标准 第一册 土建工程》（JTG F80/1—2017）附录 G 检查

3. 稳定粒料基层和底基层外观质量应符合下列规定：

1) 表面应无松散、无坑洼、无碾压轮迹。

2) 表面连续离析不得超过 10m，累计离析不得超过 50m。

3.3.6 级配碎（砾）石基层和底基层

1. 级配碎（砾）石基层和底基层应符合下列基本要求：

1) 配料应准确。

2) 塑性指数应满足设计要求。

2. 级配碎（砾）石基层和底基层实测项目应符合表 3-11 的规定。

表 3-11 级配碎（砾）石基层和底基层实测项目

项次	检查项目		规定值或允许偏差				检查方法和频率
			基层		底基层		
			高速公路、一级公路	其他公路	高速公路、一级公路	其他公路	
1△	压实度（%）	代表值	≥98		≥96		按《公路工程质量检验评定标准 第一册 土建工程》（JTG F80/1—2017）附录 B 检查，每 200m 测 2 点
		极值	≥94		≥92		
2	弯沉值（0.01mm）		满足设计要求		满足设计要求		按《公路工程质量检验评定标准 第一册 土建工程》（JTG F80/1—2017）附录 J 检查
3	平整度（mm）		≤8	≤12	≤12	≤15	3m 直尺：每 200m 测 2 处×5 尺
4	纵断高程（mm）		+5，-10	+5，-15	+5，-15	+5，-20	水准仪：每 200m 测 2 个断面
5	宽度（mm）		满足设计要求		满足设计要求		尺量：每 200m 测 4 点
6△	厚度（mm）	代表值	-8	-10	-10	-12	按《公路工程质量检验评定标准 第一册 土建工程》（JTG F80/1—2017）附录 H 检查，每 200m 测 2 点
		合格值	-10	-20	-25	-30	
7	横坡（%）		±0.3	±0.5	±0.3	±0.5	水准仪：每 200m 测 2 个断面

3. 级配碎（砾）石基层和底基层外观质量应符合下列规定：
1）表面应无松散、无坑洼、无碾压轮迹。
2）表面连续离析不得超过 10m，累计离析不得超过 50m。

3.4 桥梁工程质量检查项目

3.4.1 一般规定

1. 桥梁的每个结构、构件均应检验，另有规定的除外。
2. 圬工桥梁中的基础、墩台身、拱圈、侧墙砌体应按《公路工程质量检验评定标准 第一册 土建工程》（JTG F80/1—2017）规定进行检验，其他结构构件应按《公路工程质量检验评定标准 第一册 土建工程》（JTG F80/1—2017）第 6 章进行检验。
3. 钢筋混凝土构件和预应力混凝土构件除应包括构件制作、构件安装等分项工程外，均应包括钢筋加工及安装、预应力筋加工和张拉分项工程，体内预应力构件还应包括管道压浆分项工程。
4. 采用顶推施工、悬臂拼装施工、转体施工的梁及采用转体施工的拱，除应按

《公路工程质量检验评定标准 第一册 土建工程》(JTG F80/1—2017)第8.7.3条~第8.7.5条和第8.8.4条检验外,还应对梁段、拱圈制作进行检验。

5. 拱桥拱上建筑应根据各构件的类别按《公路工程质量检验评定标准 第一册 土建工程》(JTG F80/1—2017)的相关分项工程进行检验。拱桥组合桥台的组合性能应按标准第8.6.3条进行检验,各个组成部分按标准相关分项工程进行检验。

3.4.2 桥梁总体

1. 桥梁总体应符合下列基本要求:
1) 桥梁工程应按设计文件内容全部完成。
2) 桥下净空不得小于设计要求。
3) 特大跨径的桥梁、结构复杂的桥梁和承载能力需要验证的桥梁应进行荷载试验,试验结果应满足设计要求和符合相关技术规范的规定。
2. 桥梁总体实测项目应满足表3-12的要求。

表3-12 桥梁总体实测项目

项次	检查项目		规定值或允许偏差	检查方法和频率
1	桥面中线偏位(mm)		≤20	全站仪:每50m测1点,且不少于5点
2	桥面宽(mm)	车行道	±10	尺量:每50m测1个断面,且不少于5个断面
		人行道	±10	
3	桥长(mm)		+300,-100	全站仪或钢尺:检查中心线处
4	桥面高程(mm)	$L<50m$	±30	水准仪:桥面每侧每50m测1点,且不少于3点;跨中、桥墩(台)处应布置测点
		$L≥50m$	±($L/5000+20$)	

注:L为桥梁跨径,计算规定值或允许偏差时以mm计。

3. 桥梁总体外观质量应符合下列规定:
1) 桥梁的内外轮廓线形应无异常突变。
2) 结构内外部、支座、伸缩缝处应无残渣、杂物。
3) 桥头不得出现跳车。

3.4.3 钢筋及预应力筋

1. 钢筋加工及安装应符合下列基本要求:
1) 钢筋安装应保证设计要求的钢筋根数。
2) 钢筋的连接方式、同一连接区段内的接头面积应满足设计要求;接头位置应设在受力较小处,任何连接区段内同一根钢筋不得有两个接头。
3) 钢筋的搭接长度、焊接和机械接头质量应满足施工技术规范的规定。
4) 受力钢筋表面不得有裂纹及其他损伤。
5) 钢筋的保护层垫块应分布均匀,数量及材料性能应满足设计要求和有关技术规范的规定。
6) 钢筋应安装牢固,钢筋网应有足够的钢筋支撑,在混凝土浇筑过程中钢筋不应出现移位。

2.钢筋加工及安装实测项目应符合表3-13、表3-14的规定,且任一点的保护层厚度不得有超过表中数值1.5倍的允许偏差,在海水或受侵蚀性物质影响的环境中保护层厚度的偏差不应出现负值。保护层厚度应在模板安装完成后混凝土浇筑前检查。

表3-13 钢筋安装实测项目

项次	检查项目		规定值或允许偏差	检查方法和频率
1△	受力钢筋间距（mm）	两排以上排距	±5	尺量：长度≤20m时,每构件检查2个断面；长度>20m时,每构件检查3个断面
		同排 梁、板、拱肋及拱上建筑	±10（±5）	
		同排 基础、锚碇、墩台身、墩柱	±20	
2	箍筋、构造钢筋、螺旋筋间距（mm）		±10	尺量：每构件测10个间距
3	钢筋骨架尺寸（mm）	长	±10	尺量：按骨架总数30%抽测
		宽、高或直径	±5	
4	弯起钢筋位置（mm）		±20	尺量：每骨架抽查30%
5△	保护层厚度（mm）	梁、板、拱肋及拱上建筑	±5	尺量：每构件各立模板每面3m²检查1处,且每侧面不少于5处
		基础、锚碇、墩台身、墩柱	±10	

注：1.小型构件的钢筋安装按总数抽查30%。
2.表中基础不包括混凝土桩基及地下连续墙。
3.项次1括号中的数值适用于钢混组合梁桥面板的预制。

表3-14 钻（挖）孔灌注桩、地下连续墙钢筋安装实测项目

项次	检查项目	规定值或允许偏差	检查方法和频率
1	主筋间距（mm）	±10	尺量：每段测2个断面
2	箍筋或螺旋筋间距（mm）	±20	尺量：每段测10个间距
3	钢筋骨架外径或厚、宽（mm）	±10	尺量：每段测2个断面
4	钢筋骨架长度（mm）	±100	尺量：每个骨架测2处
5	钢筋骨架底端高程（mm）	±50	水准仪：测顶端高程,用骨架长度计算
6△	保护层厚度（mm）	+20,-10	尺量：测每段钢筋骨架外侧定位块处

3.钢筋加工及安装外观质量应符合下列规定：
1）钢筋表面应无裂皮、油污、颗粒状或片状锈蚀及焊渣、烧伤,绑扎或焊接的钢筋网和钢筋骨架不得松脱和开焊。
2）焊接接头、连接套筒不得出现裂纹。

4.预应力筋加工和张拉应符合下列基本要求：
1）预应力束中的钢丝、钢绞线应顺直,不得有缠绞、扭结现象,表面不得有损伤。
2）单根钢绞线不得断丝,单根钢筋不得断筋或滑移。
3）同一截面预应力筋接头面积应不超过预应力筋总面积的25%,接头质量应符合施工技术规范的规定。
4）预应力筋张拉或放张时混凝土强度和龄期应满足设计要求,应按设计要求的张拉顺序进行操作。
5）预应力钢丝采用镦头锚时,镦头应圆整,不得有斜歪或破裂现象。
6）管道应安装牢固,接头密合,弯曲圆顺。锚垫板平面应与孔道轴线垂直。

7) 张拉设备应配套标定和使用,并不得超过标定期限使用。
8) 锚固后预应力筋应采用机械切割,外露长度符合设计要求。

5. 预应力筋加工和张拉实测项目应符合表 3-15、表 3-16 的规定。

表 3-15 钢丝、钢绞线先张法实测项目

项次	检查项目		规定值或允许偏差	检查方法和频率
1	镦头钢丝同束长度相对差（mm）	$L>20m$	$\leq L/5000$ 及 5	尺量：每加工批测 2 束
		$6m \leq L \leq 20m$	$\leq L/3000$ 及 5	
		$L<6m$	≤ 2	
2△	张拉应力值		满足设计要求	查油压表读数,每根（束）检查
3△	张拉伸长率		满足设计要求,设计未要求时±6%	尺量：每根（束）检查
4	同一构件内断丝根数不超过钢丝总数的百分数		$\leq 1\%$	目测：每根（束）检查
5	预应力筋张拉后在横断面上的坐标（mm）		±5	尺量：测 2 个断面
6	无黏结段长度（mm）		±10	尺量：每根（束）检查

注：L 为钢束长度,计算规定值或允许偏差时以 mm 计。

表 3-16 后张法实测项目

项次	检查项目		规定值或允许偏差	检查方法和频率
1	管道坐标（mm）	梁长方向	±30	尺量：每构件抽查 30% 的管道。每个曲线段测 3 点,直线段每 10m 测 1 点,锚固点及连接点全部测
		梁宽方向	±10	
		梁高方向	±10	
2	管道间距（mm）	同排	±10	尺量：每构件抽查 30% 的管道,测 2 个断面
		上下层	±10	
3△	张拉应力值		满足设计要求	查油压表读数:每根（束）检查
4△	张拉伸长率		满足设计要求,设计未要求时±6%	尺量：每根（束）检查
5	断丝滑丝数	钢束	每束 1 根,且每断面总数不超过钢丝总数的 1%	目测：每根（束）检查

6. 预应力筋加工和张拉外观质量应符合下列规定：
1) 预应力筋应无油污、超过 20% 表面积的锈迹,锚具、连接器表面应无裂纹、油污、锈迹,外套管应无裂纹、机械损伤。
2) 预应力筋及管道线形不得出现弯折。
3) 预应力管道应无破损、连接松脱。

3.4.4 预应力管道压浆及封锚

1. 预应力管道压浆及封锚应符合下列基本要求：
1) 浆体的各项技术性能应符合施工技术规范规定并满足设计要求。

2）预应力管道在压浆前应清除内部的杂物及积水。采用真空辅助压浆时，其气密性应达到有关技术规范的规定。

3）管道最高位置应设置排气孔，排气、排水孔应在原浆溢出后方可封闭。

4）应在设计要求的时间内进行压浆，同一管道压浆应连续一次完成。不得有漏压浆的管道。

5）压浆过程中及压浆完成后48h内，环境温度低于5℃时应采取防冻或保温措施。

6）应按设计要求浇筑封锚混凝土。

2. 预应力管道压浆及封锚实测项目应符合表3-17的规定。

表3-17 预应力管道压浆及封锚实测项目

项次	检查项目	规定值或允许偏差	检查方法和频率
1△	浆体强度（MPa）	在合格标准内	按《公路工程质量检验评定标准 第一册 土建工程》（JTG F80/1—2017）附录M检查
2△	压浆压力值（MPa）	满足施工技术规范规定	查油压表读数：每管道检查
3	稳压时间（s）	满足施工技术规范规定	计时器：每管道检查

3. 预应力管道压浆及封锚外观质量应符合下列规定：

1）封锚混凝土与相连混凝土应无大于5mm的施工接缝错台。

2）封锚混凝土不应存在《公路工程质量检验评定标准 第一册 土建工程》（JTG F80/1—2017）附录P所列限制缺陷。

3.4.5 砌体

1. 砌体应符合下列基本要求：

1）地基承载力应满足设计要求，严禁地基超挖后回填虚土。

2）砌块应错缝、坐浆挤紧，缝宽均匀，砌块间嵌缝料和砂浆应饱满。

3）拱圈的辐射缝应垂直于拱轴线，辐射缝两侧相邻两行拱石的砌缝应有不小于100mm的错开。

4）拱架应牢固、稳定，严格按设计要求的顺序砌筑拱圈和卸架。

5）勾缝砂浆强度不得小于砌筑砂浆强度。

2. 砌体实测项目应符合表3-18～表3-20的规定。

表3-18 基础砌体实测项目

项次	检查项目		规定值或允许偏差	检查方法和频率
1△	砂浆强度（MPa）		在合格标准内	按《公路工程质量检验评定标准 第一册 土建工程》（JTG F80/1—2017）附录F检查
2	轴线偏位（mm）		≤25	全站仪：纵、横向各测2点
3△	平面尺寸（mm）		±50	尺量：长度、宽度各测3处
4	顶面高程（mm）		±30	水准仪：测5处
5	基底高程（mm）	土质	±50	水准仪：测5处
		石质	+50，-200	

表 3-19 墩、台身砌体实测项目

项次	检查项目		规定值或允许偏差	检查方法和频率
1△	砂浆强度（MPa）		在合格标准内	按《公路工程质量检验评定标准 第一册 土建工程》（JTG F80/1—2017）附录F检查
2	轴线偏位（mm）		≤20	全站仪：纵、横向各测2点
3	墩台长、宽（mm）	料石	+20，−10	尺量：测3个断面
		块石	+30，−10	
		片石	+40，−10	
4	竖直度或坡度（%）	料石、块石	≤0.3	铅锤法：测两轴线位置共4处
		片石	≤0.5	
5△	墩、台顶面高程（mm）		±10	水准仪：测5处
6	侧面平整度（mm）	料石	≤10	2m直尺：每20m²测1处，且不少于3处，每处测竖直、水平两个方向
		块石	≤20	
		片石	≤30	

表 3-20 拱圈砌体实测项目

项次	检查项目			规定值或允许偏差	检查方法和频率
1△	砂浆强度（MPa）			在合格标准内	按《公路工程质量检验评定标准 第一册 土建工程》（JTG F80/1—2017）附录F检查
2	砌体外侧平面偏位（mm）	无镶面	向外	≤30	全站仪：测拱脚、拱顶、1/4跨、3/4跨处两侧
			向内	≤10	
		有镶面	向外	≤20	
			向内	≤10	
3△	拱圈厚度（mm）			+30，0	尺量：测拱脚、拱顶、1/4跨、3/4跨处两侧
4	相邻镶面石砌块表层错位（mm）	料石、混凝土预制块		≤3	拉线用尺量：测5处
		块石		≤5	
5△	内弧线偏离设计弧线（mm）	L≤30m		±20	水准仪：测拱脚、拱顶、1/4跨、3/4跨处两侧高程
		L>30m		±L/1500	
		1/4跨、3/4跨处极值		允许偏差的2倍且反向	

注：L为跨径，计算规定值或允许偏差时以mm计。

3. 砌体外观质量应符合下列规定：

1) 砌缝开裂、勾缝不密实和脱落的累计换算面积不得超过该面面积的1.5%，单个换算面积不应大于0.04m²，且不应存在宽度超过0.5mm、长度大于砌块尺寸的非受力砌缝裂隙。换算面积应按缺陷缝长度乘以0.1m计算。

2) 砌缝应无空洞、宽缝、大堆砂浆填隙和假缝。

3.4.6 基础

1. 混凝土扩大基础

1) 混凝土扩大基础应符合下列基本要求：

(1) 基底处理及地基承载力应满足设计要求。

(2) 地基超挖后严禁回填虚土。

2) 混凝土扩大基础实测项目应符合表 3-21 的规定。

表 3-21 混凝土扩大基础实测项目

项次	检查项目		规定值或允许偏差	检查方法和频率
1△	混凝土强度（MPa）		在合格标准内	按《公路工程质量检验评定标准 第一册 土建工程》（JTG F80/1—2017）附录 D 检查
2	平面尺寸（mm）		±50	尺量：长度、宽度各测 3 处
3	基础底面高程（mm）	土质	±50	水准仪：测 5 处
4		石质	±50，−200	
5	基础顶面高程（mm）		±30	水准仪：测 5 处
6	轴线偏位（mm）		≤25	全站仪：纵、横向各测 2 点

3) 混凝土扩大基础外观质量应符合下列规定：

(1) 表面应无垃圾、杂物、临时预埋件。

(2) 混凝土表面不应存在《公路工程质量检验评定标准 第一册 土建工程》（JTG F80/1—2017）附录 P 所列限制缺陷。

2. 钻孔灌注桩

1) 钻孔灌注桩应符合下列基本要求：

(1) 成孔后应清孔，并测量孔径、孔深、孔位和沉淀厚度，确认满足设计要求并符合施工技术规范规定后，方可灌注水下混凝土。

(2) 水下混凝土应连续灌注，灌注时钢筋笼不应上浮。

(3) 嵌入承台的锚固钢筋长度不得小于设计要求的锚固长度。

2) 钻孔灌注桩实测项目应符合表 3-22 的规定，且任一排架桩的桩位不得有超过表中数值 2 倍的偏差。

表 3-22 钻孔灌注桩实测项目

项次	检查项目		规定值或允许偏差	检查方法和频率
1△	混凝土强度（MPa）		在合格标准内	按《公路工程质量检验评定标准 第一册 土建工程》（JTG F80/1—2017）附录 D 检查
2	桩位（mm）	群桩	≤100	全站仪：每桩测中心坐标
		排架桩	≤50	
3△	孔深（m）		≥设计值	测绳：每桩测量
4	孔径（mm）		≥设计值	探孔器或超声波成孔检测仪：每桩测量
5	钻孔倾斜度（mm）		≤1%S，且≤500	钻杆垂线法或超声波成孔检测仪：每桩检查
6	沉淀厚度（mm）		满足设计要求	沉淀盒或测渣仪：每桩测量
7△	桩身完整性		每桩均满足设计要求；设计未要求时，每桩不低于Ⅱ类	满足设计要求；设计未要求时，采用低应变反射波法或超声波透射法：每桩检测

注：S 为桩长，计算规定值或允许偏差时以 mm 计。

3) 钻孔灌注桩外观质量应符合下列规定：

（1）凿除桩头预留混凝土后，桩顶应无残余的松散混凝土。

（2）外露混凝土表面不应存在《公路工程质量检验评定标准 第一册 土建工程》（JTG F80/1—2017）附录 P 所列限制缺陷。

3.4.7 预制安装梁、板

1. 预制安装梁、板应符合下列基本要求：

1）拼接粗糙面的质量和键槽的数量、质量应满足设计要求。

2）在吊移出预制底座时，混凝土的强度不得低于设计所要求的吊装强度，预制件不得受到损伤；在安装时，支承结构（墩台、盖梁、垫石）的强度应满足设计要求。

3）安装前，梁、板应检验合格，墩、台支座垫板应稳固；就位后，梁、板两端支座应对位，梁底与支座以及支座底与垫石顶应密贴，临时支撑应稳固。

4）梁段之间接缝填充材料的种类、规格和性能应满足设计要求，接缝填充密实。

2. 预制安装梁、板实测项目应符合表 3-23 和表 3-24 的规定。

表 3-23 梁、板预制安装实测项目

项次	检查项目			规定值或允许偏差	检查方法和频率
1△	混凝土强度（MPa）			在合格标准内	按《公路工程质量检验评定标准 第一册 土建工程》（JTG F80/1—2017）附录 D 检查
2	梁长度（mm）	总长度		＋5，－10	尺量：每梁顶面中线、底面两侧
		梁段长度		0，－2	
3△	断面尺寸（mm）	宽度	箱梁 顶宽	±20（±5）①	尺量：每梁测 3 个断面，板和梁段测 2 个断面
			箱梁 底宽	±10（+5，0）①	
			其他梁、板 干接缝（梁翼缘、板）	±10（±3）②	
			其他梁、板 湿接缝（梁翼缘、板）	±20	
		高度	箱梁	0，－5	
			其他梁、板	±5	
		顶板、底板、腹板或梁肋厚		＋5，0	
4	平整度（mm）			≤5	2m 直尺：沿梁长方向每侧面每 10m 梁长测 1 处×2 尺
5	横系梁及预埋件位置（mm）			≤5	尺盘：每件
6	横坡（%）			±0.15	水准仪：每梁测 3 个断面，板和梁段测 2 个断面
7	斜拉索锚面③	锚点坐标（mm）		±5	全站仪、钢尺：检查每锚垫板，测水平及相互垂直的锚孔中心线与锚垫板边线交点坐标推算
		锚面角度		0.5	角度仪：检查每锚垫板与水平面、立面的夹角，各测 3 处

①项次 3 箱梁宽度括号中的数值适用于节段拼装梁段的预制。
②项次 3 对应干接缝的其他梁、板宽度括号中的数值适用于组合梁桥面板的预制。
③项次 7 仅适用于斜拉桥预制梁段。

表 3-24 梁、板安装实测项目

项次	检查项目		规定值或允许偏差	检查方法和频率
1	支承中心偏位（mm）	梁	≤5	尺量：每跨测 6 个支承处，不足 6 个时全测
		板	≤10	
2	梁、板顶面高程（mm）		±10	水准仪：每跨测 5 处，跨中、桥墩（台）处应布置测点
3	相邻梁、板顶面高差（mm）	L≤40m	≤10	尺量：测每相邻梁、板高差最大处
		L≥40m	≤15	

3. 预制安装梁、板外观质量应符合下列规定：

1) 混凝土表面不应存在《公路工程质量检验评定标准 第一册 土建工程》（JTG F80/1—2017）附录 P 所列限制缺陷。

2) 应无建筑垃圾、杂物和临时预埋件。

3) 梁段接缝胶结材料不得存在脱落和开裂。

3.4.8 混凝土桥面板桥面铺装

1. 混凝土桥面板桥面铺装应符合下列基本要求：

1) 水泥混凝土桥面应符合《公路工程质量检验评定标准 第一册 土建工程》（JTG F80/1—2017）第 7.2.1 条的规定，沥青混凝土桥面应符合前述标准第 7.3.1 条的规定。

2) 桥面泄水孔进水口附近的铺装应有利于桥面积水和渗入水的排除，泄水孔数量不得少于设计要求。

2. 混凝土桥面板桥面铺装实测项目应符合表 3-25～表 3-27 的规定。

表 3-25 水泥混凝土桥面铺装实测项目

项次	检查项目		规定值或允许偏差		检查方法和频率
			高速公路一级公路	其他公路	
1△	混凝土强度（MPa）		在合格标准内		按《公路工程质量检验评定标准 第一册 土建工程》（JTG F80/1—2017）附录 D 检查
2	厚度（mm）		+10，−5		水准仪：以桥面板产生相同挠度变形的点为基准点，测量桥面铺装施工前后相对高差；长度不大于 100m 每车道测 3 处，每增加 100m 每车道增加 2 处
3	平整度	σ（mm）	≤1.32	≤2.0	平整度仪：全桥每车道连续检测，每 100m 计算 σ、IRI
		IRI（m/km）	≤2.2	≤3.3	
		最大间隙 h（mm）	≤3	≤5	3m 直尺：半幅车道板带每 200m 测 2 处×5 尺
4	横坡（%）		±0.15	±0.25	水准仪：长度不大于 200m 时测 5 个断面，每增加 100m 增加 1 个断面
5	抗滑构造深度（mm）		0.7～1.1	0.5～0.9	铺砂法：长度不大于 200m 时测 5 处，每增加 100m 增加 1 处

注：1. 表中 σ 为平整度仪测定的标准差；IRI 为国际平整度指数；h 为 3m 直尺与面层的最大间隙。

2. 小桥（中桥视情况）可并入路面进行检验。

表 3-26 沥青混凝土桥面铺装实测项目

项次	检查项目		规定值或允许偏差		检查方法和频率
			高速公路 一级公路	其他公路	
1△	压实度		≥试验室标准密度的 96%（*98%） ≥最大理论密度的 92%（*94%） ≥试验段密度的 98%（*99%）		按《公路工程质量检验评定标准 第一册 土建工程》（JTG F80/1—2017）附录 B 检查，长度不大于 200m 时测 5 点，每增加 100m 增加 2 点
2	厚度（mm）		+10，−5		水准仪：以同桥面板产生相同挠度变形的点为基准点，测量桥面铺装施工前后相对高差；长度不大于 100m 每车道测 3 处，每增加 100m 每车道增加 2 处
3	平整度	σ（mm）	≤1.2	≤2.5	平整度仪：全桥每车道连续检测，每 100m 计算 σ、IRI
		IRI（m/km）	≤2.0	≤4.2	
		最大间隙 h（mm）	—	≤5	3m 直尺：半幅车道板带每 200m 测 2 处×5 尺
4	渗水系数（mL/min）	SMA	≤80		渗水试验仪：每 500m² 测 1 处
		其他	≤100		
5	横坡（%）		±0.3	±0.5	水准仪：长度不大于 200m 时测 5 个断面，每增加 100m 增加 1 个断面
6	抗滑构造深度（mm）		满足设计要求	—	铺砂法：长度不大于 200m 时测 5 处，每增加 100m 增加 1 处

注：1. 表中压实度，高速公路、一级公路应选用 2 个标准评定，以合格率低的作为评定结果；其他等级公路选用 1 个标准进行评定。带＊号者是指 SMA 路面。
2. 表中 σ 为平整度仪测定的标准差；IRI 为国际平整度指数；h 为 3m 直尺与面层的最大间隙。
3. 小桥（中桥视情况）可并入路面进行检验。
4. 当沥青混合料、施工工艺与路面相同时，压实度、渗水系数可并入路面进行检验，压实度可在路面上取芯。

表 3-27 复合桥面水泥混凝土铺装实测项目

项次	检查项目	规定值或允许偏差	检查方法和频率
1△	混凝土强度（MPa）	在合格标准内	按《公路工程质量检验评定标准 第一册 土建工程》（JTG F80/1—2017）附录 D 检查
2	厚度（mm）	+10，−5	水准仪：以同桥面板产生相同挠度变形的点为基准点，测量桥面铺装施工前后相对高差；长度 100m 以内每车道测 3 处，每增加 100m 每车道增加 2 处
3	平整度（mm）	≤5	3m 直尺：半幅车道板带每 200m 测 2 处×5 尺
4	横坡（%）	±0.15	水准仪：长度不大于 200m 时测 5 个断面，每增加 100m 增加 1 个断面

注：复合桥面的沥青混凝土面层按表 3-26 检查。

3. 混凝土桥面板桥面铺装外观质量应符合下列规定：

1) 与路缘石、护栏等结构构件衔接处，水泥混凝土铺装应无宽度超过 0.3mm 的裂缝，沥青混凝土铺装应无开裂、松散。

2）其他应符合《公路工程质量检验评定标准 第一册 土建工程》（JTG F80/1—2017）第7.2.3条、第7.3.3条的规定。

3.5 隧道工程质量检查项目

3.5.1 一般规定

1. 《公路工程质量检验评定标准 第一册 土建工程》（JTG F 801/1—2017）适用于采用钻爆法施工的隧道工程。

2. 采用喷锚衬砌或复合式衬砌的隧道，施工单位应有系统、完整、真实的监控量测数据和图表。

3. 隧道洞口开挖应符合施工技术规范的规定。隧道洞门、翼墙和洞口边仰坡防护的检验，应按《公路工程质量检验评定标准 第一册 土建工程》（JTG F80/1—2017）第6章的有关规定执行。

4. 隧道路面基层、面层的检验，应按《公路工程质量检验评定标准 第一册 土建工程》（JTG F80/1—2017）第7章的有关规定执行。

5. 隧道总体

1）隧道总体应符合下列基本要求：

（1）隧道衬砌内轮廓及所有运营设施均不得侵入建筑限界。

（2）洞口设置应满足设计要求。

（3）洞内外的排水系统设置应满足设计要求。

（4）高速公路、一级公路和二级公路隧道拱部、边墙、路面、设备箱洞应不渗水，有冻害地段的隧道衬砌背后不积水、排水沟不冻结，车行横通道、人行横通道等服务通道拱部不滴水，边墙不淌水。

（5）三级、四级公路隧道拱部、边墙应不滴水，设备箱洞不渗水，路面不积水，有冻害地段的隧道衬砌背后不积水、排水沟不冻结。

2）隧道总体实测项目应符合表3-28的规定。

表3-28 隧道总体实测项目

项次	检查项目	规定值或允许偏差	检查方法和频率
1	行车道宽度（mm）	±10	尺量或按《公路工程质量检验评定标准 第一册 土建工程》（JTG F80/1—2017）附录Q检查：曲线每20m，直线每40m检查1个断面
2	内轮廓宽度（mm）	不小于设计值	
3△	内轮廓高度（mm）	不小于设计值	激光测距仪或按《公路工程质量检验评定标准 第一册 土建工程》（JTG F80/1—2017）附录Q检查：曲线每20m、直线每40m检查1个断面，每个断面测拱顶和两侧拱腰共3点
4	隧道偏位（mm）	20	全站仪：曲线每20m、直线每40m测1处
5	边坡或仰坡坡度	不大于设计值	尺量：每洞口检查10处

3) 隧道总体外观质量应符合下列规定：
(1) 洞口边坡、仰坡应无落石。
(2) 排水系统应不淤积、不堵塞。

3.5.2 洞身开挖

1. 洞身开挖应符合下列基本要求：
1) 当围岩自稳能力差时，开挖前应做好预加固、预支护。
2) 当隧道地质出现变化或接近围岩分界线时，应采用地质雷达、超前小导坑、超前探孔等方法探明工程地质和水文地质状况，方可进行开挖。
3) 开挖轮廓应预留支撑沉落量及变形量，并根据量测反馈信息及时调整。
4) 应采用控制爆破技术减少开挖对围岩的扰动。
5) 应严格控制欠挖，拱脚、墙脚以上 1m 范围内严禁欠挖；当石质坚硬完整且岩石抗压强度大于 30MPa 并确认不影响衬砌结构稳定和强度时，岩石个别突出部分（每 $1m^2$ 不大于 $0.1m^2$）可突入衬砌断面，锚喷支护时突入不得大于 30mm，衬砌时欠挖值不得大于 50mm。
6) 洞身开挖在清除浮石后应及时进行初喷支护。
2. 洞身开挖实测项目应符合表 3-29 的规定。

表 3-29 洞身开挖实测项目

项次	检查项目		规定值或允许偏差	检查方法和频率
1△	拱部超挖 (mm)	Ⅰ级围岩（硬岩）	平均 100，最大 200	全站仪或按《公路工程质量检验评定标准 第一册 土建工程》(JTG F80/1—2017) 附录 Q 检查：每 20m 检查 1 个断面，每个断面自拱顶起每 2m 测 1 点
		Ⅱ、Ⅲ、Ⅳ级围岩（中硬岩、软岩）	平均 150，最大 250	
		Ⅴ、Ⅵ级围岩（破碎岩、土）	平均 100，最大 150	
2	边墙超挖 (mm)	每侧	+100, 0	
		全宽	+200, 0	
3	仰拱、隧底超挖 (mm)		平均 100，最大 250	水准仪：每 20m 检查 3 处

3. 洞身开挖外观质量应符合下列规定：
洞顶应无浮石。

3.5.3 喷射混凝土

1. 喷射混凝土应符合下列基本要求：
1) 开挖断面质量、超欠挖处理、围岩表面渗漏水处理应符合施工技术规范的规定，受喷岩面应清洁。
2) 喷射混凝土支护应与围岩紧密黏结，结合牢固，不得有空洞。喷层内不应存在片石和木板等杂物。严禁挂模喷射混凝土。
3) 钢架与围岩之间的间隙应采用喷射混凝土充填密实。

4）喷射混凝土表面平整度应符合施工技术规范的规定。

2．喷射混凝土实测项目应符合表 3-30 的规定。

表 3-30　喷射混凝土实测项目

项次	检查项目	规定值或允许偏差	检查方法和频率
1△	喷射混凝土强度（MPa）	在合格标准内	按《公路工程质量检验评定标准 第一册 土建工程》（JTG F80/1—2017）附录 E 检查
2	喷层厚度（mm）	平均厚度≥设计厚度；60%的检查点的厚度≥设计厚度；最小厚度≥0.6设计厚度	凿孔法：每10m检查1个断面，每个断面从拱顶中线起每3m测1点。按《公路工程质量检验评定标准 第一册 土建工程》（JTG F80/1—2017）附录 R 检查：沿隧道纵向分别在拱顶、两侧拱腰、两侧边墙连续测试共5条测线，每10m检查1个断面，每个断面测5点
3△	喷层与围岩接触状况	无空洞、无杂物	

3．喷射混凝土外观质量应符合下列规定：

喷射混凝土表面应无漏喷、离鼓、钢筋网和钢架外露。

3.5.4　锚杆

1．锚杆应符合下列基本要求：

1）锚杆长度应不小于设计长度，锚杆插入孔内的长度不得短于设计长度的95%。

2）砂浆锚杆和注浆锚杆的灌浆强度应不小于设计值和规范要求，锚杆孔内灌浆密实饱满。

3）锁脚锚杆（管）的数量、长度、打入角度应满足设计要求。

2．锚杆实测项目应符合表 3-31 的规定。

表 3-31　锚杆实测项目

项次	检查项目	规定值或允许偏差	检查方法和频率
1△	数量（根）	不少于设计值	目测：现场逐根清点
2△	锚杆拔力（kN）	28d拔力平均值≥设计值，最小拔力≥0.9设计值	拉拔仪：抽查1%，且不少于3根
3	孔位（mm）	±150	尺量：抽查10%
4	孔深（mm）	±50	尺量：抽查10%
5	孔径（mm）	≥锚杆杆体直径+15	尺量：抽查10%

3．锚杆外观质量应符合下列规定：

锚杆垫板与岩面间应无间隙。

3.5.5　混凝土衬砌

1．混凝土衬砌应符合下列基本要求：

1）衬砌施工前初期支护背部存在空洞、断面严重侵限时应及时处理。

2）衬砌背后的空隙应回填注浆。

2. 混凝土衬砌实测项目应符合表 3-32 的规定。

表 3-32 混凝土衬砌实测项目

项次	检查项目	规定值或允许偏差	检查方法和频率
1△	混凝土强度（MPa）	在合格标准内	按《公路工程质量检验评定标准 第一册 土建工程》（JTG F80/1—2017）附录 D 检查
2	衬砌厚度（mm）	90%的检查点的厚度≥设计厚度，且最小厚度≥0.5设计厚度	尺量：每20m检查1个断面，每个断面测5点；按《公路工程质量检验评定标准 第一册 土建工程》（JTG F80/1—2017）附录 R 检查：沿隧道纵向分别在拱顶、两侧拱腰、两侧边墙连续测试共5条测线，每20m检查1个断面，每个断面测5点
3	墙面平整度（mm）	施工缝、变形缝处≤20 其他部位≤5	2m直尺：每20m每侧连续检查5尺，每尺测最大间隙
4△	衬砌背部密实状况	无空洞、无杂物	按《公路工程质量检验评定标准 第一册 土建工程》（JTG F80/1—2017）附录 R 检查：沿隧道纵向分别在拱顶、两侧拱腰、两侧边墙连续测试共5条测线

3. 混凝土衬砌外观质量应符合下列规定：
1）蜂窝麻面面积不得超过该面总面积的 0.5%，深度不得超过 10mm。
2）隧道衬砌钢筋混凝土结构裂缝宽度不得超过 0.2mm，混凝土结构裂缝宽度不得超过 0.4mm。

习题与讨论

1. 请简述检查项目合格判定的规定是什么？
2. 请简述单位工程质量评定方法。
3. 何为检验和评定？何为关键项目和一般项目？
4. 简述细粒土、粗粒土和路面结构现场压实度检查试验方法。

第4章 路基工程试验检测技术

路基是在天然地表面按照道路的路线设计位置和横断面要求修筑的岩土结构物。路面是在路基顶面的行车部分用各种混合料铺筑而成的层状结构物。路基是路面结构的基础，从材料上分，路基可分为土路基、石路基、土石路基三种。坚固而又稳定的路基为路面结构长期承受汽车荷载提供了重要的保证，因此，保证路基施工质量是公路满足设计使用寿命的重要基础。

4.1 路基准备阶段工程试验检测技术

自然界中土的种类很多，各类土工程性质差异较大。为便于研究，可按照其主要特征进行工程分类，但目前国内各行业对土的名称和分类并不统一，本章主要针对公路用土，介绍《公路土工试验规程》(JTG 3430—2020) 所列的分类标准。

4.1.1 土的基本物理性质测试

1. 土样的采集

1) 采取原状土或扰动土视工程对象而定。

凡属桥梁、涵洞、隧道、挡土墙、房屋建筑物的天然地基以及挖方边坡、渠道等，应采取原状土样；如为填土路基、堤坝、取土坑（场）或只要求土的分类试验，可采取扰动土样。

2) 土样可在试坑、平洞、竖井、天然地面及钻孔中采取。

取原状土样时，必须保持土样的原状结构及天然含水率，并使土样不受扰动。用钻机取土时，土样直径不得小于 10cm，并使用专门的薄壁取土器；在试坑中或天然地面下挖取原状土时，可用有上、下盖的铁壁取土筒，打开下盖，扣在欲取的土层上，边挖筒周围土，边压土筒至筒内装满土样，然后挖断筒底土层，取出土筒，翻转削平筒内土样。若周围有空隙，可用原土填满，盖好下盖，密封取土筒。采取扰动土时，应先清除表层土，然后分层用四分法取样。对于盐渍土，一般应分别在 0～0.05m、0.06～0.25m、0.26～0.50m、0.51～0.75m、0.76～1.00m 垂直深度处，分层取样。同时，应测记采样季节、时间和气温。

2. 土的性质指标

1) 含水率

土的含水率 w 是在 105～110℃ 下烘至恒量时所失去的水分质量和达恒量后干土质量的比值，以百分数表示。常用的含水率测试方法有烘干法、酒精燃烧法、红外线照射法、碳化钙气压法等。

（1）烘干法。烘干法是测定含水率的标准方法，适用于黏质土、粉质土、砂类土和有机质土类。

（2）酒精燃烧法。本方法是利用酒精在土壤样品中燃烧释放出的热量，使土壤水分蒸发干燥，通过燃烧前后的质量之差，计算出土壤含水率的百分数。酒精燃烧在火焰熄灭前几秒钟，即火焰下降时，土温才迅速上升到180～200℃。然后温度很快降至85～90℃，再缓慢冷却。由于高温阶段时间短，样品中有机质及盐类损失很少，故此法测定土壤水分含量有一定的参考价值。

（3）含水率的其他测试方法：①红外线照射法；②炒干法；③实容积法；④微波加热法；⑤碳化钙气压法。

（4）特殊土的含水率测试方法：①含石膏土和有机质土的含水率测试法；②无机结合料稳定土的含水率测试法。

2）密度

密度是土的基本物理性质指标之一，无论在室内试验或野外施工和勘察，以及施工质量控制中，均须测定密度。测定密度的常用方法有环刀法、蜡封法、灌砂法、灌水法等。环刀法操作简便而准确，在室内和野外普遍采用；不能用环刀削的坚硬、易碎、含有粗粒、形状不规则的土，可用蜡封法；灌砂法、灌水法一般在野外使用。

（1）环刀法。环刀法是用已知质量及容积的环刀切取土样，称重后减去环刀质量即得土的质量，环刀的容积即为土的体积，进而可求得土的密度。测定环刀的质量及体积，切取土样，将环刀刃口向下置于土样上，将环刀垂直下压，并用切土刀沿环刀外侧切，擦净环刀外壁，称环刀加土样质量。

（2）蜡封法。此法系将不规则的土样（体积不小于$500cm^3$）称其自然质量后，浸入熔化的石蜡中，使土样被石蜡所包裹，而后称其在空气中的质量与在水中的质量，并按公式计算土样密度。此法所得密度值恒较其他方法大，这是因为在任何情况下难以避免熔蜡浸入土内孔隙中的缘故。

3）界限含水率

细粒土由于含水率不同，分别处于流动状态、可塑状态、半固体状态和固体状态。液限是细粒土呈可塑状态的上限含水率，塑限是细粒土呈可塑状态的下限含水率。该项测试是测定细粒土的液限和塑限，用作计算土的塑性指标和液性指数，以划分土的工程类别和确定土的状态。

（1）液限-塑限联合测定法。联合测定法的理论基础是土的含水率与锥体下沉深度在双对数标纸上有直线关系。试验结果显示含水率与锥体下沉深度的双对数值是一曲率很小的曲线，含水率与锥体下沉深度在双对数坐标上的线性关系较液限与塑性指数的线性关系要差。

（2）滚搓法塑限试验。细粒土在脆性范围内，含水率比塑限低，搓揉时易破损，在用滚搓法进行塑限试验时，利用的就是将土条搓到3mm时土条产生的脆性断裂。

4）相对密度

当以水作为参考密度时，即$1g/cm^3$作为参考密度（水4℃时的密度）时，过去称为比重。相对密度一般是把水在4℃时的密度当作1来使用，另一种物质的密度跟它相除得到的。

5) 颗粒分析

最常用的有筛分法,适用于砂粒以上较粗的颗粒;移液管法和密度计法,适用于粉粒以下的较细颗粒。

4.1.2 土的分类

自然界中土的种类很多,工程性质各异。为便于研究,需要按其主要特征进行分类。当前,国内使用的土名和土的分类并不统一,各个部门使用各自制定的规范,各个规范中所做的规定也不完全一样。存在这种情况有主观和客观的原因,一方面各种土的性质复杂多变,差别很大,但这些差别又都是渐变的,如果要用比较简单的特征指标进行区分,采用什么特征指标、分界值应该定在何处等问题,就很难有绝对的答案。另一方面,有些部门侧重于利用土作为建筑物地基;有些部门侧重于利用土作为修筑土工建筑物的材料;还有些部门又侧重于利用土作为周围介质在土中修建地下构筑物。由于各个部门对土的某些工程性质的重视程度和要求不完全相同,制定分类标准时的着眼点也就不同。加上长期的经验和习惯,很难使大家取得一致的看法和主张。针对公路工程用土,这里仅简单介绍交通部颁布的《公路土工试验规程》(JTG 3430—2020)所列的分类标准。

1. 一般规定

1) 土的分类依据

(1) 土颗粒组成特征。

(2) 土的塑性指标:液限(ω_L)、塑限(ω_P)和塑性指数(I_P)。

(3) 土中有机质含量。

2) 按试验确定各粒组的含量;按试验确定液限和塑限;有机质含量高于5%的有机质土,按4.1.3的试验 进一步分类。

3) 土的颗粒应根据图(4.1)所列粒组范围划分粒组。

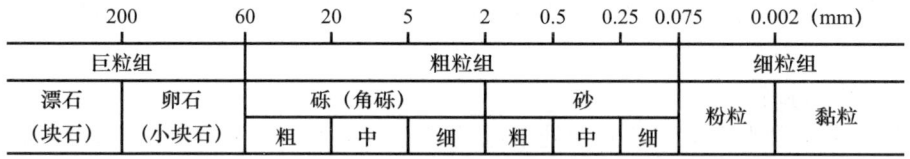

图 4.1 粒组划分图

4) 一般土可分为巨粒土、粗粒土、细粒土和特殊土,对于特殊成因和年代的土类尚应结合其成因和年代特征定名,分类总体系见图(4.2)

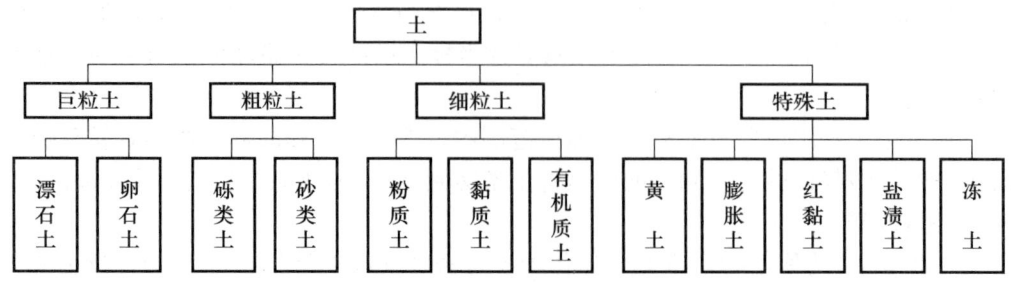

图 4.2 土分类总体系

5) 土颗粒组成特征应以土的级配指标的不均匀系数（C_u）和曲率系数（C_c）表示。

(1) 不均匀系数 C_u 反映粒径曲线上的土粒分布范围，按下式（4-1）计算：

$$C_u = \frac{d_{60}}{d_{10}} \tag{4-1}$$

(2) 曲率系数 C_c 反映粒径分布曲线上的土粒分布形状，按下式（4-2）计算：

$$C_c = \frac{(d_{30})^2}{d_{10} \times d_{60}} \tag{4-2}$$

式中：d_{10}、d_{30} 和 d_{60} 分别为土的粒径分布曲线上对应通过率10%、30%、60%的粒径（mm）。

6) 细粒土应根据塑性图分类。土的塑性图是以液限（ω_L）为横坐标、塑性指数（I_P）为纵坐标构成的。

7) 土的成分、级配、液限和特殊土等基本代号应按下列规定构成：(1) 土的成分代号见表4-1。

表4-1 土的成分代号

漂石-B	砾-G	砂-S	粉土-M	细粒土-F
块石-Ba	角砾-Ga		粘土-C	（混合）土（组、细粒土的合称）-Sl
卵石-Cb				有机质土-O
小块石-Cba				

(2) 土的级配代号：级配良好-W；级配不良-P。

(3) 土液限高低代号：高液限-H；低液限-L。

(4) 特殊土代号：黄土-Y；膨胀土-E；红黏土-R；盐渍土-St；冻土-Ft；软土-Sf。

8) 土类名称表示方法

当由两个基本代号构成时，第一个代号表示土的主成分，第二个代号表示副成分（土的液限或土的级配）。

当由三个基本代号构成时，第一个代号表示土的主成分，第二个代号表示液限的高低（或级配的好坏），第三个代号表示土中所含次要成分。

土类的名称和代号见表4-2

表4-2 土类的名称和代号

名称	代号	名称	代号	名称	代号
漂石	B	粉土质砾	GM	含砂低液限粉土	MLS
块石	Ba	黏土质砾	GC	高液限黏土	CH
卵石	Cb	级配良好砂	SW	低液限黏土	CL
小块石	Cba	级配不良砂	SP	含砾高液限黏土	CHG
漂石夹土	BSl	粉土质砂	SM	含砾低液限黏土	CLG
卵石夹土	CbSl	黏土质砂	SC	含砂高液限黏土	CHS
漂石质土	SlB	高液限粉土	MH	含砂低液限黏土	CLS
卵石质土	SlCb	低液限粉土	ML	有机质高液限黏土	CHO
级配良好砾	GW	含砾高液限粉土	MHG	有机质低液限黏土	CLO
级配不良砾	GP	含砾低液限粉土	MLG	有机质高液限粉土	MHO
含细粒土砾	GF	含砂高液限粉土	MHS	有机质低液限粉土	MLO

2. 巨粒土分类 巨粒组质量多于总质量50%的土称巨粒土。根据巨粒组的具体含量，可细分为漂（卵）石、漂（卵）石夹土及漂（卵）石质土。分类体系如图4-3所示。

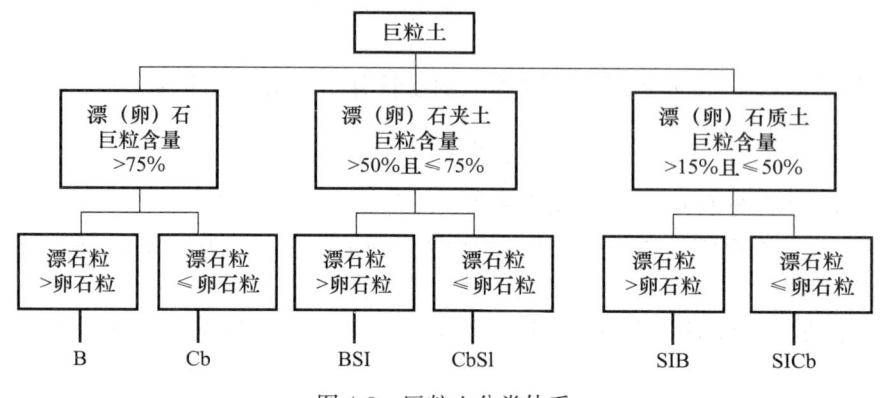

图4-3 巨粒土分类体系

1) 巨粒组质量多于总质量75%的土称漂（卵）石。其中漂石粒组质量多于总质量50%的土称漂石，记为B；漂石粒组质量少于或等于总质量50%的土称卵石，记为Cb。

2) 巨粒组质量为总质量75%—50%的土称漂（卵）石夹土。其中漂石粒组质量多于总质量50%的土称漂石夹土，记为BSl；漂石粒组质量少于或等于总质量50%的土称卵石夹土，记为CbSl。

3) 巨粒组质量为总质量50%—15%的土称漂（卵）石质土。其中漂石粒多于卵石粒的土称漂石质土，记为SlB；漂石粒少于或等于卵石粒的土称卵石质土，记为SlCb。

4) 巨粒组质量少于总质量15%的土，可扣除巨粒，按粗粒土或细粒土的相应规定分类定名。

3. 粗粒土分类

1) 粗粒土

试样中粗粒组质量多于总质量50%的土称粗粒土。

2) 砾类土

粗粒土中砾粒组质量多于总质量50%的土称砾类土，砾类土应根据其中细粒含量和类别以及粗粒组的级配进行分类，分类体系如图4-4所示。

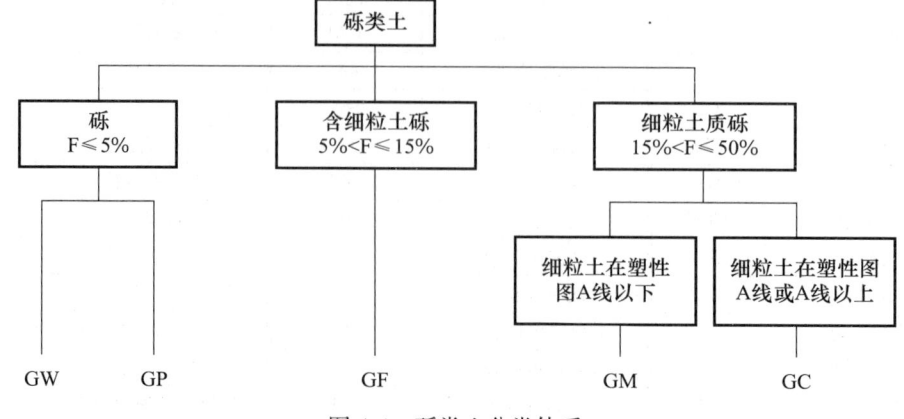

图4-4 砾类土分类体系

(1) 砾类土中细粒组质量少于总质量5%的土称砾，按下列级配指标定名：

①当 Cu≥5，Cc＝1～3 时，称级配良好砾，记为 GW。

②不同时满足 a 条件时，称级配不良砾，记为 GP。

(2) 砾类土中细粒组质量为总质量5%～15%的土称含细粒土砾，记为 GF。

(3) 砾类土中细粒组质量大于总质量的15%，并小于或等于总质量的50%时，按细粒土在塑性图中的位置定名：

①当细粒土位于塑性图 A 线以下时，称粉土质砾，记为 GM。

②当细粒土位于塑性图 A 线以上时，称粘土质砾，记为 GC。

3) 砂类土

粗粒土中砾粒组质量少于或等于总质量50%的土称砂类土，砂类土应根据其中细粒含量和类别以及粗粒组的级配进行分类，分类体系如图4-5所示。

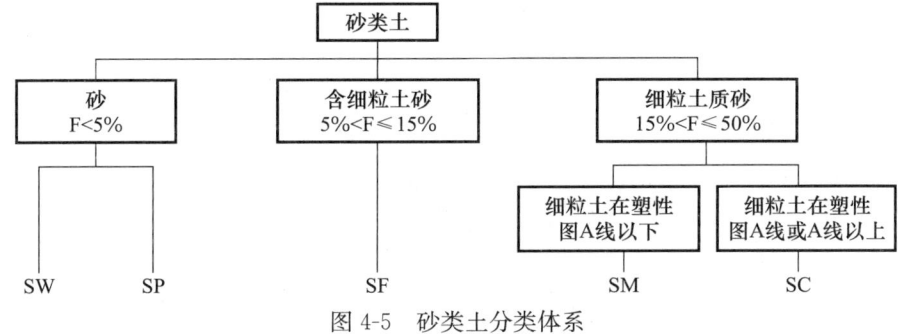

图 4-5　砂类土分类体系

注：需要时，砂可进一步细分为粗砂、中砂和细砂，定名时应根据颗粒级配由大到小以最先符合者确定。

粗砂-粒径大于 0.5mm 颗粒大于总质量50%；

中砂-粒径大于 0.25mm 颗粒大于总质量50%；

细砂-粒径大于 0.075mm 颗粒大于总质量50%。

4. 细粒土分类

细粒组质量多于总质量50%的土称为细粒土，分类体系如图4-6所示。

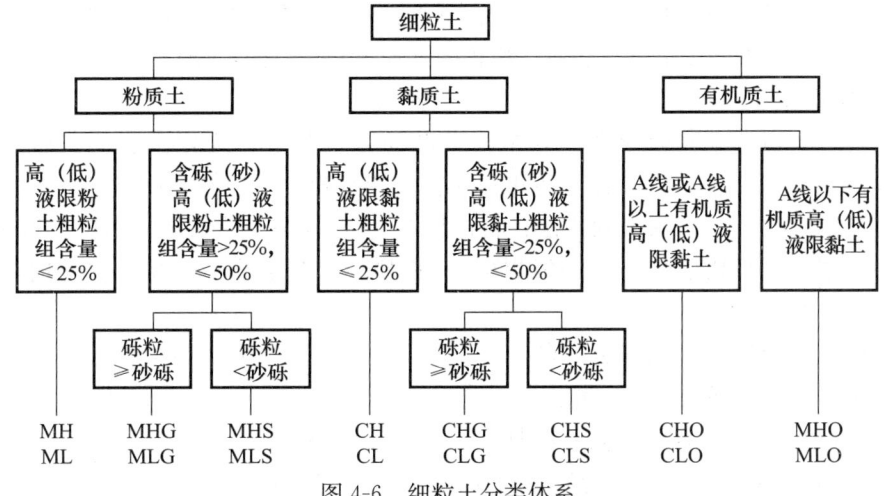

图 4-6　细粒土分类体系

1）细粒土

细粒土中粗粒质量少于总质量25%的土称为细粒土。细粒土应按塑性图分类（图4-7）。

（1）当细粒土位于塑性图A线以上时，按下列规定定名：

①在B线或B线以右，称高液限黏土，记为CH；

②在B线以左，$I_P=7$线上，称低液限黏土，记为CL。

（2）当细粒土位于A线以下时，按下列规定定名：

①在B线以右，称高液限粉土，记为MH；

②在B线以左，$I_P=4$线以下，称低液限粉土，记为ML。

（3）黏土～粉土过渡区（CL～ML）的土可以按相邻土层的类别考虑细分。

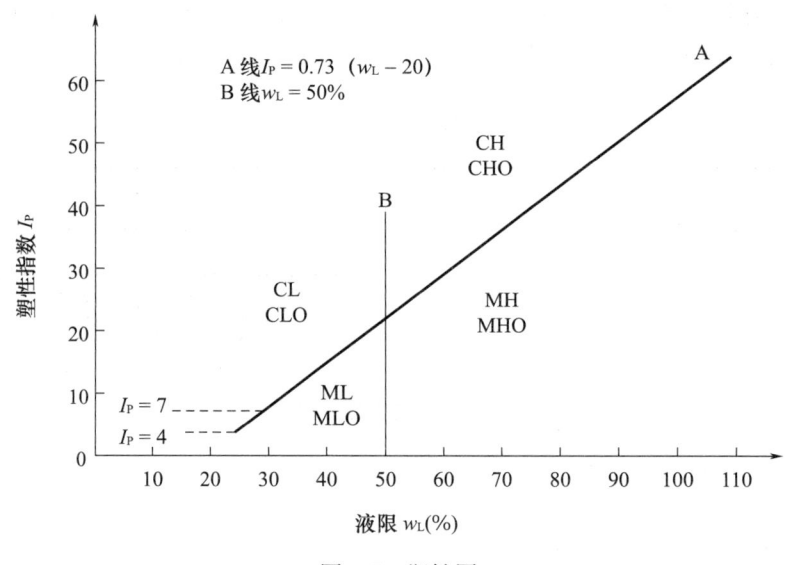

图4-7 塑性图

2）含粗粒的细粒土

细粒土中粗粒组质量为含粗粒的细粒土应先确定细粒土部分的名称，再按以下规定最终定名：

（1）当粗粒组中砾粒组占优势时，称含砾细粒土，应在细粒土代号后缀以代号"G"。

（2）当粗粒组中砂粒组占优势时，称含砂细粒土，应在细粒土代号后缀以代号"S"。

3）有机质土

土中有机质包括未完全分解的动植物残骸和完全分解的无定形物质。后者多呈黑色、青黑色或暗色；有臭味；有弹性和海绵感。借目测、手摸及嗅感判别。

当不能判定时，可采用下列方法：将试样在105～110℃的烘箱中烘烤。若烘烤24h后试样的液限小于烘烤前的3/4，该试样为有机质土。当需要测有机质含量时，按有机质含量试验进行。

有机质土应根据塑性图规定定名：

（1）位于塑性图A线或A线以上：

①在B线以右，称有机质高液限粘土，记为CHO；

②在B线以左，$I_P=7$线以上，称低液限粘土，记为CL。

(2) 当细粒土位于 A 线以下时，按下列规定定名：

①在 B 线以右，称高液限粉土，记为 MH；

②在 B 线以左，$I_P=4$ 线以下，称低液限粉土，记为 ML。

(3) 黏土～粉土过渡区（CL～ML）的土可以按相邻土层的类别考虑细分。

5. 特殊土分类

各类特殊土应根据其工程特性进行分类。盐渍土根据含盐性质和盐渍化程度按表 4-3、表 4-4 进行分类，其他特殊土的进一步细分可根据相关规范和工程要求进行。

表 4-3 盐渍土按含盐性质分类

盐渍土名称	离子含量比值	
	Cl^-/SO_4^{2-}	$(CO_3^{2-}+HCO_3^-)/(Cl^-+SO_4^{2-})$
氯盐渍土	>2.0	
亚氯盐渍土	1.0～2.0	
亚硫酸盐渍土	0.3～1.0	
硫酸盐渍土	<0.3	
碳酸盐渍土		>0.3

注：离子含量以 1kg 土中离子的毫摩尔数计（mmol/kg）。

表 4-4 盐渍土按盐渍化程度分类

盐渍土类型	细粒土的平均含盐量（以质量百分数计）		粗粒土通过 1mm 筛孔土的平均含盐量（以质量百分数计）	
	氯盐渍土及亚氯盐渍土	硫酸盐渍土及亚硫酸盐渍土	氯盐渍土及亚氯盐渍土	硫酸盐渍土及亚硫酸盐渍土
弱盐渍土	0.3～1.0	0.3～0.5	2.0～5.0	0.5～1.5
中盐渍土	1.0～5.0	0.5～2.0	5.0～8.0	1.5～3.0
强盐渍土	5.0～8.0	2.0～5.0	8.0～10.0	3.0～6.0
过盐渍土	>8.0	>5.0	>10.0	>6.0

注：离子含量以 100g 干土内的含盐总量计。

4.1.3 施工准备阶段路基土石方工程质量检测技术

1. 室内土工试验

1) 击实试验

土作为筑路材料时，需要在模拟现场施工条件下获得路基土压实的最大干密度和相应的最佳含水率。击实试验就是这个目的，利用标准化的击实仪器，试验土的密度和相应的含水率的关系，是控制路基压实质量不可缺少的重要试验项目。

用击实试验模拟现场土的压实，是一种半经验方法。由于土的现场填筑碾压和室内击实试验具有不同的工作条件，两者之间的关系是根据工程实践经验求得的，但要求室内试验的击实功应当相当于现场施工的压实功,因此不同的部门就可能有自用的击实试验方法和仪器。

(1) 试验类型

击实试验分轻型和重型两类,其击实试验方法类型见表4-5。

表 4-5　击实试验方法类型

试验方法	类别	锤底直径(cm)	锤质量(kg)	落高(cm)	试筒尺寸			层数	每层击数	最大粒径(mm)
					内径(cm)	高(cm)	容积(cm³)			
轻型Ⅰ法	Ⅰ.1 Ⅰ.2	5 5	2.5 2.5	30 30	10 15.2	12.7 12	997 2177	3 3	27 59	20 40
重型Ⅱ法	Ⅱ.1 Ⅱ.2	5 5	4.5 4.5	45 45	10 15.2	12.7 12	997 2177	5 3	27 98	20 40

(2) 仪器设备

①标准击实仪(图4-8和图4-9)。轻、重型试验方法和设备的主要参数应符合表4-5的规定。

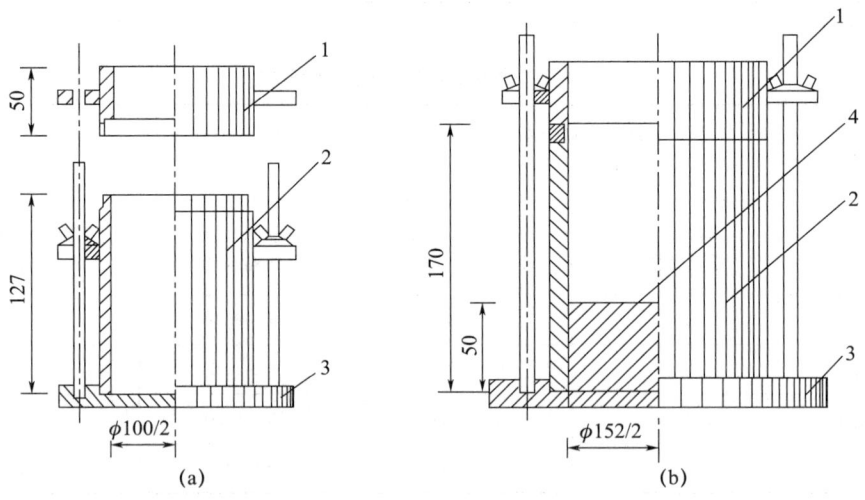

图 4-8　击实筒

(a) 小击实筒;(b) 大击实筒

1—套筒;2—击实筒;3—底板;4—垫块

②烘箱及干燥器。

③天平:感量0.01g。

④台秤:称量10kg,感量5g。

⑤圆孔筛:孔径40mm、20mm和5mm各1个。

⑥拌和工具:400 mm×600 mm、深70 mm的金属盘,土铲。

⑦其他:喷水设备、碾土器、盛土盘、量筒、推土器、铝盒、修土刀、平直尺等。

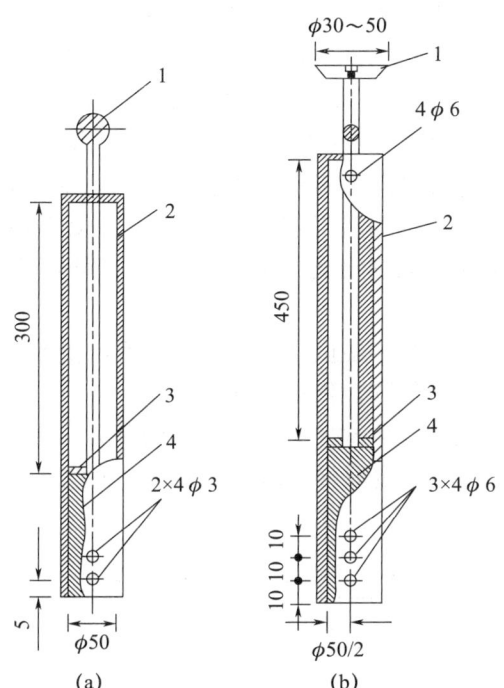

图 4-9 击锤和导杆

(a) 2.5kg 击锤（落高 30cm）；(b) 4.5kg 击锤（落高 45cm）

1—提手；2—导筒；3—硬橡皮垫；4—击锤

(3) 试样制备

本试验可采用干土法和湿土法准备试样，按表 4-6 准备试料。

表 4-6 试料用量

使用方法	试筒内径（cm）	最大粒径（mm）	试料用量（kg）
干土法	10 15.2	20 40	至少 5 个试样，每个 3kg 至少 5 个试样，每个 6kg
湿土法	10 15.2	20 40	至少 5 个试样，每个 3kg 至少 5 个试样，每个 6kg

①干土法制样。干土法（土不重复使用）按四分法至少准备 5 个试样，分别加入不同水分（按 2‰～3‰含水率递增），拌匀后闷料一夜备用。

②湿土法制样。湿土法（土不重复使用），对于高含水率土，可省略过筛步骤，用于拣除大于 38mm 的粗石子即可，保持天然含水率的第一个土样，可立即用于击实试验，其余几个试样，将土分成小土块，分别风干，使含水率按 2‰～3‰递减。

(4) 试验步骤

①根据工程要求，按表 4-5 的规定选择轻型或重型试验方法，根据土的性质（含易击碎风化石数量多少、含水率高低），按表 4-6 的规定选用干土法（土重复或不重复使用）或湿土法。

②将击实筒放在坚硬的地面上，取制备好的土样分 3～5 次倒入筒内。小筒按三层

法时,每次 800～900g(其量应使击实后的试样等于或略高于筒高的 1/3);按五层法时,每次 400～500g(其量应使击实后的土样等于或略高于筒高的 1/5)。对于大试筒,先将垫块放入筒内底板上,按五层法时,每层需试样 900g(细粒土)～1100g(粗粒土);按三层法时,每层需试样 1700g 左右。整平表面,并稍加压紧,然后按规定的击数进行第一层土的击实,击实时击锤应自由垂直落下,锤迹必须均匀分布于土样面,第一层击实完后,将试样层面"拉毛",然后装入套筒,重复上述方法进行其余各层土的击实。小试筒击实后,试样不应高出筒顶面 5mm;大试筒击实后,试样不应高出筒顶面 6mm。

③用修土刀沿套筒内壁削刮,使试样与套筒脱离后,扭动并取下套筒,齐筒顶细心削平试样,拆除底板,擦净筒外壁,称量,准确至 1g。

④用推土器推出筒内试样,从试样中心处取样测其含水率,计算至 0.1%。测定含水率用试样的数量按表 4-7 的规定取样(取出有代表性的土样)。两个试样含水率的精度应符合规定。

表 4-7 测定含水率用试样的数量

最大粒径(mm)	试样质量(g)	个数
<5	15～20	2
约 5	约 50	1
约 20	约 250	1
约 40	约 500	1

对于干土法(土重复使用),将试样搓散,然后按规范进行洒水、拌和,但不需闷料,每次增加 2%～3% 的含水率,其中有两个大于和两个小于最佳含水率,所需加水量按式(4-3)计算:

$$m_w = \frac{m_i}{1+0.01\omega_i} \times 0.01(\omega - \omega_1) \qquad (4-3)$$

式中 m_w——所需的加水量(g);

m_i——含水率 ω_i 时土样的质量(g);

ω_1——土样原有含水率(%);

ω——要求达到的含水率(%)。

(5)结果整理

按式(4-4)计算击实后各点的干密度:

$$\rho_d = \frac{\rho}{1+0.01\omega} \qquad (4-4)$$

式中 ρ_d——干密度(g/cm³);

ρ——湿密度(g/cm³);

ω——含水率(%)。

以干密度为纵坐标、含水率为横坐标,绘制干密度与含水率的关系曲线(图 4-10),曲线上峰值点的纵、横坐标分别为最大干密度和最佳含水率,如曲线不能绘出明显的峰值点,应进行补点或重做。

表 4-8 和图 4-10 分别为击实试验记录、含水率与干密度关系曲线。

表 4-8 击实试验记录

土样编号		筒号			落距			45cm	
土样来源		筒容积		997cm³	每层击数			27	
试验日期		击锤质量		4.5kg	大于5mm颗粒含量				
干密度	试验次数	1		2		3		4	5
	筒加土质量（g）	2907.6		2981.8		3130.9		3215.8	3191.1
	筒质量（g）	1103		1103		1103		1103	1103
	湿土质量（g）	1804.6		1878.8		2027.9		2112.8	2088.1
	湿密度（g/cm³）	1.81		1.88		2.03		2.12	2.09
	干密度（g/cm³）	1.67		1.71		1.8		1.83	1.76
含水率	盒号	1	2	3	4	5	6	7	8	9	10
	盒加湿土质量（g）	33.45	33.27	35.60	35.44	32.88	33.13	33.13	34.09	36.96	38.31
	盒加干土质量（g）	32.45	32.26	34.16	34.02	31.40	31.64	31.36	32.15	24.28	35.36
	盒质量（g）	20	20	20	20	20	20	20	20	20	20
	水质量（g）	1.0	1.01	1.44	1.42	1.48	1.49	1.77	1.94	2.68	2.95
	干土质量（g）	12.45	12.26	14.16	14.02	11.40	11.64	11.36	12.15	14.28	15.36
	含水率（%）	8.0	8.2	10.3	10.1	13.0	12.8	15.6	16.0	18.8	19.5
	平均含水率（%）	8.1		10.2		13.0		15.8		19.0	
	最佳含水率=15.8%					最大干密度=1.83g/cm³				

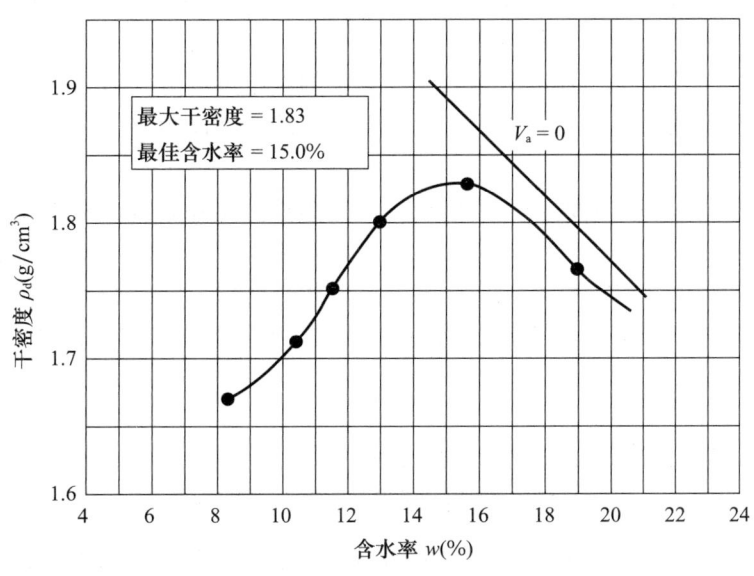

图 4-10 含水率与干密度关系曲线

（6）需注意的问题

当试样中有大于 40mm 颗粒时，应先取出大于 40mm 颗粒，并求得其百分率 P，把小于 40mm 部分做击实试验，按下面公式分别对试验所得的最大干密度和最佳含水率进行校正（适用于大于40mm颗粒的含量小于30%时）。

$$\rho'_{dm}=\frac{1}{\frac{1-0.01p}{\rho_{dm}}+\frac{0.01p}{\rho_w G'_s}} \quad (4-5)$$

式中 ρ'_{dm}——校正后最大干密度（g/cm³）；

ρ_{dm}——用粒径小于38mm的土样试验所得的最大干密度（g/cm³）；

p——试料中粒径大于38mm颗粒的百分数（%）；

G'_s——粒径大于38mm颗粒的毛体积相对密度，计算至0.01。

最佳含水率按下式校正：

$$w'_0=w_0(1-0.01p)+0.01pw_2 \quad (4-6)$$

式中 w'_0——校正后的最佳含水率（%）；

w_0——用粒径小于38mm的土样试验所得的最佳含水率（%）；

p——试料中粒径大于38mm颗粒的百分数（%）；

w_2——粒径大于38mm颗粒的吸水量（%）。

2）直剪试验

土的抗剪强度是指土体对于外荷载所产生的剪应力的极限抵抗能力。当土中某点由外力所产生的剪应力达到土的抗剪强度，发生了土体的一部分相对于另一部分移动时，便认为该点发生了剪切破坏。工程实践和室内试验都验证了土受剪产生的破坏。剪切破坏是强度破坏的重要特点，所以强度问题是土力学中最重要的基本内容之一。

迄今为止，对土的抗剪强度的分析研究和应用，绝大部分是孤立进行的。这指的是它只把土体作为刚塑性体而与变形问题截然分开。当论及土的强度时，只考虑给定一种破坏准则而不进一步分析或计算所产生的变形大小。因此在应力-应变曲线上的屈服应力在物理意义上便与土的抗剪强度等同。为了确定土的这个"临界应力"，必须进行试验。通过试验也可建立土的强度变化规律。强度的确定方法与变形问题一样，也是分室内试验与现场测定两大类。直剪试验是其中最基本的室内试验方法。

(1) 试验仪器

直接对试样施加剪力的设备叫直剪仪，常用的直剪仪分应力控制式和应变控制式两种。应力控制式是以等速推动剪切盒使土样受剪，应变控制式则是分级施加水平剪力于剪力盒使土样受剪。我国目前普遍应用的是应变式直剪仪。仪器的主要部件剪切容器由固定的上盒和活动的下盒（应变式）、活动的上盒与固定的下盒（应力式）等部件组成，如图4-11所示。

(2) 试验过程

采用应变式直剪仪试验时，按照试验操作规程，用环刀对保持同样含水率、密度和相同结构的土切取3~4个试件，分别放在剪力盒内，按顺序安装完毕后，对仪器中的土样先施加不同的法向应力 $\sigma=\frac{N}{F}$（F为土样截面面积），然后施加水平剪力 T，将下盒推动，使土样在侧限条件下沿人为规定的剪切面 ab 受剪（图4-12）。按给定的破坏标准确定其破坏状态。例如，当剪应力-剪切位移曲线出现峰值时得一组终值数据：法向应力 σ 和剪坏时剪切面上的平均剪应力 $\tau_f=T_{max}/F$。在直角坐标 $\sigma\tau$ 关系图中可以作出破坏剪应力的连线（图4-13）。

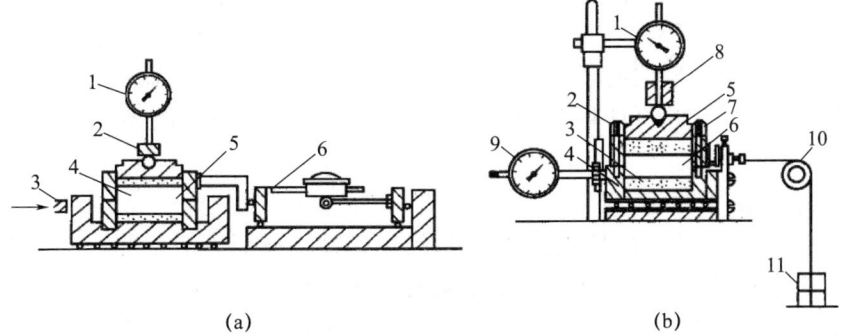

图 4-11 直剪仪类型

(a) 应变控制式直接剪切仪

1—垂直变形量表；2—垂直加荷框架；3—推动座；4—试样；5—剪力盒；6—量力杯

(b) 应力控制式直接剪切仪

1—盘表；2—上盒；3—透水石；4—下盒；5—加压盖板；6—试样；7—固定螺钉；
8—加压框架；9—量表；10—滑轮；11—砝码盘

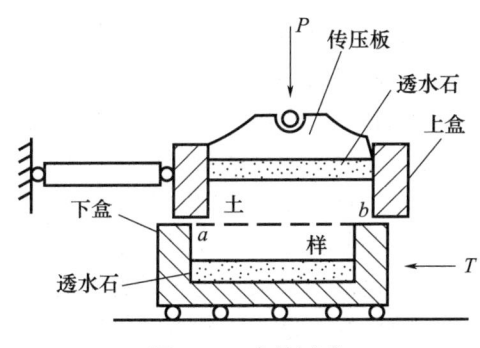

图 4-12 直剪试验

砂性土： $\tau_f = \sigma \tan\varphi$ (4-7)

黏性土： $\tau_f = c + \sigma \tan\varphi$ (4-8)

式中 c——土的黏聚力（kPa），图 4-13 中的 τ-σ 直线在纵轴上的截距；

φ——土的内摩擦角，即 τ-σ 直线与横轴的夹角；

$\tan\varphi$——直线的斜率。

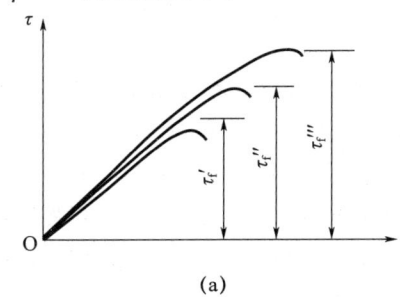 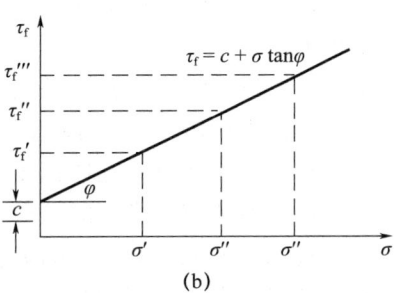

图 4-13 直剪试验曲线

(a) 剪应力-剪切位移关系；(b) 抗剪强度-法向应力关系

式（4-7）、式（4-8）就是土体的强度规律的数学表达式，在18世纪70年代由库仑提出，所以也称库仑定律。它表明在一般的荷载范围内土的抗剪强度与法向应力之间呈直线关系，其中c、φ被称为土的强度指标。尽管土的强度问题的研究已得到很大发展，但这最基本的关系式仍广泛应用于理论研究和工程实践，而且也能满足一般工程的精度要求。

（3）强度指标

强度指标c、φ反映土的抗剪强度变化的规律性。按照库仑定律，对于某一种土，它们是作为常数来使用的。实际上它们是随着具体试验条件变化的，不完全是常数。对于洁净的干砂，黏聚力$c=0$，因此有式（4-7），其实非干砂土也可以有一些很小的黏聚力（一般不超过9.81kPa），这或者是由于砂土中夹有一些黏土颗粒，或者是因为砂土处于潮湿（但不是饱和）状态，由于毛细水的作用而形成黏聚力。

砂土的内摩擦角φ值取决于砂粒间的摩擦阻力以及连锁作用。一般可以取中砂、粗砂、砾砂的$\varphi=32°\sim40°$；粉砂、细砂的$\varphi=28°\sim36°$。孔隙比越小时，φ越大。但是，含水饱和的粉砂、细砂很容易失去稳定，因此必须采取慎重的态度，有时规定取$\varphi=20°$左右。

关于黏性土的抗剪强度，主要是黏聚力的问题。这里包括：

①由于土粒间水膜与相邻土粒之间的分子引力所形成的黏聚力，通常称为"原始黏聚力"。当土被压密时，土粒间的距离减小，原始黏聚力随之增大。当土的天然结构被破坏时，将丧失原始黏聚力的一部分，但会随着时间而恢复其中的一部分。

②由于土中化合物的胶结作用而形成的黏聚力，通常称为"固化黏聚力"。当土的天然结构被破坏时，即丧失这一部分黏聚力，而且不能恢复。

黏性土的抗剪强度指标的变化范围很大，与土的种类有关，并且与土的天然结构是否被破坏、试样在法向压力下的排水固结、试验方法等因素有关。大致可以认为黏性土的黏聚力从小于9.81kPa到近似为200kPa以上。

直接剪切试验目前依然是室内最基本的抗剪强度测定方法。试验和工程实践都表明土的抗剪强度与土受力后的排水固结状况有关，因而在土工工程设计中所需要的强度指标试验方法必须与现场的施工加荷实际相符合。如软土地基上快速堆填路堤，由于加荷速度快，地基土体渗透性低，则这种条件下的强度和稳定问题是处于不能排水条件下的稳定分析问题，它要求室内的试验条件能模拟实际加荷状况，即在不能排水的条件下进行剪切试验。但是直剪仪的构造却无法满足任意控制土样是否排水的要求。

（4）试验方法

无论黏性土的抗剪强度试验，还是天然黏性土地基加荷过程中孔隙水压力的消散，即荷载在土体中产生的应力全部转化为有效应力，均需要一定的固结时间来完成。因此，土的固结过程实质上也是土体强度不断增长的过程。对于同一种土，即使是在同一法向压力下，由于剪切前试样的固结过程和剪切时土样的排水条件不同，其强度指标也不相同。为了近似地模拟现场土体的剪切条件，即按剪切的固结程度、剪切时的排水条件即加荷快慢情况，把直剪试验分为快剪、固结快剪和慢剪三种试验方法。

①快剪试验。快剪试验就是在对试样施加法向压力和剪力时，都不允许试样产生排水固结。由于在直剪仪上下盒之间存在缝隙，要严格控制不排出一点水分是不可能的。

为了消除这种影响，一般在试样上下放置不透水有机玻璃圆块代替透水石，并在圆块周边涂抹凡士林以阻止水分从缝隙中逸出。待施加预定法向压力后，马上施加水平推力，并用较快的速率在3～5min内将试样剪损。对某些渗透性强、含水率高、密度低的土要求在30～50s内剪损。这种方法用来模拟现场的土体较厚、渗透性较小、施工速度较快、基本上来不及固结就迅速加载而剪切的情况。

②固结快剪试验。先使试样在法向压力作用下达到完全固结，然后施加水平荷载进行剪切，在剪切时不让孔隙水排出，即不允许试样在剪切过程中发生固结，则剪切时要求与快剪方法相同。这种试验方法用来模拟现场土体在自重和正常荷载作用下已达到完全固结状态，以后又遇到突然施加的荷载或因土层较薄、渗透性较小、施工速度较快的情况。

③慢剪试验。先使试样在法向压力作用下达到完全固结，然后按1～4h将土样慢速施加水平剪力直至土样被剪损为止。这种试验方法是模拟现场土体已充分固结后才开始逐步缓慢地承受荷载的情况。此法所测定的强度指标可用于有效应力分析。

（5）试验的主要技术与要求

①剪切速率的影响。剪切速率对砂土抗剪强度的影响很小，常可忽略不计，但对黏性土抗剪强度的影响则比较明显。黏性土的抗剪强度一般情况都会随剪切速度加快而减小。较灵敏的土，剪切速率降低为原来的1/10时，其抗剪强度则可降低5%～8%。

②破坏标准取值问题。土的应力-应变关系曲线一般具有如图4-14所示的几种类型。破坏值的选定常有下述几种情况：如应力-应变曲线具有明显峰值（紧密砂、硬黏土、超固结土），则取峰值作为抗剪强度破坏值；如曲线无峰值（松砂、饱和软黏土、欠固结土等），一般取其剪应变的15%或试样直径的1/15～1/10剪切变形时的剪应力值作为破坏值。

3）压缩试验

（1）基本原理

压缩试验是研究土体一维变形特性的测试方法。试验是将试样放在限制侧向变形的压缩容器内，如图4-15所示，分级施加垂直压力，测记加压后不同时间的压缩变形，直至各级压力下的变形量趋于某一稳定标准为止。然后将各级压力下最终的变形与相应的压强绘成曲线，从而求得压缩指标值。

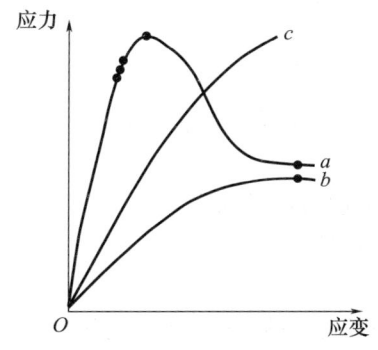

图4-14 应力-应变关系曲线

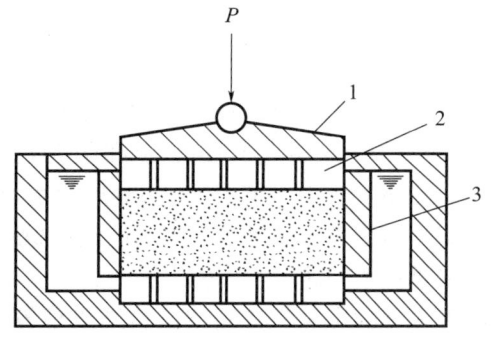

图4-15 压缩试验容器

土的压缩主要是孔隙体积的减小，所以关于土的压缩变形常以其孔隙比的变化来表示。试验资料整理时，可根据试样压缩前后的体积变化求出压缩变形和孔隙比的关系，即 e-p 曲线如图 4-16 所示，也可整理成 e-$\lg p$ 曲线如图 4-17 所示。

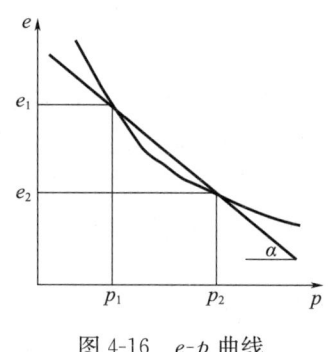

图 4-16 e-p 曲线

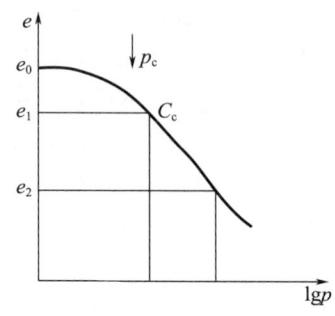

图 4-17 e-$\lg p$ 曲线

（2）资料分析

根据压缩试验所得的 e-p 和 e-$\lg p$ 曲线可整理出以下资料：

①压缩系数：

$$a = \frac{e_1 - e_2}{p_2 - p_1} \tag{4-9}$$

②压缩指数：

$$c_c = \frac{e_1 - e_2}{\lg p_2 - \lg p_1} \tag{4-10}$$

③a 和 c_c 的关系：

$$a = \frac{0.435 c_c}{p} \tag{4-11}$$

④体积压缩系数：

$$m_v = \frac{a}{1 + e_1} \tag{4-12}$$

⑤压缩模量：

$$E_s = \frac{a}{1 + e_1} \tag{4-13}$$

⑥变形模量：

$$E = E_s \left(1 - \frac{2\mu^2}{1 - \mu}\right) = E_s (1 - 2\mu K_0) \tag{4-14}$$

式中　p_1、p_2、p——e-p 和 e-$\lg p$ 曲线上前级压力、后级压力和平均压力；

　　　e_1、e_2——相应于 p_1、p_2 的孔隙比；

　　　μ、K_0——土的泊松比和侧压力系数，可通过试验求得。

⑦先期固结压力 p_c。根据 e-$\lg p$ 曲线按规范方法确定。

（3）主要技术问题

①荷重等级的影响。按固结试验结果估算的沉降量一般与实测的沉降量相差较大，这是由于固结理论和应力计算与实际情况有所差异，以及土样结构受到不同程度的扰动等原因所致。一般现场建筑物传给地基内部各部位的压力比较缓慢，而试验室里的固结

压力则是很快地传递到试样上。荷重率小,则压缩作用进行得缓慢,对土的触变破坏较小,且其结构强度得以部分恢复,因而沉降量小;反之,快速加荷或荷重率很大,则会得到较大的沉降量。这种现象对塑性指数较大的黏土或结构强度小、密度低的软土表现尤为明显。一般情况下可按试验规范确定的荷重率加荷,对特别研究的具体工程也可按自定的荷重率加荷。

②稳定标准的影响。沉降的稳定时间取决于试样的透水性和流变性质。土样的黏性越大,达到稳定所需的时间也越长。某些软黏土要达到完全稳定,需几天甚至几周时间,这是因为一般黏性土在荷重作用下产生的体积变化是由两部分组成的,一部分是由于有效应力的增加而产生的主固结,另一部分是在不变的有效应力作用下产生的次固结。规定不同的稳定时间,会得出不同的压缩曲线。

2. 土工原位试验

原位测试与钻探取样土工分析是相互补充的。原位测试可以克服室内土工分析的以下缺点:

①钻探取样及室内制备试样所发生的土的扰动;

②在有些土层中难以采取原状土,例如饱和的疏松砂、流塑软塑的软黏土以及含砾石的土等;

③土样尺寸小,在测定层状或裂隙性黏土时,有明显的尺寸效应;

④土样数量有限,无论在平面上还是深度都如此。

原位测试可在原位的应力条件、土的天然含水率下进行土的试验。有些原位测试还有这样的优点,即可取得在深度上连续的记录,提供土层在深度上变化的完整信息。研究并利用这些信息,可以大大减少钻探取样的数量,并把数量有限的钻探工作布置在代表性地段或布置在待重点研究的地段上。

原位测试可分为两大类:一类是在小应变条件下进行测试;另一类是在大应变条件下进行测试。后者又可分为单测定土的强度和除测定土的强度外还提供应力应变信息。在土工勘察中常用的原位测试方法见表4-9。下面简要介绍常用的原位测试方法。

表4-9 原位测试方法

应变条件	试验目的	试验类型	原位测试内容
小应变	模量	波速	钻孔波速试验:沿孔法、跨孔法
大应变	强度	直剪	十字板剪切试验
		贯入	标准贯入试验;静力触探试验
	模量及强度	荷载	平板载荷试验;螺旋压板载荷试验;旁压试验;预钻式;自钻式

1) 钻孔波速试验

这一试验方法属于小应变条件的原位测试方法。在均质的或成层土层中,理论上波速与土层的弹性模量和泊松比有关。因此,如在现场测得了波速,就可计算土的弹性模量和泊松比。为了测定波速,在震源处引发一次冲击,而在离开震源某一距离处放置一检波器,以测定波通过该指定距离所需的时间。它是在土的勘察中常用的试验方法。

在钻孔地面孔口外设置震源,在沿钻孔不同深度处设检波器,可测得从孔口至不同深度的波速，这种方法称为沿孔法，也称为检层法。利用两个垂直孔，在一个孔中一定深度处设置震源，在另一孔相应深度处设置检波器，可直接测定波从一孔到另一孔在不同深度的土层中的波速，这种方法称为跨孔法。

2）十字板剪力试验

这种方法适用于原位测定饱水软黏土的不排水抗剪强度。由于它避免了钻探时土的扰动以及取土样的扰动，而直接在原位应力条件下测定土的抗剪强度，所以它是一种有效的原位测试方法。十字板剪力试验装置如图4-18所示。

十字板剪力试验是在预钻的钻孔孔底，把有4个叶片的十字板头插至规定深度，施加扭转力矩，直至土体破坏；或是不用钻探，直接将十字板压入土中不同深度，测土体破坏抗扭力矩，则不排水抗剪强度 c_u 为

$$c_u = \frac{2M}{\pi D^2 \left(\dfrac{D}{3} + H\right)} \tag{4-15}$$

式中　M——土体破坏时的扭矩；
　　　D——十字板头直径；
　　　H——十字板头高度。

3）标准贯入试验

标准贯入试验是利用规定的落锤能量将圆筒形的贯入器打入钻孔底土中，根据贯入的难易程度来判定土的物理力学性质。

标准贯入试验装置如图4-19所示，锤重63.5kg，自由落距76cm，贯入器外径51mm，内径35mm，长500mm，为两个半圆管合成，下部有贯入器管靴。贯入器上端连接外径42mm钻杆。在将贯入器打入土层时，先打入15cm不计击数，继续贯入土中30cm，记录其锤击数即标准贯入击数 N。

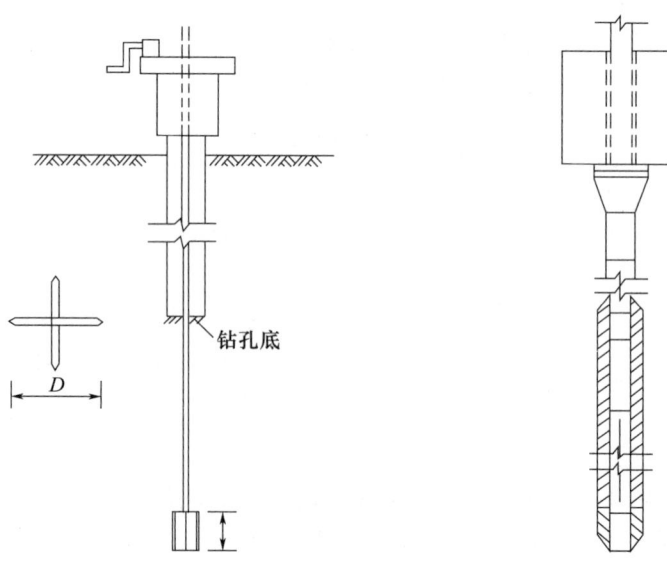

图4-18　十字板剪力试验装置　　　图4-19　标准贯入试验装置

标准贯入试验对估定砂类土的天然密度是十分有用的，N 与砂类土密实度的经验关

系见有关规范。

在利用标准贯入击数 N 估算土的承载力、强度参数和变形参数时，还应考虑一些因素对 N 值的影响，因此要做相应的修正。例如杆长的修正、土层自重压力和侧压力的修正、地下水位的修正等。

遇到硬卵石层或含碎石的黏土层，可将贯入器换为锥形探头，即成圆锥动力触探试验。

4）静力触探试验

静力触探试验就是将一金属圆锥形探头，用静力以一定的贯入速度贯入土中，根据测得的探头贯入阻力可间接地确定土的物理力学性能。静力触探具有明显的优点：连续、快速、灵敏、简便。因此，已得到广泛的使用。静力触探的不足在于：不能对土进行直接的观察和描述；测试深度还不能太深（一般小于 50m，个别情况当采取一些辅助手段时可达 70m）。

静力触探头有单桥及双桥两种，如图 4-20 所示。单桥探头可测得探头的比贯入阻力 p_s，双桥探头可测得锥尖阻力 q_c 和探头摩擦筒的侧摩阻力 f_a。利用 p_s 或 q_c 与 f_a，根据经验可以划分土层，也可以确定土的物理力学性质。

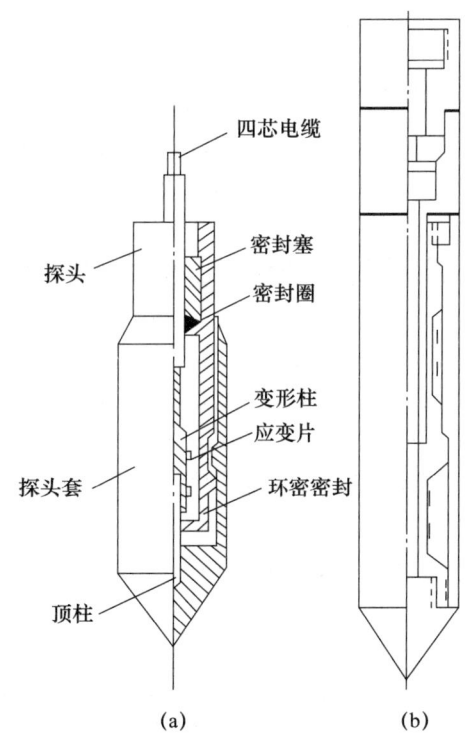

图 4-20　静力触探头
（a）单桥探头；（b）双桥探头

5）平板载荷试验

载荷试验是一种最古老的原位测试方法，它是在与建筑物基础工作相似的受荷条件下，对天然条件下的地基土测定加于承载板的压力与沉降的关系，实质上是基础的模拟试验。根据压力与沉降的关系，可以测定土的变形模量、评定地基土的承载力。对于不能用小尺寸试样试验的填土、含碎石的土等，最适宜用载荷试验。

试验时，可用维持荷载直至沉降稳定，再加下一级荷载直至破坏荷载；也可以用一定的沉降速率使载荷板压入土中，测定荷载与沉降的关系，这时所施加的最大荷载相应于不排水抗剪强度所提供的极限荷载。

利用荷载-沉降曲线（$p\text{-}s$ 曲线）的初始直线段，可求得土的变形模量 E_0。

6）螺旋压板荷载试验

以螺旋板作为载荷板，旋入地下预定深度，用千斤顶通过传力杆向螺旋压板施加压力，同时测量载荷板的沉降值。当一个深度试验完毕后，可再旋入到下一个深度进行试验。螺旋压板载荷试验可用于砂土，也可用于黏性土，但旋入螺旋板时对土有一定的扰动。

7）旁压试验

通过旁压器弹性膜的横向膨胀，对土施加压力，使土体产生相应的横向变形，从而测得压力与变形的关系曲线，称为旁压曲线，并由此可求得土的变形模量和地基承载力。旁压试验实质上是横向的载荷试验，故也可称为横压试验。旁压试验按旁压器的就位方式分为两类：

①预钻式旁压试验。在预先钻好的钻孔中，把旁压探头放入预定深度，进行旁压试验。

②自钻式旁压试验。在旁压探头下端装一圆筒形刃具，加压使刃具切入土中，进入刃具内的土则用一旋转的切削钻头破碎，用泥浆或冲洗液将碎土循环携带到地面，这样边钻进边把旁压器下沉到预定深度，进行旁压试验。

4.2 路基施工阶段工程试验检测技术

路基、路面压实质量是道路工程施工质量管理最重要的内在指标之一，只有对路基、路面结构层进行充分压实，才能保证路基、路面的强度、刚度及路面的平整度，并可以延长路基、路面工程的使用寿命。现场压实质量用压实度表示，对于路基而言，压实度是指工地实际达到的干密度与室内标准击实试验所得的最大干密度的比值，压实度越高，密度越大，材料整体性能越好。

路基压实度的主要测试方法有灌砂法、环刀法及核子密度仪法等，其适用范围见表 4-10。

表 4-10　压实度测试方法及适用范围

试验方法	适用范围
灌砂法	适用于在现场测定基层（或底基层）、砂石路面及路基上的各种材料压实层的密度和压实度，也适用于沥青表面处治、沥青贯入式面层的密度和压实度检测，但不适用于填石路堤等有大孔洞或大孔隙材料的压实度检测
环刀法	适用于细粒土及无机结合料稳定细粒土的密度测试。但对无机结合料稳定细粒土，其龄期不宜超过 2d，且宜用于施工过程中的压实度检验
核子密度仪法	适用于现场用核子密度仪以散射法或直接透射法测定路基或路面材料的密度和含水率，并计算施工压实度；适用于施工质量的现场快速评定，不宜用作仲裁试验或评定验收试验

4.2.1 灌砂法

灌砂法是利用均匀颗粒的砂去置换试洞的体积。它是当前最通用的方法，很多工程都把灌砂法列为现场测定密度的主要方法。该方法可用于测试各种土或路面材料的密度。它的缺点是：需要携带较多量的砂，而且称量次数较多，因此它的测试速度较慢。

采用此方法时，应符合下列规定：

①当集料的最大粒径小于 15mm、测定层的厚度不超过 150mm 时，宜采用 ϕ100mm 的小型灌砂筒测试。

②当集料的粒径等于或大于 15mm，但不大于 40mm，测定层的厚度超过 150mm，但不超过 200mm 时，应用 ϕ150mm 的大型灌砂筒测试。

1）仪具与材料

（1）灌砂筒：有大小两种，根据需要采用。形式和主要尺寸见图 4-21 及表 4-11。储砂筒筒底中心有一个圆孔，下部装一倒置的圆锥形漏斗，漏斗上端开口，直径与储砂筒的圆孔相同。漏斗焊接在一块铁板上，铁板中心有一圆孔与漏斗上开口相接。储砂筒筒底与漏斗之间设有开关。开关铁板上也有一个相同直径的圆孔。

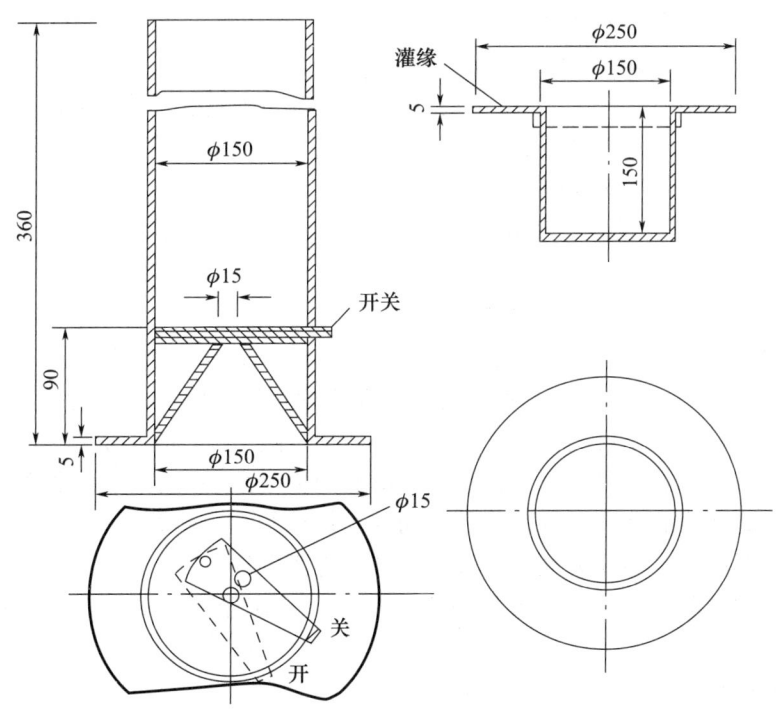

图 4-21 灌砂筒和标定罐（单位：mm）

表 4-11 灌砂筒的主要尺寸

结构		小型灌砂筒	大型灌砂筒
储砂筒	直径（mm）	100	150
	容积（cm³）	2120	4600
流砂筒	直径（mm）	10	15

续表

结构		小型灌砂筒	大型灌砂筒
金属标定罐	内径（mm）	100	150
	外径（mm）	150	200
金属方盘基板	边长（mm）	350	400
	深（mm）	40	50
	中孔直径（mm）	100	150

注：如集料的最大粒径超过40mm，则应相应地增大灌砂筒和标定罐的尺寸。如集料的最大粒径超过60mm，灌砂筒和现场试洞的直径应为200mm。

（2）金属标定罐：用薄铁板制作的金属罐，上端周围有一罐缘。

（3）基板：用薄铁板制作的金属方盘，盘的中心有一圆孔。

（4）玻璃板：边长500～600mm的方形板。

（5）试样盘：小筒挖出的试样可用铝盒存放，大筒挖出的试样可用300mm×500mm×40mm的搪瓷盘存放。

（6）天平或台秤：称量10～15kg，感量不大于1g。用于含水率测定的天平精度，对细粒土、中粒土、粗粒土宜分别为0.01g、0.1g、1.0g。

（7）含水率测定器具：如铝盒、烘箱等。

（8）量砂：粒径0.30～0.60mm及0.25～0.50mm清洁干燥的均匀砂，2040kg，使用前须洗净、烘干，并放置足够长的时间，使其与空气的湿度达到平衡。

（9）盛砂的容器：塑料桶等。

（10）其他：凿子、改锥、铁锤、长把勺、小簸箕、毛刷等。

2）试验方法与步骤

（1）标定罐下部圆锥体内砂的质量

①在灌砂筒筒口高度上，向灌砂筒内装砂至距筒顶15mm左右为止。称取装入筒内砂的质量 m_1，准确至1g。以后每次标定及试验都应该维持装砂高度与质量不变。

②将开关打开，让砂自由流出，并使流出砂的体积与工地所挖试坑内的体积相当（可等于标定罐的容积），然后关上开关，称灌砂筒内剩余砂质量 m_3，准确至1g。

③不晃动储砂筒的砂，轻轻地将灌砂筒移至玻璃板上，将开关打开，让砂流出，直到筒内砂不再下流时，将开关关上，并细心地取走灌砂筒。

④收集并称量留在板上的砂或称量筒内的砂，准确至1g。玻璃板上的砂就是填满锥体的砂 m_2。

⑤重复上述测量3次，取其平均值。

（2）标定量砂的单位质量 γ_s

①用水确定标定罐的容积 V，准确至1mL。

②在储砂筒中装入质量为 m_1 的砂，并将灌砂筒放在标定罐上，将开关打开，让砂流出，在整个流砂过程中，不要碰动灌砂筒，直到砂不再下流时，将开关关闭。取下灌砂筒，称取筒内剩余砂的质量 m_3，准确至1g。

③按式（4-16）计算填满标定罐所需砂的质量 m_a：

$$m_a = m_1 - m_2 - m_3 \tag{4-16}$$

式中 m_a——标定罐中砂的质量（g）；

　　　m_1——装入灌砂筒内砂的总质量（g）；

　　　m_2——灌砂筒下部圆锥体内砂的质量（g）；

　　　m_3——灌砂入标定罐后，筒内剩余砂的质量（g）。

④重复上述测量3次，取其平均值。

⑤按式（4-17）计算量砂的单位质量：

$$\gamma_s = \frac{m_s}{V} \tag{4-17}$$

式中 γ_s——量砂的单位质量（g/cm³）；

　　　V——标定罐的体积（cm³）。

（3）试验步骤

①在试验地点，选一块平坦表面，并将其清扫干净，其面积不得小于基板面积。

②将基板放在平坦表面上，当表面的粗糙度较大时，则将盛有量砂 m_5 的灌砂筒放在基板中间的圆孔上，将灌砂筒的开关打开，让砂流入基板的中孔内，直到储砂筒内的砂不再下流时关闭开关。取下灌砂筒，并称量筒内砂的质量 m_6，准确至1g。当需要检测厚度时，应先测量厚度后再进行这一步骤。

③取走基板，并将留在试验地点的量砂收回，重新将表面清扫干净。

④将基板放回清扫干净的表面上（尽量放在原处），沿基板中孔凿洞（洞的直径与灌砂筒一致）。在凿洞过程中，应注意勿使凿出的材料丢失，并随时将凿出的材料取出装入塑料袋中，不使水分蒸发，也可放在大试样盒内。试洞的深度应等于测定层厚度，但不得有下层材料混入，最后将洞内的全部凿松材料取出。对于土基或基层，为防止试样盘内材料的水分蒸发，可分几次称取材料的质量。全部取出材料的总质量为 m_w，准确至1g。

⑤从挖出的全部材料中取出有代表性的样品，放在铝盒或洁净的搪瓷盘中，测定其含水率（ω，以%计）。样品的数量如下：用小灌砂筒测定时，对于细粒土，不少于100g；对于各种中粒土，不少于500g。用大灌砂筒测定时，对于细粒土，不少于200g；对于各种中粒土，不少于1000g；对于粗粒土或水泥、石灰、粉煤灰等无机结合料稳定材料，宜将取出的全部材料烘干，且不少于2000g，称其质量 m_d，准确至1g。当为沥青表面处治或沥青贯入结构类材料时，则省去测定含水率步骤。

⑥将基板安放在试坑上，将灌砂筒安放在基板中间（储砂筒内放满砂质量 m_1），使灌砂筒的下口对准基板的中孔及试洞，打开灌砂筒的开关，让砂流入试坑内。在此期间，应注意勿碰动灌砂筒。直到储砂筒内的砂不再下流时，关闭开关，小心取走灌砂筒，并称量筒内剩余砂的质量 m_4，准确到1g。

⑦如清扫干净的平坦表面的粗糙度不大，也可省去上述②和③的操作。在试洞挖好后，将灌砂筒直接对准放在试坑上，中间不需要放基板。打开筒的开关，让砂流入试坑内。在此期间，应注意勿碰动灌砂筒。直到储砂筒内的砂不再下流时，关闭开关，小心取走灌砂筒，并称量剩余砂的质量 m_4，准确至1g。

⑧仔细取出试筒内的量砂，以备下次试验时再用，若量砂的湿度已发生变化或量砂中混有杂质，则应该重新烘干、过筛，并放置一段时间，使其与空气的温度达到平衡后

再用。

3) 计算

(1) 按式 (4-18) 或式 (4-19) 计算填满试坑所用的砂的质量 m_b：

灌砂时，如试坑上放有基板，则

$$m_b = m_1 - m_4 - (m_5 - m_6) \tag{4-18}$$

灌砂时，如试坑上不放基板，则

$$m_b = m_1 - m'_4 - m_2 \tag{4-19}$$

式中 m_b——填满试坑的砂的质量（g）；

m_1——灌砂前灌砂筒内砂的质量（g）；

m_2——灌砂筒下部圆锥内砂的质量（g）；

m_4、m'_4——灌砂后，灌砂筒内剩余砂的质量（g）；

m_5、m_6——灌砂筒下部圆锥体内及基板和粗糙表面间砂的合计质量（g）。

(2) 按下式计算试坑材料的湿密度 ρ_w：

$$\rho_w = \frac{m_w}{m_b} \times \gamma_s \tag{4-20}$$

式中 m_w——试坑中取出的全部材料的质量（g）；

γ_s——量砂的单位质量（g/cm³）。

(3) 按下式计算试坑材料的干密度 ρ_d：

$$\rho_d = \frac{\rho_w}{1 + 0.01\omega} \tag{4-21}$$

式中 ω——试坑材料的含水率（%）。

(4) 水泥、石灰、粉煤灰等无机结合料稳定土可按下式计算干密度 ρ_d：

$$\rho_d = \frac{m_d}{m_b} \times \gamma_s \tag{4-22}$$

当试坑材料组成与击实试验的材料有较大差异时，可以试坑材料作标准击实，求取实际的最大干密度。

(5) 按式 (4-23) 计算施工压实度 K：

$$K = \frac{\rho_d}{\rho_c} \times 100\% \tag{4-23}$$

式中 K——测试地点的施工压实度（%）；

ρ_d——试样的干密度（g/cm³）；

ρ_c——由击实试验得到的试样的最大干密度（g/cm³）。

注：当试坑材料组成与击实试验的材料有较大差异时，可以试坑材料作标准击实，求取实际的最大干密度。

4) 试验中应注意的问题

灌砂法是施工过程中最常用的试验方法之一。此方法表面上看起来较为简单，但实际操作时常常不好掌握，并会引起较大误差；又因为它是测定压实度的依据，故经常是质量检测监督部门与施工单位之间发生矛盾或纠纷的环节，因此严格遵循试验的每个细节，才能提高试验精度。为使试验做得准确，应注意以下几个环节：

(1) 量砂要规则。量砂如果重复使用，一定要注意晾干，处理一致，否则影响量砂的松方密度。

（2）每换一次量砂，都必须测定松方密度，漏斗中砂的数量也应该每次重做，因此量砂宜事先准备较多数量。切勿到试验时临时找砂，又不做试验，仅使用以前的数据。

（3）地表面处理要平整，因为只要表面凸出一点，使整个表面高出一薄层，其体积也算到试坑中去了，会影响试验结果。因此本方法一般宜采用放上基板先测定一次粗糙表面消耗的量砂，按式（4-23）计算填坑的砂量，只有在非常光滑的情况下方可省去此操作步骤。

（4）在挖坑时试坑周壁应笔直，避免出现上大下小或上小下大的情形，这样就会使检测密度偏大或偏小。

（5）灌砂时检测厚度应为整个碾压层厚，不能只取上部或者取到下一个碾压层中。

4.2.2 环刀测试压实度方法

1. 适用范围

本方法适用于现场测试细粒土及龄期不超过 2d 的无机结合料稳定细粒土结构的密度，并计算施工压实度，以评价结构层的压实质量。

2. 仪具与材料

1）人工取土器：如图 4-22 所示，包括环刀、环盖、定向筒和击实锤系统（导杆、落锤、手柄）。环刀内径 6～8cm，高 2～5.4cm，壁厚 1.5～2mm。

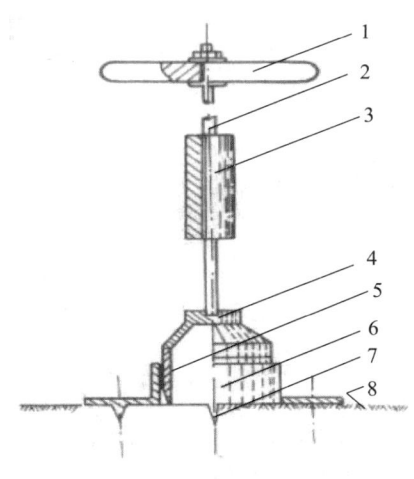

图 4-22　取土器
1—手柄；2—导杆；3—落锤；4—环盖；5—环刀；
6—定向筒；7—定向筒齿钉；8—试验地面

2）电动取土器：如图 4-23 所示，由底座、立柱、升降机构、取芯机构、动力和传动机构组成。

（1）底座：由底座平台、定位销、行走轮组成。平台是整个仪器的支撑基础；定位销用于操作时定位；行走轮用于换点时仪器近距离移动，当定位时四只轮子可扳起。

（2）立柱：由立柱与立柱套组成，装在底座平台上，作为升降机构、取芯机构、动力和传动机构的支架。

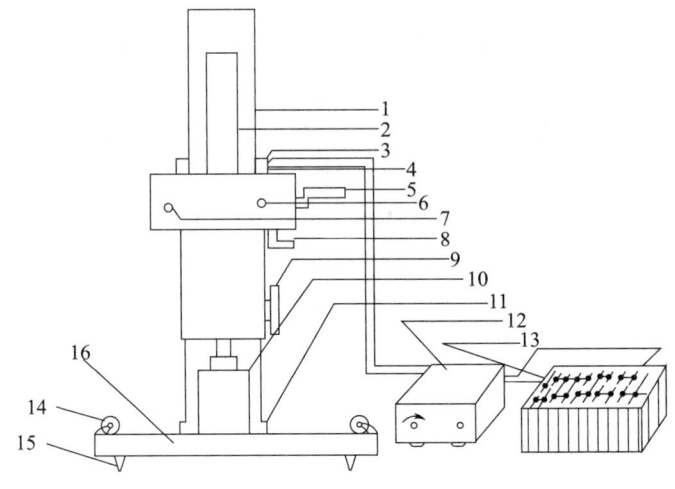

图 4-23 电动取土器

1—立柱；2—升降轴；3—电源输入；4—直流电机；5—升降手柄；6—电源指示；
7—电源指示；8—锁紧手柄；9—升降手轮；10—取芯头；11—调速器；
13—电瓶；14—行走轮；15—定位销；16—底座平台

(3) 升降机构：由升降手轮、锁紧手柄组成，用于调整取芯机构的高度。松开锁紧手柄，转动升降手轮，取芯机构升降到所需位置后，拧紧手柄定位。

(4) 取芯机构：由取芯头、升降轴组成。取芯头为金属圆筒，下口对称焊接两个合金钢切削刀头，上口端面焊有平盖，其上焊螺母，靠螺旋接于升降轴上。取芯头有三种规格，即 50mm×50mm、70mm×70mm、100mm×100mm，取芯头可更换。配件应包括取芯套筒、扳手、铝盒等。

(5) 动力和传动机构：主要由直流电机、调速器、齿轮箱组成。配件包括电瓶和充电器。

3) 天平：分度值不大于 0.01g。

4) 其他：镐、小铁锹、修土刀、毛刷、直尺、钢丝锯、凡士林、木板及测试含水率设备等。

3. 方法与步骤

1) 对结构层填料进行击实试验，得到最大干密度及最佳含水率。

2) 在现场选取位置相邻的两处作为平行试验的测点。

3) 用人工取土器测试黏性土及无机结合料稳定细粒土密度的步骤：

(1) 擦净环刀，称取环刀质量 M_2，准确至 0.1g。

(2) 在试验地点将面积约 30cm×30cm 的地面清扫干净，并铲去压实层表面浮动及不平整的部分。

(3) 将定向筒齿钉固定于铲平的地面上。顺次将环刀、环盖放入定向筒内与地面垂直。

(4) 将导杆保持垂直状态，用取土器落锤将环刀打入压实层中。在施工过程控制或质量评定时，环刀中部处于压实层厚的 1/2 深度；用于其他需要的测试时，可按其要求深度取样。

(5) 去掉击实锤和定向筒，用镐将环刀及试样挖出。

(6) 轻轻取下环盖，用修土刀自边至中削去环刀两端余土，用直尺测试直至修平为止。

(7) 擦净环刀外壁，用天平称取出环刀及试样合计质量 M_1，准确至 0.01g。

(8) 自环刀中取出试样，取具有代表性的试样（不少于 100g），测试其含水率 ω。含水率测试应参照《公路土工试验规程》（JTG 3430—2020）的有关规定。

4) 用人工取土器测试砂性土或砂层密度的步骤

(1) 如为湿润的砂土，试验时不宜使用击实锤和定向筒，在铲平的地面上，挖出一个直径较环刀外径略大的砂土柱，将环刀刃口向下，平置于砂土柱上，用两手平稳地将环刀垂直压下，环刀中部处于压实层厚的 1/2 深度。

(2) 削掉环刀口上的多余砂土，并用直尺刮平。

(3) 在环刀上口盖一块平滑的木板，一手按住木板，另一手用小铁锹将试样从环刀底部切断，然后将装满试样的环刀反转过来，削去环刀刃口上部的多余砂土，并用直尺刮平。

(4) 擦净环刀外壁，称取环刀与试样合计质量 M_1，准确至 0.01g。

(5) 自环刀中取具有代表性的试样（不少于 100g）测试其含水率。含水率测试应参照《公路土工试验规程》（JTG 3430—2020）的有关规定。

(6) 干燥的砂土不能挖成砂土柱时，可直接将环刀压入或打入土中至《公路路基路面现场测试规程》（JTG 3450—2019）要求的深度。

5) 用电动取土器测试无机结合料细粒土和硬塑土密度的步骤

(1) 装上所需规格的取芯头。在施工现场取芯前，选择一块平整的路段，将四只行走轮扳起，四根定位销钉采用人工加压的方法压入路基土层中。松开锁紧手柄，旋动升降手轮，使取芯头刚好与土层接触，锁紧手柄。

(2) 将电瓶与调速器接通，调速器的输出端接入取芯机电源插口。指示灯亮，显示电路已通；启动开关，电机带动取芯机构转动。根据土层含水率调节转速，操作升降手柄至《公路路基路面现场测试规程》（JTG 3450—2019）规定的深度，上提取芯机构，停机，移开电动取土器。将取芯套筒套在切削好的土芯立柱上，摇动即可取出样品。

(3) 取出样品，立即按取芯套筒长度用修土刀或钢丝锯修平两端，制成所需规格土芯，如拟进行其他试验项目，装入密封盒中，送试验室备用。

(4) 称量土芯带套筒质量 M_1，从土芯中心部分取试样测试含水率。

6) 数据处理

按式（4-24）、式（4-25）计算试样的湿密度及干密度。

$$\rho = \frac{4 \times (M_1 - M_2)}{\pi \cdot d^2 \cdot h} \tag{4-24}$$

$$\rho_d = \frac{\rho}{1 + 0.01\omega} \tag{4-25}$$

式中　ρ——试样的湿密度（g/cm³）；

M_1——环刀或取芯套筒与试样合计质量（g）；

M_2——环刀或取芯套筒质量（g）；

d——环刀或取芯套筒直径（cm）；

h——环刀或取芯套筒高度（cm）；

ρ_d——试样的干密度（g/cm³）；

ω——试样的含水率（%）。

按式（4-23）计算施工压实度。

计算两次平行试验结果的差值，若不大于 0.03g/cm³，取其算术平均值作为测试结果；若大于 0.03g/cm³，则重新测试。

7）报告

本方法应报告以下技术内容：

(1) 测点位置信息（桩号、层位等）。

(2) 试样的干密度、最大干密度、压实度。

8）条文说明

有研究表明，采用环刀法在现场测路基干密度过程中，会造成环刀内部的部分细粒土扰动，导致测试结果不准确，因此建议有条件的地区或项目开展环刀法扰动系数的测试研究，即在用击实法确定室内细粒土最大干密度时，将环刀压入筒内试验土体，确定环刀内扰动土体密度与试验土体密度的比值，得到扰动系数，以修正现场压实结果。

4.2.3 核子密度湿度仪法

该法是适用于用核子密湿度仪测试路基、路面材料的密度和含水率，并计算施工压实度，以评价结构层的压实质量。该方法可采用散射和直接透射两种方式进行。其中，散射方式宜用于测试沥青混合料面层的压实密度或硬化混凝土等难以打孔材料的密度。直接透射方式宜用于测试厚度不大于 30cm 的土基、基层材料或非硬化水泥混凝土等可以打孔材料的密度及含水率。

1. 仪具与材料技术要求

1）核子密度湿度仪：应符合行业标准 JT/T 658《核子湿密度仪》的要求，满足国家规定的关于健康保护和安全使用要求，核子仪应每 12 个月进行一次校验，密度的测定范围为 1.12～2.73g/cm³，测定误差不大于±0.03g/cm³，含水率测量范围为 0～0.64g/cm³，测定误差不大于±0.015g/cm³。它主要包括下列部件：

①射线源：γ射线源（双层密封的同位素放射源，如铯-137、钴-60 或镭-226 等）或中子源（如镅（241）-铍等）。

②探测器：γ射线探测器（如 G-M 计数管）或热中子探测器（如氦-3 管）。

③读数显示设备：如液晶显示器、脉冲计数器、数率表或直接读数表等。

④标准计数块：密度和含氢量均匀不变的材料块，用于标验仪器运行状况和提供射线计数的参考标准。

⑤钻杆：用于打测试孔以便插入探测杆。

⑥安全防护设备：符合国家规定要求的设备。

⑦刮平板、钻杆、接线等。

2）细砂：0.15～0.3mm。

3）其他：毛刷等。

2. 试验方法与步骤

本方法用于测定沥青混合料面层的压实密度时,在表面用散射法测定,所测定沥青面层的层厚应不大于根据仪器性能决定的最大厚度。用于测定土基或基层材料的压实密度及含水量时,打洞后用直接透射法测定,测定层的厚度不宜大于20cm。

1) 准备工作:

(1) 核子仪经维修或使用过程中不能满足规定的限值时,应重新校验后使用。校验后仪器在所有标定块上每一测试深度上的标定响应应达到±16kg/m³。

(2) 每天使用前或者对测试结果有怀疑时,按下列步骤测试标准值:

①将核子仪置于表面经压实且平整的地点,距其它放射源至少8m以上。

②接通电源,按照要求预热。

③将核子仪置于标准块上,按照要求评定标准计数。如标准计数超过规定限值时,进行二次标准计数,若仍超出规定限值时,需视作故障进行返修处理。

2) 测定步骤:

(1) 按照《公路路基路面现场测试规程》JTG 3450—2019 规定的方法确定测试位置,距路面边缘或其他物体的最小距离不得小于30cm。

(2) 检查核子仪周围8m之内是否存在其它放射源(含另外的核子仪),如果有应移开或重新选点。

(3) 当用散射法测试沥青路面密度时,应先用细砂填平测点表面孔隙(如图4-24所示),再按如图T0922-3所示的方法将仪器置于测点上。

(4) 当使用直接透射法测试时,用导板、钻杆等在测点表面打孔,孔深应大于测试深度,且插进探杆后仪器不倾斜(如图4-25c所示)。按图4-25所示的方法将探杆插入测试孔内,前后或左右移动仪器,使之稳固。

(5) 开机并选定测试时间后进行测量,测试人员退出核子仪2m以外。到达测试时间后,测试人员读取并记录示值,迅速关机,将手柄置于安全位置,结束本次测试。

注:不同型号的核子仪在具体操作步骤上略有不同,可按照其设备相应要求进行操作。

(6) 测试结束后,核子仪应装入专用的仪器箱内,放置在符合核辐射安全规定的地方。

(7) 根据相关性试验结果确定材料的湿密度和含水率,并计算干密度及压实度;对于沥青混合料面层,用所确定的材料湿密度直接计算压实度。

用散射法时,一组测值不应少于13点,取平均值作为该段落的压实结果。

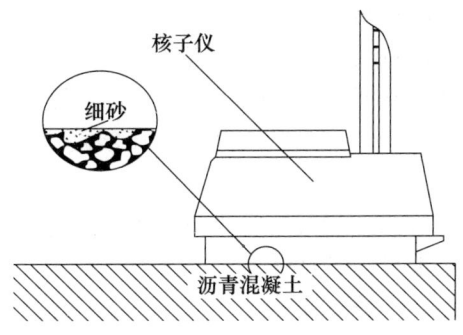

图4-24 用细砂填平测试位置的方法图

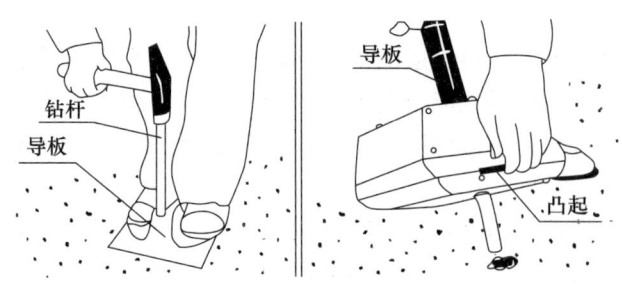

(a) 在路表面上打孔的方法

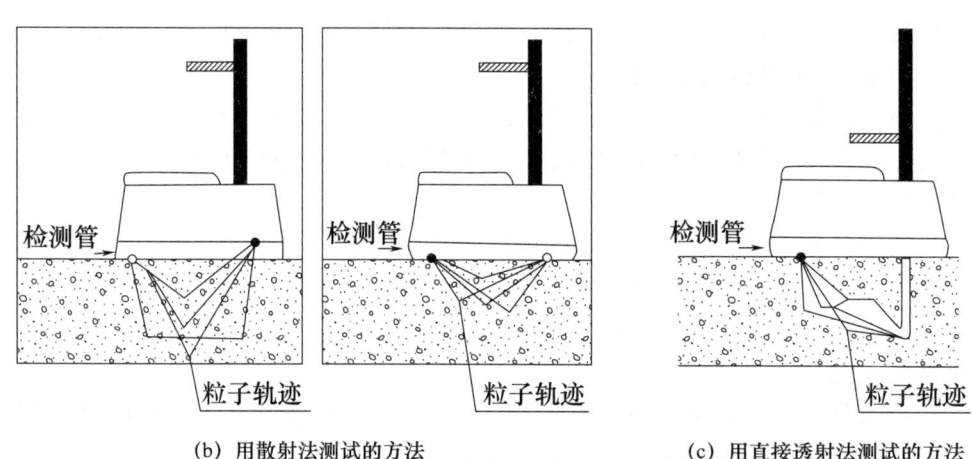

(b) 用散射法测试的方法　　　　(c) 用直接透射法测试的方法

图 4-25　核子仪测试方法的示意图

注：有关各种型号的仪器在具体操作步骤上略有不同，可按照仪器使用说明书进行。

3. 数据处理

按式（4-27）、（4-28）计算施工干密度 ρ_d 及压实度 K。

$$\rho_d = \frac{\rho_w}{1+0.01\omega} \tag{4-26}$$

$$K = \frac{\rho_d}{\rho_c} \times 100 \tag{4-27}$$

式中　K——测试地点的施工压实度，%；

　　　ω——试坑材料的含水量，%。

　　　ρ_w——试样的湿密度，g/cm^3；

　　　ρ_d——试样的干密度，g/cm^3；

　　　ρ_c——由击实试验得到的试样的最大干密度 g/cm^3。

按《公路路基路面现场测试规程》JTG 3450—2019 附录 B 的方法，计算一个测试路段压实度的平均值、标准差、变异系数，并计算压实度代表值。

1. 相关性试验

核子仪在使用前应在试验段上确定与标准方法的相关性。在沥青混合料大规模施工前，应确定核子仪法与钻芯取样法的相关性。在基层或路基大规模施工前，应确定核子仪法与挖坑灌砂法的相关性。步骤如下：

1) 选定 200m 以上段落作为试验段。

2）按照本方法 3.1 中的（2）～（5）步骤进行测试。

3）对于沥青路面，按照《公路路基路面现场测试规程》JTG 3450—2019 的规定在测点位置测试压实度；对于基层或路基，在测点处避开测孔，按照《公路路基路面现场测试规程》JTG 3450—2019 的规定测试压实度。

4）对相同的路面厚度、配合比设计、碾压遍数、松铺厚度、机械组合及压实度标准的路面结构层，使用前应在试验段至少测试 15 处，求取两种不同方法在每处的偏差值 $\Delta \rho i$，计算平均值作为修正值 Δ，将修正值 Δ 输入到核子仪中，计算并保存。

5）对相同的路面厚度、配合比设计、松铺厚度及机械组合，多种不同的压实度标准的路面结构层，使用前可选取多个试验段进行相关性试验，每个试验段至少测试 10 处，按照《公路路基路面现场测试规程》JTG 3450—2019 附录 C 的规定，求取两种不同方法测试密度的相关性公式，用于测试结果的修正，其相关系数 R 应不小于 0.95。

6. 报告

本方法应报告以下技术内容：

1）测试路段信息（桩号、结构层类型及厚度等）。

2）实测密度、标准密度、压实度。

3）测试路段压实度的平均值、标准差、变异系数及代表值。

4）若进行相关性试验，还应报告修正值或相关性关系式及相关系数。

4.2.4 无核密度仪测试压实度方法

1. 适用范围

本方法适用于现场无核密度仪快速测试当日铺筑且未开放交通的沥青路面各层沥青混合料的密度，并计算压实度。测试结果不宜用于评定验收。

2. 技术要求

无核密度仪应内含电子模块和可充电电池。探头应无核、无电容。无核密度仪的技术要求如下：

1）最大探测深度：≥10cm。

2）最小探测深度：≤2.5cm。

3）单次测量时间：不大于 5s。

4）精度：$0.003 g/cm^3$。

5）配有标准密度块供无核密度仪自校时使用。

3. 方法与步骤

1）准备工作

（1）无核密度仪在第一次使用前应对软件进行设置并储存，使操作者无须每次开机后都进行软件的设置。

（2）使用无核密度仪前，应严格用标准密度块标定，通过相关性试验检验，确认其可靠性。

2）测试步骤

（1）按照《公路路基路面现场测试规程》（JTG 3450—2019）规定的方法确定测试位置，与距路面边缘或其他物体的最小距离不得小于 30cm，且表面干燥。

(2) 把无核密度仪平稳地置于测试位置上，保证仪器不晃动。当路表结构凸凹不平时，可用细砂填平测试位置的空隙，使路表面平整，能与仪器紧密接触。

(3) 开机后应检查无核密度仪的工作状态，如电池电压，内部温度，设置测试日期、时间、测值编号等。

(4) 进入测试界面，设置沥青面层厚度、测量单位、最大公称粒径等参数，选择单点测量模式，进入待测状态。

(5) 按动测试键，3s 后读取数据，并记录。同时，无核密度仪上显示被测试材料表面的湿度值应在 0~10，当测值超过 10 时，数据作废，应重新选点测试。

(6) 当采用修正值方法时，显示原始数据为 ρ_d；当采用相关性公式时，将显示原始数据代入相关性公式，计算实测密度 ρ_d，准确至 0.01g/cm³。

4. 数据处理

1) 按式（4-28）计算压实度。

$$K=\frac{\rho_d}{\rho_0}\times 100\% \tag{4-28}$$

式中　ρ_d——沥青混合料的实测密度（g/cm³）；

　　　ρ_0——沥青混合料的标准密度（g/cm³），标准密度按照《公路沥青路面施工技术规范》（JTG F40—2004）的规定选用。

2) 按《公路路基路面现场测试规程》（JTG 3450—2019）附录 B 的方法，计算一个测试路段压实度的平均值、标准差以及变异系数，并计算压实度代表值。

5. 与钻芯法压实度测试结果的相关性试验

1) 路段选择

(1) 选择不短于 200m 长度的试验路段。

(2) 按照随机法确定测试位置。

(3) 对同样的路面厚度、配合比设计、碾压遍数、松铺厚度、机械组合及压实度标准的路面结构，应确定不少于 15 处；对同样的路面厚度、配合比设计、松铺厚度及机械组合，不同的压实度标准的路面结构，应确定不少于 10 处。

2) 试验步骤

(1) 每处测试位置按照图 4-26 所示确定 5 个点位，使用无核密度仪，按照本方法"2) 测试步骤"中 (2) ~ (5) 步骤对各测点进行测试，选择平均读取模式依次读取并记录显示的密度、湿度和温度等数值，取密度平均值作为该处密度测试结果。

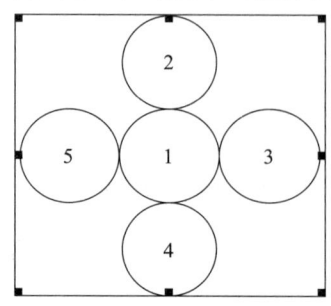

图 4-26　五点法示意

（2）在每一处测试位置钻取芯样，按照图 4-26 规定的方式进行压实度测试。

3）数据处理

（1）对同样的路面厚度、配合比设计、碾压遍数、松铺厚度、机械组合及压实度标准的路面结构，计算每处测试位置的密度偏差值 $\Delta\rho_i$，即无核密度仪测值与钻芯法测值的差值，并计算所有位置的平均偏差值作为修正值 Δ。

（2）对同样的路面厚度、配合比设计、松铺厚度及机械组合，不同的压实度标准的路面结构，按照《公路路基路面现场测试规程》（JTG 3450—2019）附录 C 的规定进行数据处理，得到相关性公式，其相关系数 R 应不小于 0.9。

（3）当采用修正值时，一般可将修正值输入无核密度仪，其示值即为修正后测值。当采用相关性公式时，需对无核密度仪示值进行计算处理。

6. 报告

本方法应报告以下技术内容：

1）测点位置（桩号、层位等）。
2）实测密度、标准密度、压实度。
3）测试路段压实度的平均值、标准差、变异系数及代表值。
4）若进行相关性试验，还应报告修正值或相关性关系式及相关系数。

7. 条文说明

国内主流无核密度仪按照工作原理分为电磁法无核密度仪和时域反算法无核密度仪。目前主要用在路面施工过程控制环节，不能用于交工验收或质量鉴定。对于新铺的沥青混合料路面，该仪器能快速、可靠地给出测试结果，有利于施工单位及时控制压实质量。

近期，国内出现土壤无核密度仪，经过调研后发现，无论哪种类型的土壤无核密度仪都对填料级配要求较高，实际应用过程中由于填料不均匀的情况较严重，影响测值的准确性，因此推广条件还不成熟，2019 版修订未把土壤无核密度仪列入。另外，正在制定的智能压实监控技术行业标准，结合数字化施工，将工艺控制和传统检测控制相结合，能够实现实时、全过程、全作业面测试控制压实度，为提高测试效率、客观评价压实水平提供新的思路。

为了保证精度，无核密度仪在使用过程中需要注意：

1）温度对无核密度仪测试结果影响较小，但为防止仪器损伤，一般在 170℃ 以下的条件下使用。
2）被测材料表面的含水率对本方法测试结果影响较大，测试时，无核密度仪显示的湿度一般应在 0～10，其测试结果才具有一定的可靠性。由于钢轮碾压作业过程中需要向轮表面洒水，为减少路表水对测试结果的影响，一般选择干燥的路面部位进行测试。

4.2.5 土石路堤或填石路堤压实沉降差测试方法

1. 适用范围

本方法适用于通过测量土石路堤或填石路堤碾压过程中的沉降变化量，结合施工工艺参数，测试土石路堤或填石路堤的压实程度。

2. 仪具与材料

1) 振动压路机：自重 20t 以上。

2) 水准仪：DS3。

3) 钢卷尺：量程 50m，分度值不大于 1mm。

4) 其他仪具：铁锤、铁铲等。

3. 方法和步骤

1) 准备工作

(1) 在路基碾压施工前，选取试验路段。

(2) 沿道路纵向每隔 20m 作为一个观测断面，每个观测断面沿横断面方向每隔 5~10m 均匀布设沉降观测点，每个沉降观测点位上埋放一固定物（一般为钢球），确保施工和测试过程中水平方向位置不变。

(3) 按照既定的碾压机械组合和工艺参数进行施工，碾压遍数以往返一次计为一遍，直至测试路段无明显碾压轮迹。

2) 测试步骤

(1) 路基碾压施工完成后，将振动压路机停放在测试路段前 20m 处，启动振动压路机，并调至强振挡位。

(2) 振动压路机以不大于 4km/h 的速度对测试路段进行碾压，往返一次为一遍。

(3) 碾压结束后用水准仪逐点测量固定物顶面高程 h_{i1}、h_{i2}……h_{ij}，精确到 0.1mm。

(4) 重复步骤 (2) ~ (3)，测得固定物顶面高程 $h_{(i+1)1}$、$h_{(i+2)2}$，…… $h_{(i+1)j}$、$h_{(i+n)1}$，……，$h_{(i+n)2}$……$h_{(i+n)j}$，准确至 0.1mm。

(5) 随机选取有代表性的区域，按照《公路土工试验规程》（JTG 3430—2020）灌水法测试材料的干密度，按照《公路工程集料试验规程》（JTG E42—2005）测试表干密度（视密度）。回收固定物，记录新的工艺参数，用与测试段相同的材料回填并进行终压。

4. 数据处理

1) 按照公式 (4-29) 计算第 i 遍和第 $i+1$ 遍的沉降差 $\Delta h_{i(i+1)-j}$：

$$\Delta h_{i(i+1)-j} = \Delta h_{(i+1)-j} - \Delta h_{i-j} \tag{4-29}$$

式中 $\Delta h_{i(i+1)-j}$ ——第 j 个固定物在第 i 遍和第 $i+1$ 遍的沉降差 (0.1mm)；

$\Delta h_{(i+1)-j}$ ——第 j 个固定物在 $i+1$ 遍碾压结束后的顶面高程 (0.1mm)；

Δh_{i-j} ——第 j 个固定物在 i 遍碾压结束后的顶面高程 (0.1mm)；

i ——碾压遍数；

j ——固定物编号，1，2……n。

2) 按照公式 (4-30) 计算第 i 遍和第 $i+1$ 遍的沉降差的平均值 $\Delta \bar{h}_{i(i+1)}$：

$$\Delta \bar{h}_{i(i+1)} = \frac{\sum_{j=1}^{n} \Delta \bar{h}_{i(i+1)-j}}{n} \tag{4-30}$$

式中 $\Delta \bar{h}_{i(i+1)}$ ——第 i 遍和第 $i+1$ 遍的沉降差的平均值 (0.1mm)。

3) 按照公式 (4-31) 计算第 i 遍和第 $i+1$ 遍的沉降差的标准差：

$$S_{i(i+1)} = \sqrt{\frac{\sum_{j=1}^{n} \Delta h_{i(i+1)-j} - \Delta \bar{h}_{i(i+1)}^2}{n-1}} \tag{4-31}$$

式中 $S_{i(i+1)}$——第 i 遍和第 $i+1$ 遍的沉降差的标准差（0.1mm）。

4）按照《公路路基设计规范》（JTG D30—2015）附录计算孔隙率。

5）按《公路路基路面现场测试规程》（JTG 3450—2019）的方法，计算一个测试路段沉降差的平均值、标准差，并计算沉降差的代表值。

5. 报告

本方法应报告以下技术内容：

1）测试路段信息（桩号范围及层位等）。
2）石料等级、填料类型。
3）机械组合、碾压参数。
4）沉降差、孔隙率。
5）测试路段沉降差的平均值、标准差及代表值。

6. 条文说明

长期以来，石方路基或土石混填路基压实质量评价一直是个难题，主要原因是现场压实密度难以测量，用压实度指标评价操作性不强、测试效率低下。工程上有的采用沉降差法控制压实质量，有的采用碾压遍数来控制等。这些方法虽然评价结果较为可靠，但方法本身严密性不够，且缺乏统一的定量指标，更多地靠施工经验判断。随着我国社会和交通事业的发展，大型机械设备和测量设备装备水平不断提高，越来越多的建设项目倾向于使用沉降差法控制大量石方路基或土石混填路基压实质量，但是沉降差法在使用过程中存在测试方法、控制标准、评定标准不统一的问题，影响了路基压实质量的提高。

为了提高石方路基或土石混填路基压实质量控制方法的规范性、准确性、针对性，同时减少对施工的影响，提高工效，依据《公路路基设计规范》（JTG D30）、《公路路基施工技术规范》（JTG F10）目前已被《公路路基施工技术规范》（JTG 3610—2020代替）、《公路工程质量检验评定标准第一册 土建工程》（JTG F80/1—2017）等标准规范，结合工程实践经验和广东、福建等省的有关科研成果，编制了"土石路堤或填石路堤沉降差测试方法"。由于该方法是与工艺参数相结合的双控测试方法，通过监测沉降变形的稳定来表征压实程度，因此在使用过程中，既要考虑工艺参数的匹配和持续恒定，也要考虑整体变形的均匀，以保证路基稳定、永久。

大规模施工时，在确定填料无明显变化的情况下，可不进行孔隙率测试。石方路基或土石混填路基压实沉降差的要求一般参照设计文件或相关规范，孔隙率的要求可参照《公路路基设计规范》（JTG D30—2015）。

对于土石混填路基，工程上也常采用《公路土工试验规程》（JTG 3430—2020）中表面振动压实仪法测试最大密度，现场采用灌水法测试密度以评价路基压实度。

4.2.6 土基现场CBR值测试方法

CBR又称加州承载比，是California Bearing Ration的缩写，由美国加利福尼亚州公路局首先提出来，是用于评定路基土和路面材料的强度指标。在国外多采用CBR作为路面材料和路基土的设计参数。

我国现行沥青和水泥混凝土路面设计规范，对路面、路基的设计参数是采用回弹模量指标，而在境外修建的公路工程多采用CBR指标。为了进一步积累经验用于实践，以促进国际学术交流，参考国内外的情况，我国将 CBR 指标列入《公路路基设计规范》和《公路路基施工技术规范》，作为路基填料选择的依据。路基填料最小强度要求见表 4-12。

表 4-12　路基填料最小强度

项目分类	路面底面下深度（cm）	填料最小强度 CBR（%）	
		高速公路、一级公路	其他等级公路
上路床	0～30	8	6
下路床	0～80	6	4
上路堤	80～150	4	3
下路堤	150 以下	3	2

注：1. 当路床填料 CBR 值达不到表列要求时，可采取掺石灰或其他稳定材料等措施进行处理。
　　2. 其他公路铺筑高级路面时，应采用高速公路、一级公路的规定值。

1. 主要仪器

1）荷载装置：设有加劲横梁的载重汽车，后轴重不小于 60kN。

2）现场测试装置：由千斤顶、测力计、球座组成，如图 4-27 所示。千斤顶可使贯入杆的贯入速度调节成 1mm/min。测力计的容量不小于土基强度，测定精度不小于测力计量程的 1/100。

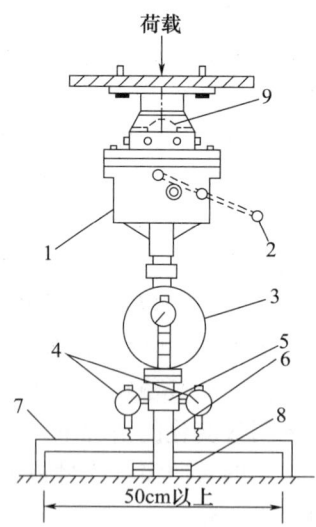

图 4-27　现场 CBR 测试装置示意
1—加载千斤顶；2—手柄；3—测力计；4—百分表；5—百分表加持具；6—贯入杆；
7—平台；8—承载板；9—球座

3）贯入杆：直径 ϕ50mm、长约 200mm 的金属圆柱体。

4）承载板：每块 1.25kg，直径 ϕ150mm，中心孔眼直径 ϕ52mm，不少于 4 块，并沿直径分为两个半圆块。

5）贯入量测定装置：由图 4-27 中所示的平台及百分表组成，百分表量程 20mm，精度 0.01mm，数量 2 个，对称固定于贯入杆上，端部与平台接触。平台跨度不小于 50cm。

6）细砂：洁净干燥的细干砂，粒径 0.3～0.6mm。

7）其他：铁铲、盘、直尺、毛刷、天平等。

2．方法与步骤

1）准备工作

（1）将试验地点约直径 ϕ30cm 范围的表面找平，用毛刷刷净浮土，如表面为粗粒土时，应撒布少许洁净的干砂填平，但不能覆盖全部土基避免形成一层。

（2）装置测试设备，按图 4-27 设置贯入杆及千斤顶，千斤顶顶在汽车后轴上且调节至高度适中。贯入杆应与土基表面紧密接触。

（3）安装贯入量测定装置，将支架平台、百分表（或两台贝克曼梁弯沉仪）按图 4-27 安装好。

2）测试步骤

（1）在贯入杆位置安放 4 块 1.25kg 的分开成半圆的承载板（共 5kg）。

（2）调节测力计及贯入量百分表，调零，记录初始读数。

（3）启动千斤顶，使贯入杆以 1mm/min 的速度压入土基，当相应于贯入量为 0.5、1.0、1.5、2.0、2.5、3.0、4.0、5.0、7.5、10 及 12.5（mm）时，分别读取测力计读数。根据情况，也可在贯入量达 7.5mm 时结束试验。

注：用千斤顶连续加载，两个贯入量百分表及测力计均应在同一时刻读数，当两个百分表读数不超过平均值的 30% 时，以其平均值作为贯入量，当两个表读数差值超过平均值的 30% 时，应停止试验。

（4）卸除荷载，移去测定装置。

（5）在试验点下取样，测定材料含水率。取样数量如下：最大粒径不大于 5mm，试样数量约 12g；最大粒径不大于 25mm，试样数量约 250g；最大粒径不大于 40mm，试样数量约 500g。

（6）在紧靠试验点旁边的适当位置，用灌砂法或环刀法等测定土基的密度。

将贯入试验得到的等级荷重数除以贯入断面面积（1963.5mm²），得到各级压强（MPa），绘制荷载压强-贯入量曲线，如图 4-28 所示。当图中曲线如 2 所示有明显下凹的情况时，应在曲线的拐弯处作切线延长做贯入量修正，以与坐标轴相交的点 O' 作原点，得到修正后的压强-贯入量曲线。

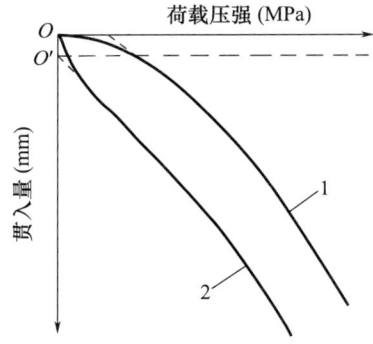

图 4-28 荷载压强-贯入量关系曲线

从压强-贯入量曲线上读取贯入量为 2.5mm 及 5.0mm 时的荷载压强 P_1，按式（4-32）

计算现场 CBR 值。CBR 一般以贯入量 2.5mm 时的测定值为准，当贯入量 5.0mm 时的 CBR 大于 2.5mm 时的 CBR 时，应重新试验，如重新试验仍然如此时，则以贯入量 5.0mm 时的 CBR 为准。

$$\text{CBR}=\frac{P_1}{P_0}\times 100\ (\%) \tag{4-32}$$

式中　P_1——荷载压强（MPa）；

　　　P_0——标准压强，当贯入量为 2.5mm 时为 7MPa，当贯入量为 5.0mm 时为 10.5MPa。

习题与讨论

某道路工程路基压实施工中，用灌砂法测定压实度，测得灌砂筒内量砂质量为 5700g，填满标定罐所需砂的质量为 3865g，测定砂锥的质量为 610g，标定罐的体积为 3035cm³，灌砂后称灌砂筒内剩余砂质量为 1310g，试坑挖出湿土重为 5733g，烘干土重为 4780g，室内击实试验得最大干密度为 1.68g/cm³，计算该测点的压实度和含水率。

第 5 章 路面工程试验检测技术

路面工程现场检测，是道路桥梁工程检测的重要组成部分，不仅可以为竣工验收提供可靠数据，而且可以为科学养护决策提供客观依据。路面投入使用后，由于车辆荷载、自然因素、人为因素的作用，以及路面自身的缺陷，路面会出现各种不同的损坏，如果不及时进行检测、养护维修就会影响路面的使用性能和使用寿命。

本章主要介绍路面使用性能检查、路面平整度测定、路面抗滑值、路面结构层厚度试验检测和路面构造深度测定。

5.1 路面使用性能检查

路面是公路的重要组成部分，路面的使用性能主要包括功能性能、结构性能、结构承载力、安全性和外观，其使用性能直接关系到用户的行车舒适性、安全性、快捷性，也关系到道路本身的使用寿命。

5.1.1 功能性能

路面的基本功能是为车辆提供快速、安全、舒适、经济的行驶表面，反映了路面的行驶质量和服务水平。

路面行驶质量同路面表面的平整度特性、车辆悬挂系统的振动特性、人对振动的反应或接受能力三方面因素有关。从路面状况的角度看，影响路面行驶质量的主要因素是路面平整度指标。路面平整度直接影响行车的舒适性和油耗，随车辆荷载的反复作用、周围环境（温度和湿度）的周期变化影响和路面龄期的增加，路面平整度会逐渐下降。当平整度下降到某一限值时，路面的行驶质量不能满足行车对路面的基本功能要求，便需采取改建或重建措施改善平整度以恢复路面的功能。

5.1.2 结构性能

路面的结构性能是指路面结构保持完好的程度。

路面在使用过程中会在行车荷载和环境等因素的作用下随路面龄期的增长而出现各种损坏。这些损坏可按形态和影响程度的不同而归纳为四类：

（1）裂缝或断裂类——路面结构的整体性因裂缝或断裂而受到损坏。

（2）永久变形类——路面结构虽仍保持整体性，但其形状在各种因素的作用下产生较大的变化。

（3）表面损坏类——路面表层部分材料的散失或磨损。

(4)接缝损坏——同水泥混凝土路面接缝（纵缝或横缝）有关的损坏，如填缝材料的失效或丧失、接缝附近局部宽度和深度范围内的混凝土碎裂等。

路面结构出现损坏，会在不同程度上影响路面的平整度，即影响路面的行驶质量。因而，可以通过检测平整度在一定程度上反映路面的损坏状况。但平整度主要反映的是道路使用者可能有的反应；而路面损坏状况则主要表征路面结构的损坏程度，它反映了为防止损坏加速发展而需采取的养护措施和为改善路况而需采取的改建措施，因而，路面损坏状况是道路管理部门所关注的路面性能。

5.1.3 结构承载力

路面结构的承载能力是指路面在达到预定的损坏状况之前所能承受的行车荷载作用次数或者所能使用的年数。我国现行规范对于沥青路面通常采用路表面无破损弯沉测定方法评定路面结构的承载力，也即依据弯沉值的大小确定其使用寿命。

路面结构的承载力同损坏状况有着内在的联系。在使用过程中，路面的承载力逐渐下降，与此同时损坏逐步发展，承载力越低的路面结构，其损坏发展的速度越快；承载力接近于极限（或临界）状态时，路面的损坏状况达到严重程度，此时必须采取改建措施（如铺设加铺层）以恢复或提高路面承载力。

5.1.4 安全性

安全性主要指路面的抗滑能力。此外，在车辙深度超过 10~13mm 的情况下，高速行驶的车辆会因车辙内积水而出现飘滑，发生交通事故。路表面抗滑能力可采用各种测量仪器进行评定，以摩阻系数或抗滑指数表征，还包括构造深度、透水系数等指标。随着车轮的不断磨损，路表面的抗滑能力因集料被磨光而逐渐下降，当表面的抗滑能力下降到不安全或不可接受的水平时，便需采取措施（如铺设抗滑磨耗层或刻槽等）以恢复其抗滑能力。

5.1.5 外观

外观是指路面给道路使用者的视觉印象。它包括反光和眩目、夜晚能见度、表面结构和颜色的均匀性等。

在进行养护决策之前，需要对上述路面使用性能进行检测，我国《公路技术状况评定标准》（JTG 5210—2018）规定路面调查主要包括路面损坏、结构强度、平整度、车辙、抗滑能力、路面磨耗、路面跳车等内容。

5.2 路面平整度试验检测方法

平整度是路面施工质量与服务水平的重要指标之一。它是指以规定的标准量规，间断地或连续地量测路表面的凹凸情况即不平整度的指标。路面的平整度与路面各结构层次的平整状况有着一定的联系，即各层次的平整效果将累积反映到路面表面上，路面面层由于直接与车辆及大气接触，不平整的表面将会增大行车阻力，并使车辆产生附加振动作用。这种振动作用会造成行车颠簸，影响行车速度、驾驶安全及乘客的舒适度。同时，振动作用还会对路面施加冲击力，从而加剧路面、汽车机件损坏和轮胎的磨损，并增大油耗。而且，不平整的路面会积滞雨水，加速路面的破坏。因此，平整度的检测与评定是公路施工与养护的一个非常重要的环节。

平整度的测试设备分为断面类及反应类两大类。断面类实际上是测定路面表面凹凸情况的，如最常用的三米直尺及连续式平整度仪，还可用精确测定高程得到；反应类测定路面凹凸引起车辆振动的颠簸情况。反应类指标是司机和乘客直接感受到的平整度指标，因此它实际上是舒适性能指标，最常用的测试设备是车载式颠簸累积仪。现已有更新型的自动化测试设备，如纵断面分析仪、路面平整度数据采集系统测定车等。国际上通用国际平整度指数 IRI 衡量路面行驶舒适性或路面行驶质量，可通过标定试验得出 IRI 与标准差 σ 或单向累积值 VBI 之间的关系。

5.2.1 三米直尺法

1. 适用范围

本方法适用于用三米直尺测试路表与三米直尺基准面的最大间隙（δ_m），用以表征路表平整度；适用于碾压成型后的路基路面各层表面的平整度测试。

2. 仪具与材料技术要求

（1）三米直尺：测量基准面长度为 3m，基准面应平直，用硬木或铝合金钢等材料制成。

（2）最大间隙测量器具

①楔形塞尺：硬木或金属制的三角形塞尺，有手柄。塞尺的长度与高度之比不小于 10，宽度不大于 15mm，边部有高度标记，分度值不大于 0.5mm。

②深度尺：金属制的深度测量尺，有手柄。深度尺测量杆端头直径不小于 10mm，分度值不大于 0.5mm。

（3）其他：皮尺或钢尺等。

3. 方法与步骤

1）准备工作

（1）确定测试方式。当测试沥青路面施工过程中的质量时，应以单尺方式测试，且测试位置应选在接缝处；其他情况一般以连续 10 尺方式测试。

（2）选择测试位置。除特殊需要者外，应以行车道一侧车轮轮迹（距车道线 0.8~1.0m）作为连续测试的位置。对既有道路已形成车辙的路面，应取车辙中间位置为测试位置。

（3）清扫路面测试位置处的碎石、杂物等。

2）测试步骤

（1）将三米直尺沿道路纵向摆在测试位置的路面上。

（2）目测三米直尺底面与路表面之间的间隙情况，确定最大间隙的位置。

（3）将具有高度标线的塞尺塞进间隙处，测试其最大间隙的高度；或者用深度尺在最大间隙位置测试直尺上顶面距地面的深度，该深度减去尺高即为测试点的最大间隙的高度，精确至 0.5mm。

4. 数据处理

单尺测试路面的平整度计算，以三米直尺与路面的最大间隙（δ_m）为测试结果；连续测试 10 尺时，判断每尺最大间隙（δ_m）是否合格，并计算合格率，以及 10 个最大间隙的平均值。

5.2.2 连续式平整度仪测试法

1. 适用范围

本方法适用于连续式平整度仪测试路面纵向相对高程的标准差（σ），用以表征路面的平整度；不适用于在已有较多坑槽、破损严重的路面上测试。

2. 仪具与材料技术要求

1）连续式平整度仪

（1）整体结构：连续式平整度仪构造如图 5-1 所示。除特殊情况外，连续式平整度仪的标准长度为 3m；中间为一个 3m 长的机架，机架可缩短或折叠，前后各 4 个行走轮，前后两组轮的轴间距离为 3m。

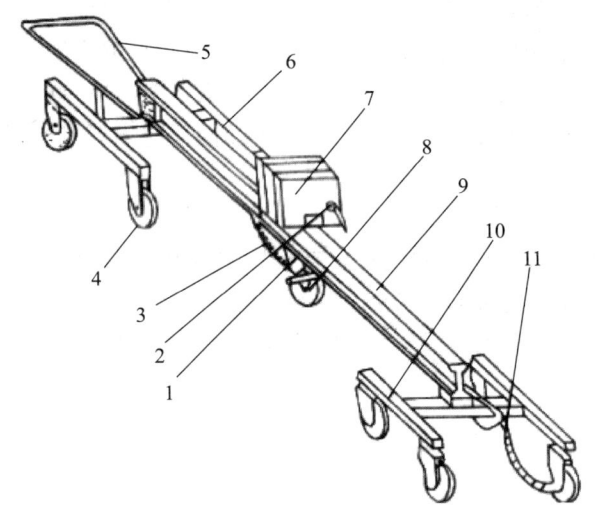

图 5-1　连续式平整度仪示意

1—测量架；2—离合器；3—拉簧；4—脚轮；5—牵引架；6—前架；
7—记录计；8—测定轮；9—纵梁；10—后架；11—软轴

（2）地面高差测量传感器：安装在机架中间，可以是能起落的测定轮，或激光测距仪。

（3）其他辅助机构：连续式平整度仪的辅助机构有蓄电池电源，距离传感器，与数据采集、处理、存储、输出部分配套的采集控制箱及计算机打印机等。

（4）测试间距为 100mm，每一计算区间的长度为 100m，并输出一次结果。

（5）可记录测试长度（m）、曲线振幅大于某一定值（如 3mm、5mm、8mm、10mm 等）的次数、曲线振幅的单向（凸起或凹下）累计值及以 3m 机架为基准的中点路面偏差曲线图，计算打印。

（6）机架装有一牵引钩及手拉柄，可用人力或汽车牵引。

2）牵引车：小面包车或其他小型牵引汽车。

3）皮尺或测绳。

3. 方法与步骤

1) 准备工作

(1) 当施工过程中质量控制需要时，测试地点根据需要决定；当进行路面工程质量检查验收或路况评定时，通常以行车道一侧车轮轮迹带作为连续测试的标准位置；对已形成车辙的路面，取一侧车辙中间位置为测点位置。

(2) 清扫路面测试位置处的碎石、杂物等。

(3) 检查仪器测试箱各部分应完好、灵敏，测定轮胎压正常，并将各连接线接妥，安装记录设备。

2) 测试步骤

(1) 将连续式平整度仪置于测试路段路面起点上，保证测定轮位置在轮迹带范围内。

(2) 在牵引汽车的后部，将连续式平整度仪与牵引汽车连接好，按照要求依次完成各项操作。

(3) 启动牵引汽车，沿道路纵向行驶，横向位置保持稳定。

(4) 确认连续式平整度仪工作正常。牵引连续式平整度仪的速度应保持匀速且沿车道方向行驶，速度宜为5km/h，最大不得超过12km/h。在测试路段较短时，亦可用人力拖拉平连续式整度仪测试路面的平整度，但拖拉时应保持匀速前进。

4. 数据处理

1) 以100m长度为一个计算区间，按式（5-1）计算该区间内采集的位移值（d_i）的标准差 δ_i，即该区间的平整度，以mm计，保留1位小数。

$$\delta_i = \sqrt{\frac{\sum d_i^2 - (\sum d_i)^2/N}{N-1}} \tag{5-1}$$

式中　δ_i——各计算区间的平整度计算值（mm）；

　　　d_i——以100m为一个计算区间，每隔一定距离（自动采集间距为10cm，人工采集间距为1.5m）采集的路面凹凸偏差位移值（mm）；

　　　N——计算区间用于计算标准差的测试数据个数。

2) 计算一个评定路段内各区间平整度标准差的平均值、标准差、变异系数。

5.2.3　车载式颠簸累积仪测试法

1. 适用范围

本方法适用于车载式颠簸累积仪连续采集路面颠簸产生的累积位移值，以表征路面平整度；不适用于有严重坑槽、车辙等病害路面的平整度测试。

2. 仪具与材料技术要求

测试系统由承载车、距离测量装置、颠簸累积值测试装置和主控制系统组成，基本技术参数要求如下：

(1) 测试速度：30～80km/h；

(2) 测试幅值：-0.2～0.2m；

(3) 垂直位移分辨率：1mm；

(4) 距离标定误差：<0.5%。

3. 方法与步骤

1）准备工作

（1）承载车出现以下情况之一时，均应进行仪器测值与国际平整度指数 IRI 的相关性试验：在正常状态下行驶超过 2000km；相关性试验的时间间隔超过 1 年；减震器、轮胎等发生更换、维修。

（2）检查测试车轮胎气压，应达到车辆轮胎规定的标准气压，车胎应清洁，不得黏附杂物，承载车载重及分布应与仪器相关性标定试验时一致。

（3）现场安装距离测量系统，确保紧固装置安装牢固，螺钉无松动。

（4）检查测试系统各部分应符合测试要求，不应有明显的可视性破损。

（5）打开系统电源，启动控制程序，检查系统各部分的工作状态。

2）测试步骤

（1）测试开始之前应让测试车以测试速度行驶 5~10km，按照规定的预热时间对测试系统预热。

（2）测试车停在测试起点前 300~500m 处，启动平整度测试系统程序，按照测试路段的现场技术要求设置完毕所需的测试状态。

（3）驾驶员在进入测试路段前应保持标定时的车速，沿正常行车轨迹驶入测试路段。

（4）进入测试路段后，测试人员启动系统的采集和记录程序，在测试过程中必须及时准确地将测试路段的起终点和其他需要特殊标记点的位置输入测试数据记录中。

（5）当测试车辆驶出测试路段后，测试人员停止数据采集和记录，并恢复仪器各部分至初始状态。

（6）测试人员检查数据文件应完整、内容应正常，否则需要重新测试。

（7）关闭测试系统电源，结束测试。

4. 数据处理

根据颠簸累积仪测试的颠簸累积值 VBI，按规定进行相关性试验，得到换算公式，并以 100m 为计算区间换算成国际平整度指数（IRI），以 m/km 计，保留 2 位小数。

5. 颠簸累积仪测值与国际平整度指数 IRI 的相关性试验

1）基本要求

由于颠簸累积仪测值受测试速度等因素影响，因此测试系统的每一种实际采用的测试速度均应单独进行试验，建立相关性关系式。试验过程及分析结果应详细记录并存档。

2）试验条件

（1）按照 IRI 值每段间距大于 1.0 的范围选择不少于 4 段不同平整度水平，且有足够加速或减速长度的路段。根据实际测试道路 IRI 的分布情况，可以增加某些范围内的标定路段。

（2）每路段长度不小于 300m。

（3）每一段内的平整度应均匀，包括路段前 50m 的引道。

（4）选择坡度变化较小的直线路段，路段交通量小，便于疏导。

（5）标定宜选择在车道的正常行驶轨迹上进行，明确标出标定路段的轨迹、起终点。

3）试验步骤

（1）距离标定

①选择坡度变化较小的平坦直线路段，长度不小于500m，标出起终点和行驶轨迹。

②标定开始之前应让测试车以测试速度行驶5~10km，按照规定的预热时间对测试系统进行预热。

③将测试车的前轮对准起点线，启动距离校准程序，然后令车辆沿着路段轨迹直线行驶，避免突然加速或减速，接近终点时，减速停车，确保测试车的前轮对准终点线，结束距离校准程序。重复此过程，确保距离传感器脉冲当量的准确性应在允许误差范围之内。

（2）令颠簸累积仪按选定的测试速度测试每个标定路段的反应值，重复测试至少5次，取其平均值作为该路段的反应值。

（3）IRI值的确定

①以精密水准仪作为标准仪具，分别测量标定路段两个轮迹的纵断面高程，要求采样间隔为250mm，高程测试精度为0.5mm。然后用IRI标准计算程序对每个轮迹的纵断面测试值进行模型计算，得到该轮迹的IRI值，两个轮迹IRI值的平均值即为该路段的IRI值。

②其他符合世界银行一类平整度测试标准的纵断面测试仪具也可以作为确定标定路段标准IRI值的依据。

4）试验数据处理

将各路段的IRI值和相应的颠簸累积仪测值进行回归分析，建立相关性关系式，相关系数R应不小于0.99。

5.2.4 车载式激光平整度仪测试法

1. 适用范围

本方法适用于车载式激光平整度仪测量路面国际平整度指数（IRI），以表征路面平整度；适用于在无严重坑槽、车辙等病害及无积水、无冰雪、无泥浆的正常通车条件下的路面上进行平整度测试。

2. 仪具与材料技术要求

车载式激光平整度仪（以下简称激光平整度仪）由承载车、距离传感器、纵断面高程传感器和主控制系统组成，基本技术参数的要求如下：

（1）测试速度：30~100km/h。

（2）采样间隔：≤500mm。

（3）传感器测试精度：1.0mm。

（4）距离标定误差：≤0.05%。

3. 方法与步骤

1）准备工作

（1）检查激光平整度仪的各传感器。

（2）检查承载车轮胎气压，应达到车辆轮胎规定的标准气压，车胎应清洁，不得黏附杂物。

（3）现场安装距离测量装置，应确保机械紧固装置安装牢固，螺钉无松动。
（4）检查激光平整度仪各部分应符合测试要求，不应有破损。
（5）打开系统电源，启动控制程序，检查各部分的工作状态。

2）测试步骤

（1）测试开始之前应让承载车以测试速度行驶5～10km，按照规定的预热时间对激光平整度仪预热。
（2）承载车停在测试起点前50～100m处，启动平整度测试系统程序，按照测试路段的现场技术要求设置完毕所需的测试状态。
（3）驾驶员应按照要求的测试速度范围驾驶承载车，宜在50～80km/h，避免急加速和急减速，急弯路段应放慢车速，沿正常行车轨迹驶入测试路段。
（4）进入测试路段后，测试人员启动系统的采集和记录程序，在测试过程中必须及时准确地将测试路段的起终点和其他需要特殊标记的位置输入测试数据记录中。
（5）当承载车辆驶出测试路段后，测试人员停止数据采集和记录，并恢复仪器各部分至初始状态。
（6）检查测试数据文件应完整、内容应正常，否则需要重新测试。
（7）关闭系统电源，结束测试。

4. 数据处理

激光平整度仪采集的数据是路面相对高程值，应以100m为计算区间长度用IRI的标准计算程序计算国际平整度指数（IRI）值，以m/km计，保留2位小数。

5. 激光平整度仪测值与国际平整度指数IRI相关性试验

1）试验条件

（1）选择不少于4段不同平整度水平的路段，每段路IRI值的间距应大于1.0，且有足够加速或减速长度的路段，根据实际测试道路IRI的分布情况，可以适当增加某些范围内的标定路段。
（2）每路段长度不小于300m。
（3）每一段内的平整度应均匀，包括路段前50m的引道。
（4）选择坡度变化较小的直线路段，路段交通量小，便于疏导。
（5）一台承载车安装的多套平整度测试设备需要分别试验。
（6）宜选择在车道的正常行驶轮迹上进行，明确标记试验路段起终点位置。

2）试验步骤

（1）距离标定

①选择坡度变化较小的平坦直线路段，长度不小于500m，标记起终点。标定开始之前应让承载车以测试速度行驶5～10km，按照规定的预热时间对测试系统进行预热。
②将承载车的前轮对准起点线，启动测试系统，然后令承载车沿着路段轨迹直线行驶，避免突然加速或减速，接近终点时，减速停车，确保承载车的前轮对准终点线，输出距离测值。重复此过程，确保距离传感器测试结果和路段标准长度的差值在允许误差范围之内。

（2）对试验路段进行5次重复平整度测试，取其IRI计算值的平均值作为该路段的测试值。

(3) IRI 值的确定

①以精密水准仪作为标准仪具，测量标定路段上测线的纵断面高程，要求采样间隔为 250mm，高程测量精度为 0.5mm。然后用 IRI 标准计算程序对纵断面测量值进行模型计算，得到标定线路的 IRI 值。

②其他符合世界银行一类平整度测试标准的纵断面测试仪具也可以作为确定标定路段 IRI 值的仪具。

3）试验数据处理

按规定将各试验路段的 IRI 值和相应的平整度仪测值进行回归分析，建立相关性关系式，相关系数 R 不得小于 0.99。

5.2.5 手推式断面仪测试法

1. 适用范围

本方法适用于手推式断面仪测量路面国际平整度指数（IRI），以表征路面平整度；适用于无积水、无积雪、无泥浆的正常通车条件下的路面的平整度测试。

2. 仪具与材料技术要求

1）手推式断面仪由传感器、数据采集与处理系统、测定梁、距离测定轮、测脚、车架系统等基本部分组成，如图 5-2 所示，技术要求如下：

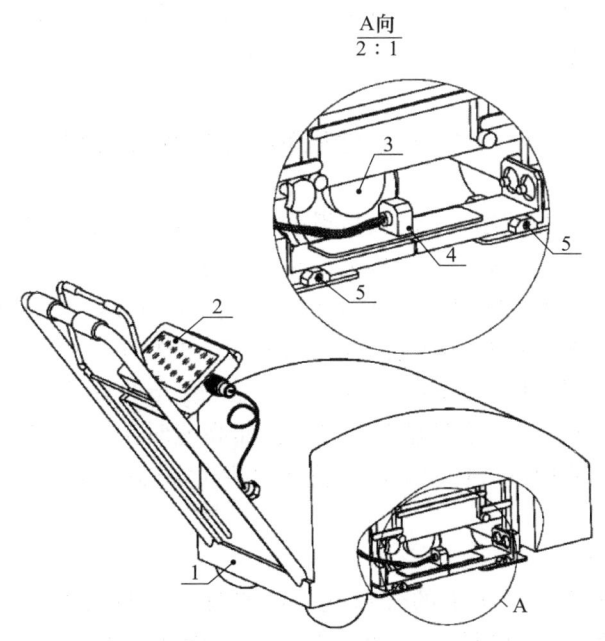

图 5-2 手推式断面仪示意

1—车架系统；2—数据采集与处理系统；3—距离测定轮；4—传感器；5—测脚

(1) 最大测试速度：0.80km/h。

(2) 采样间隔：≤25.4mm。

(3) 距离标定误差：≤0.1%。

(4) 高度测量精度：±0.1mm。

(5) 断面精度：±0.381mm。
(6) 最大测量纵向坡度：9.5°。
2) 其他：皮尺或钢卷尺、粉笔、扫帚等。

3. 方法与步骤

1) 准备工作

(1) 清扫待测路面，检查机械部件有无松动或损坏，检查测脚有无损坏、黏附物等。
(2) 将各种数据线连接后，打开电源，按要求进行预热。
(3) 检查电池蓄电情况，确保测试期间电量充足。
(4) 使用前应按要求完成系统标定，且宜选择温度变化幅度较小的时段进行测试。

2) 测试步骤

(1) 在待测路面上沿行车迹线附近标记起始点的位置。
(2) 将设备停放在测量路段起点，启动程序设置所需的测试状态，开始采集数据。
(3) 测试人员将手推式断面仪按规定速度沿直线向前匀速推行，并保证两测脚落脚点都在测线上，不要在手柄上施加垂直力。中途如需临时停止，需将测定梁提起到达最高点后锁定测定轮。到达测试终点时，在测定梁处于提起状态时，锁住测定轮。
(4) 保存数据，关闭电源。

4. 数据处理

根据路面纵断面相对高程数据，以 100m 为计算区间长度用 IRI 的标准计算程序计算国际平整度指数（IRI）值，以 m/km 计，保留 2 位小数。

5.3 路面抗滑性能试验检测方法

行车安全性同许多因素有关，路面抗滑能力是其中一个重要的方面。影响抗滑能力的因素有路面表面特性、细构造和粗构造、路面潮湿程度、行车速度等很多方面。

我国现行沥青路面规范提出了三种路面抗滑能力的指标，即路表构造深度、路面抗滑值、路面横向力系数。路表面细构造是指集料表面的粗糙度，它随车轮的反复磨耗而逐渐被磨光。通常采用石料磨光值（PSV）表征抗磨光的性能。细构造在低速（30～50km/h 以下）时对路表抗滑性能起决定作用。而高速时主要作用的是粗构造，它是由路表外露集料间形成的构造，功能是使车轮下的路表水迅速排除，以避免形成水膜。粗构造由构造深度表征。

1. 路表构造深度

一定面积的路表面凹凸不平的开口孔隙的平均深度即宏观构造深度 TD，以 mm 计。它是路面粗糙度的重要指标，主要取决于矿料级配。路表构造深度有三种测试方法，即手动铺砂法、电动铺砂法及激光法。

(1) 手动铺砂法

将一定量的标准砂铺在路面上，计算嵌入凹凸不平的表面孔隙中的砂的体积与覆盖面积之比。这是目前最为基本和常用的方法，但人为影响的误差较大。

(2) 电动铺砂法

同手动铺砂法原理相同，但弥补了手工铺砂法由于人为影响而使测量不准确的缺陷，不是将全部砂都作为填料填入凹凸不平的孔隙中，而是一部分先在玻璃板上摊铺标定，剩下部分再在测量地点按标定测量。

(3) 激光法

激光法与铺砂法测定的构造深度有良好的相关关系，具有测定数据准确及速度快的优点，在我国高速公路检测中被较多地使用。

2. 路面的抗滑值

采用标准的手提式摆式摩擦系数测定仪测定的路面在潮湿条件下对摆的摩擦阻力，即摆值，以 BPN 为单位。路面的抗滑值一般认为只反映行车速度低时的路面抗滑性能。该方法测定的摆值与集料的微观粗糙度有关，同时又受橡胶摩擦片与路面接触面积及路面温度的影响。

3. 路面横向力系数

采用标准的摩擦系数测定车测定，在测定轮与行车方向成一定角度且以一定速度行驶时，轮胎与潮湿路面之间的摩擦阻力与接触面积的比值，简称 SFC。该指标为一综合性指标，它反映较高速度下的路面抗滑值。横向力系数不仅表示车辆在路面上制动时的路面抗滑力，还表征车辆在路面上发生侧滑的抗力。

5.3.1 数字式摆式仪测试路面摩擦系数方法

1. 适用范围

本方法适用于数字式摆式仪测试无刻槽水泥路面和沥青路面的摆式摩擦系数值 BPN。

2. 仪具与材料技术要求

(1) 数字式摆式仪：形状及结构如图 5-3 所示。数字式摆式仪主机可输入测点编号，自动测量、存储和显示摆值及温度修正后的结果。

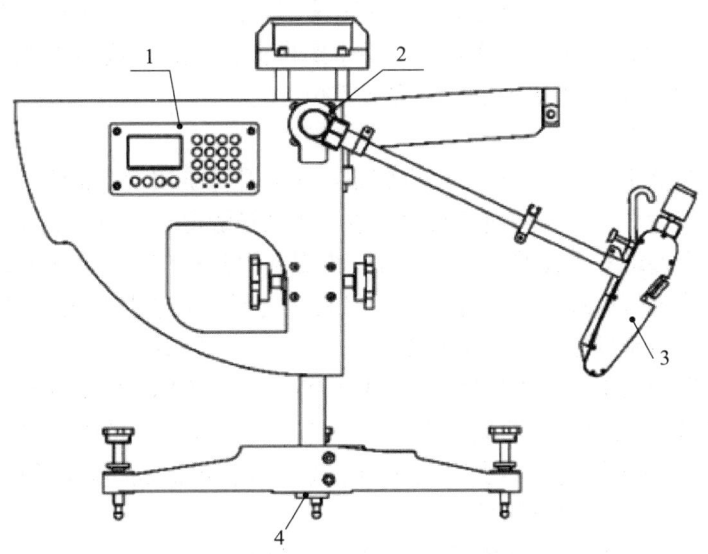

图 5-3 数字式摆式仪结构示意
1—主机；2—角度传感器；3—摆；4—温度传感器

(2) 橡胶片：尺寸为 6.35mm×25.4mm×76.2mm，橡胶质量应符合要求。当橡胶片使用后，端部在长度方向上磨耗超过 1.6mm 或边缘在宽度方向上磨耗超过 3.2mm，或有油类污染时，即应更换新橡胶片。新橡胶片应先在干燥路面上测试 10 次后再用于测试，橡胶片的有效使用期自出厂日期起算 12 个月。

(3) 滑动长度量尺（长 126mm）。

(4) 喷水壶。

(5) 毛刷。

(6) 路面温度计：分度不大于 1℃。

(7) 其他：扫帚、记录表格等。

3. 方法与步骤

1) 准备工作

(1) 检查数字式摆式仪的调零灵敏情况，并定期进行滑块压力的标定。

(2) 选择测试位置，每个测试位置布设 3 个测点，测点间距离为 3~5m，以中心测点的位置表示该测试位置。测试位置应选在车道横断面上轮迹处，且距路面边缘不应小于 1m。

2) 测试步骤

(1) 清洁路面

用扫帚或其他工具将测点处路面上的浮尘或附着物打扫干净。

(2) 仪器调平

①将仪器置于路面测点上，并使摆的摆动方向与行车方向一致。

②转动底座上的调平螺栓，使水准泡居中。

(3) 零位标定

①放松紧固旋钮，转动升降旋钮，使摆升高并能自由摆动，然后旋紧紧固旋钮。

②将摆固定在右侧悬臂上，使摆处于水平释放位置。

③打开数字化摆式仪主机电源，设置测试状态为"标定"，按下释放开关，使摆向左摆动，当摆达到最高位置后下落时，用手将摆杆接住，此时数字化摆式仪将自动记录空摆时的初始角度，保存此初始角度，完成零位标定。

(4) 校核滑动长度

①让摆处于自然下垂状态，松开固定旋钮，转动升降旋钮使摆下降，并提起举升柄使摆向左侧移动，然后放下举升柄使橡胶片长边下缘轻轻触地，在边侧紧靠橡胶片摆放滑动长度量尺，使量尺左端对准橡胶片触地下缘；再提起举升柄使摆向右侧移动，然后放下举升柄使橡胶片下缘轻轻触地，检查橡胶片下缘是否与滑动长度量尺的右端齐平。若齐平，则说明橡胶片两次触地的距离（滑动长度）符合 126mm 的要求。左右两次橡胶片长边边缘应以刚刚接触路面为准，不可借摆的力量向前滑动，以免标定的滑动长度与实际不符。

②橡胶片两次触地与量尺两端若不齐平，通过升高或降低摆或仪器底座的高度进行调整。微调时，也可用旋转仪器底座上的调平螺钉调整仪器底座高度的方法，这种方法比较方便，但需注意保持水准泡居中。

③重复①、②的步骤，直至滑动长度符合 126mm 的要求。

(5) 将摆固定在右侧悬臂上，使摆处于水平释放位置，设置测试状态为"就绪"。

(6) 用喷水壶浇洒测点处路面，使之处于湿润状态。

(7) 按下右侧悬臂上的释放开关，使摆在路面滑过，当摆杆回落时，用手接住，读数，但不做记录。然后使摆杆重新置于水平释放位置。

(8) 按照（5）～（7）的规定，重复操作 5 次，读记每次测试的摆值。5 个摆值中最大值与最小值的差值不得大于 3。当差数大于 3 时，应检查产生的原因，并重复上述各项操作，至符合规定为止。

(9) 在测点处用温度计测记潮湿路表温度，准确至 1℃。

(10) 重复（1）～（9），完成一个测试位置 3 个测点的摆值测试。

4. 数据处理

(1) 计算每个测点 5 个摆值的平均值作为该测点的摆值 BPN_T，取整数。

(2) 摆值的温度修正

当路面温度为 T（℃）时测得的摆值 BPN_T 应按下式换算成标准温度 20℃ 的摆值 BPN_{20}：

$$BPN_{20} = BPN_T + \Delta BPN \tag{5-2}$$

式中 BPN_{20}——换算成标准温度 20℃ 时的摆值；

BPN_T——路面温度 T 时测得的摆值；

ΔBPN——温度修正值按表 5-1 采用。

表 5-1 温度修正值

温度（℃）	0	5	10	15	20	25	30	35	40
温度修正值 ΔBPN	-6	-4	-3	-1	0	+2	+3	+5	+7

(3) 计算每个测试位置 3 个测点摆值的平均值作为该测试位置的摆值，取整数。

(4) 计算一个测试路段摆值的平均值、标准差、变异系数。

5.3.2 车载式激光构造深度仪测试路面构造深度方法

1. 适用范围

本方法适用于各类车载式激光构造深度仪在新、改建路面工程质量验收和无严重破损病害及没有积水、积雪、泥浆等正常行车条件下连续采集路面构造深度，但不适用于带有沟槽构造的水泥路面。

2. 仪具与材料技术要求

测试系统由承载车、距离传感器、激光传感器和主控制单元组成，配备的专用软件应自动控制进行数据采集、传输、记录和数据处理。其主要技术要求如下：

(1) 最大测试速度：≥50km/h。

(2) 采样间隔：≤5mm。

(3) 传感器垂直测距示值误差：≤0.1mm。

(4) 距离标定误差：<0.1%。

3. 方法与步骤

1) 准备工作

(1) 设备安装到承载车上以后应按规定进行相关性试验。

(2) 对测试系统各传感器进行自标定。

(3) 现场安装距离测量装置时，应确保机械紧固装置安装牢固。

(4) 打开测试系统电源，启动控制程序，检查各部分的工作状态，并预热测试系统。

2) 测试步骤

(1) 承载车停在测试起点前 50～100m 处，启动测试系统程序，按照测试路段的现场技术要求设置完毕所需的测试状态。

(2) 驾驶员应按照规定的测试速度范围驾驶承载车，避免急加速和急减速，急弯路段应放慢车速，沿正常行车轨迹驶入测试路段。

(3) 进入测试路段后，测试人员启动控制单元的采集和记录程序，在测试过程中必须及时准确地将测试路段的起终点和其他需要特殊标记的位置输入测试数据记录中。

(4) 当承载车驶出测试路段后，测试人员停止数据采集和记录，并恢复仪器各部分至初始状态。

(5) 检查测试数据文件应完整，内容应正常，否则需要重新测试。

(6) 关闭测试系统电源，结束测试。

4. 数据处理

计算每一个测试路段构造深度的平均值、标准差、变异系数。

$$\overline{X} = \frac{\sum X_i}{N} \tag{5-3}$$

$$S = \sqrt{\frac{\sum_{i=1}^{N}(X_i - \overline{X})^2}{(N-1)}} \tag{5-4}$$

$$C_V = \frac{S}{\overline{X}} \times 100 \tag{5-5}$$

式中　X_i——第 i 个测点的实测值；

　　　N——一个测试路段内的测点数；

　　　$\overline{X}$——一个测试路段内实测值的平均值；

　　　S——一个测试路段内实测值的标准差；

　　　C_V——一个测试路段内实测值的变异系数（%）。

5. 激光构造深度仪测值与手工铺砂法构造深度值相关性试验

(1) 选择构造深度分别在 0～0.3、0.3～0.55、0.55～0.8、0.8～1.2 范围的 4 段长度分别为 100m 的试验路段。试验前将路面清扫干净，并在起终点做上标记。

(2) 在每个试验路段上沿一侧行车轮迹用铺砂法测试至少 10 点的构造深度值，并计算平均值。

(3) 驾驶承载车以 30～50km/h 速度驶过试验路段，并且保证激光构造深度仪的激光传感器探头沿铺砂法所测构造深度的行车轮迹运行，计算试验路段的构造深度平均值。

(4) 建立两种方法的相关性关系式，要求相关系数 R 不小于 0.97。

5.3.3　摩擦系数测定车测定路面横向力系数方法

摩擦系数测定车测定的路面横向力系数不仅表示车辆在路面上制动时的路面抗力，

还表征车辆在路面上发生侧滑时的路面抗力,因此它是路面纵、横向摩擦系数的综合指标,反映较高速度下的路面抗滑能力。测试车自备水箱,能直接喷洒在轮前约 30cm 宽的路面上,可控制路面水膜厚度,由于测速较高,不妨碍交通,特别适宜在高速公路、一级公路上进行测试。

1. 检测原理

测定车上装有与车辆行驶方向成 20°角的测试轮。测定时,供水系统洒水,降下测试轮,并对其施加一定荷载,荷载传感器测量与测试轮轮胎面成垂直的横向力如图 5-4 所示,此力与轮荷载之比即为横向力系数。横向力系数越大,说明路面抗滑能力越强。

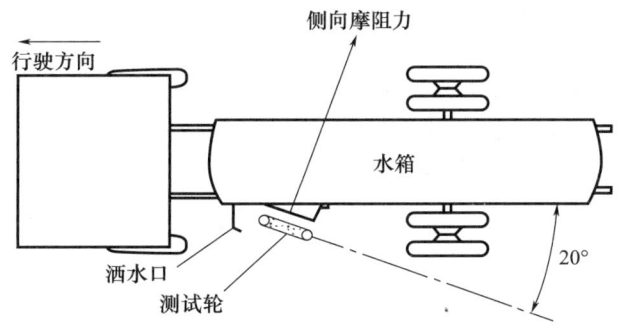

图 5-4 单轮式横向力系数测试系统构造示意

2. 适用范围

(1) 本方法适用于单轮式横向力系数测试系统在新、改建路面工程质量验收和无严重坑槽、车辙等病害的正常行车条件下连续采集路面的横向力系数。

(2) 本方法的数据采集、传输、记录和处理,分别由专用软件自动控制进行。

3. 仪具与材料技术要求

(1) 测试系统构成

测试系统由承载车辆、距离测试装置、横向力测试装置、供水装置和主控制系统组成。主控制系统除实施对测试装置和供水装置的操作控制外,同时还控制数据的传输、记录与计算等环节。

(2) 设备承载车基本技术要求和参数

横向力系数测试系统的承载车辆应为能够固定和安装测试、储供水、控制和记录等系统的载货车底盘,具有在水罐满载状态下最高车速大于 100km/h 的性能。

(3) 测试系统技术要求和参数

①测试轮胎类型:光面天然橡胶充气轮胎。

②测试轮胎规格:3.00/20。

③测试轮胎标准气压:(350±20) kPa。

④测试轮偏置角:19.5°~21°。

⑤测试轮静态垂直标准荷载:(2000±20) N。

⑥拉力传感器非线性误差:<0.05%。

⑦拉力传感器有效量程:0~2000N。

⑧距离标定误差:<2%。

4. 测试准备工作

(1) 每个测试项目开始前或连续测试超过 1000km 后必须按照设备使用手册规定的方法进行测试系统的标定，记录标定数据并存档。

(2) 检查测试车轮胎气压，应达到车辆轮胎规定的标准气压。

(3) 检查测试轮胎磨损情况，当其直径比新轮胎减小达 6mm（即胎面磨损 3mm）以上或有明显磨损裂口时，必须立即更换新轮胎。更换的新轮胎在正式测试前应试测 2km。

(4) 检查测试轮气压，应达到 (0.35±0.02) MPa 的要求。

(5) 检查测试轮固定螺栓应拧紧。将测试轮放到正常测试时的位置，检查其应能够沿两侧滑柱上下自由升降。

(6) 根据测试里程的需要向水罐加注清洁测试用水。

(7) 检查洒水口出水情况和洒水位置应正常；洒水位置应在测试轮触地面中点沿行驶方向前方 (400±50) mm 处，洒水宽度应为中心线两侧各不小于 75mm。

(8) 将控制面板电源打开，检查各项控制功能键、指示灯和技术参数选择状态应正常。

测试轮的气压和磨损对测试结果均有影响，应严格检查。直接准确测量轮胎直径变化比较困难，国外产品一般在轮胎表面设置有 3mm 深的测厚孔，用以判断表面磨损情况。设备喷水的水量和位置也将直接影响测试结果，因此每次检测开始前必须检查喷水系统工作状况。测试最好使用洁净的自来水，尤其不能使用有油污污染或混有杂物的水，否则会影响测试结果或堵塞供水管路。

5. 测试步骤

(1) 正式开始测试前，首先应按设备操作手册规定的时间要求对系统进行通电预热。

(2) 进入测试路段前应将测试轮胎降至路面上预跑约 500m。

(3) 按照设备操作手册的规定和测试路段的现场技术要求设置所需的测试状态。

(4) 驾驶员在进入测试路段前应保持车速在规定的测试速度范围内，沿正常行车轨迹驶入测试路段。

(5) 进入测试路段后，测试人员启动系统的采集和记录程序。在测试过程中必须及时准确地将测试路段的起终点和其他需要特殊标记点的位置输入测试数据记录中。

(6) 当测试车辆驶出测试路段后，仪器操作人员停止数据采集和记录，提升测量轮并恢复仪器各部分至初始状态。

(7) 操作人员检查数据文件应完整、内容应正常，否则需要重新测试。

(8) 关闭测试系统电源，结束测试。

6. SFC 的修正

(1) SFC 值的速度修正

测试系统的标准测试速度范围规定为 (50±4) km/h，其他速度条件下测试的 SFC 值必须通过式 (5-6) 转换至标准速度下的等效 SFC 值。

$$SFC_{标} = SFC_{测} - 0.22(v_{标} - v_{测}) \tag{5-6}$$

式中 $SFC_{标}$——标准测试速度下的等效 SFC 值；

$SFC_{测}$——现场实际测试速度条件下的 SFC 测试值；

$\upsilon_{标}$——标准测试速度，取值 50km/h；

$\upsilon_{测}$——现场实际测试速度。

(2) SFC 值温度修正

测试系统的标准现场测试地面温度范围为（20±5）℃，其他地面温度条件下测试的 SFC 值温度修正必须通过表 5-2 转换至标准温度下的等效 SFC 值。系统测试要求地面温度控制在 8～60℃ 范围内。

表 5-2　SFC 值温度修正表

温度（℃）	10	15	20	25	30	35	40	45	50	55	60
修正	−3	−1	0	+1	+3	+4	+6	+7	+8	+9	+10

7. 不同类型摩擦系数测试设备间相关关系对比试验

(1) 基本要求

不同类型摩擦系数测试设备的测值应换算成 SFC 值后使用，所以制动式摩擦系数测试设备和其他类型横向力式测试设备在使用时必须和 SCRIM 系统进行对比试验，建立测试结果与 SCRIM 系统测值-SFC 值的相关关系。

(2) 试验条件

①按 SFC 值 0～30、30～50、50～70、70～100 的范围选择 4 段不同摩擦系数的路段，路段长度可为 100～300m。

②对比试验路段地面应清洁干燥，地面温度应在 10～30℃ 范围内，天气条件宜为晴天无风。

(3) 试验步骤

①测试系统和需要进行对比试验的其他类型设备分别按操作手册规定的程序准备就绪。

②两套设备分别以 40km/h、50km/h、60km/h、70km/h、80km/h 的速度在所选择的 4 种试验路段上各测试 3 次，3 次测试平均值的绝对差值不得大于 5，否则重测。

③两种试验设备设置的采样频率差值不应超过一倍，每个试验路段的采样数据量不应少于 10 个。

(4) 试验数据处理

①分别计算出每种速度下各路段 3 次测试结果的总平均值和标准差，超过 3 倍标准差的值应予以舍弃。

②用数理统计的回归分析方法建立试验设备测值与速度的相关关系式，相关系数 R 不得小于 0.95。

③建立不同速度下试验设备测值 SFC 的相关关系式，相关系数 R 不得小于 0.95。

报告应包括横向力系数 SFC 的平均值、标准差、代表值及现场测试速度和温度。

5.4　路面结构层厚度检测

在路面工程中，各个层次的厚度是和道路整体强度密切相关的，路面厚度是施工质量管理过程施工验收的必需项目。路面各结构层厚度的检测一般与压实度同时进行，当用灌砂法进行压实度检查时，可量取挖坑灌砂深度，即为结构层厚度。当用钻芯取样法检查压实度时，可直接量取芯样高度。结构层厚度也可以采用水准仪量测法求得，即在同一测点量出结构层底面及顶面的高程，然后求其差值。这种方法无须破坏路面，测试精度高。目前，国内外还有用雷达、超声波等方法检测路面结构层厚度。对于基层或砂石路面的厚度，可用挖坑法测定，沥青面层与水泥混凝土路面板的厚度应用钻孔法测定。

5.4.1　路面厚度挖坑钻孔测试法

1. 仪具和材料

（1）挖坑用镐、铲、凿子、锤子、小铲、毛刷。

（2）取样用路面取芯钻机及钻头、冷却水，钻头的标准直径为 $\phi100mm$；如芯样仅供测量厚度，不做其他试验时，对沥青面层与水泥混凝土板也可用直径 $\phi50mm$ 的钻头；对基层材料有可能损坏试件时，也可用直径 $\phi150mm$ 的钻头，但钻孔深度均必须达到层厚。

（3）量尺：钢板尺、钢卷尺、卡尺。

（4）补坑材料与被检查层位的材料相同。

（5）补坑用具：夯、热夯、水等。

2. 挖坑检查步骤

（1）根据现行规范的要求，按规定方法随机取样决定挖抗检测的位置。如为旧路，该点有坑洞等显著缺陷或接缝时可在其旁边检测。

（2）选一块约 40cm×40cm 的平坦表面作为试验地点，用毛刷将表面清扫干净。

（3）根据材料坚硬程度，选择镐、铲、凿子等适当的工具开挖这一层材料，直至层位底面，在便于开挖的前提下，开挖面积应尽量缩小，坑洞大体呈圆形，边开挖边将材料铲出，置搪瓷盘中。

（4）用毛刷将坑底清扫干净，确认为下一层的顶面。

（5）将钢板尺平放横跨在坑的两边，用另一把钢尺或卡尺等量具在坑的中部位置垂直伸至坑底，测量坑底至钢板尺的距离，即为检查层的厚度，以 cm 计，准确至 0.1cm。

3. 钻孔取样法测定厚度步骤

（1）根据现行规范的要求，按规定方法随机取样决定钻孔检测的位置。如为旧路，该点有坑洞等显著缺陷或接缝时可在其旁边检测。

（2）用路面取芯钻机钻孔，钻孔深度必须达到层厚。

（3）仔细取出芯样，清除底面覆土，找出与下层的分界面。

（4）用钢板尺或卡尺沿圆周对称的十字方向选四处量取表面至上下层界面的高度，取其平均值，即为该层的厚度，准确至 0.1cm。

（5）施工过程中，当沥青混合料尚未冷却时可根据需要，随机选择测点，用改锥插入量取或挖坑量取沥青层的厚度（必要时用小锤轻轻敲打），但不要使用铁镐等扰动四周的沥青层。挖坑后清扫坑边，架上钢板尺，用另一钢板尺量取层厚，或用改锥插入坑内量取深度后再用尺读数，即为层厚，以 cm 计，准确至 0.1m。

4. 填补试坑技术要点

（1）适当清理坑中残留物，钻孔时留下的积水用棉纱吸干。

(2) 对无机结合料稳定层及水泥混凝土路面板，按相同配比用新拌的材料分层填补并用小锤压实。水泥混凝土宜掺加少量促凝早强的外掺剂。

(3) 对无结合料粒料基层，可用挖抗时取出的材料，适当加水拌和后分层填补，并用小锤压实。

(4) 对正在施工的沥青路面，用相同级配的热拌沥青混合料分层填补并用加热的铁锤或热夯压实，旧路钻孔也可用乳化沥青修补。

(5) 所有补坑结束时，宜比原面层鼓出少许，用重锤或压路机压实平整。补坑工序如有疏忽、遗留或补得不好，易成为隐患而导致开裂，因此，所有挖坑、钻孔均应仔细做好。

根据实测厚度 T_{Li} 与设计厚度 T_{0i} 即可计算两者之差，然后按规程规定方法，计算一个评定路段检测厚度的平均值、标准差、变异系数，并计算代表厚度。当检查路面总厚度时，将各层平均厚度相加即为路面总厚度。

5.4.2 路面雷达快速检测技术

1. 探地雷达技术的发展

探地雷达的发展最早要追溯到 1904 年，德国的 Hulsemeyer 首次尝试采用电磁波来探测远处地面的金属体。随后，德国的科学家利用探地雷达探测地下目标和冰川深度等方面的工作。由于地下介质具有较强的电磁衰减特性，所以早期探地雷达主要应用于探测电磁波吸收效应很弱的冰层中。1974 年，由于美国登月计划取得的显著成果，在"阿波罗"探月计划中，通过一系列测量和实验，得到了月球表面介电特性，又带动了探地雷达的新一波发展。20 世纪 70 年代以来，随着电子和计算机技术的快速发展，探地雷达的应用从冰层、盐矿等弱耗介质逐渐扩展到土层、煤层，以及岩层等有耗介质。探地雷达商业化也得到了显著的发展，欧美公司纷纷推出了不同型号的商用数字探地雷达系统，如美国 GSSI 公司的 SIR 系列探地雷达、加拿大 Sensors & Software Inc 公司的 EKKO 系列探地雷达、意大利 IDS 公司的 RIS 系列探地雷达、瑞典 MALA 公司的 RAMAC/GPR 系列探地雷达。

国内 GPR 研究起步较晚，但通过借鉴国外的先进技术经验，国内一些科研单位也开始自主研发探地雷达系统，如中国电波所的 LT、LTD 系列、中科院长春地理所的 SI2-R 型、航天部所的 CBS-9000 型、国防科技大学的 RadarEye 型等。随着雷达系统分辨率和探测深度的提升，其应用领域不断扩大，现已覆盖考古、水文地质调查、矿产资源勘探、岩土勘查、工程建筑物结构调查、无损检测、军事等众多领域，成为浅层勘探和无损检测的有力工具。

(1) 探地雷达正演算法发展

探地雷达正演模拟即通过数值方法对地下目标电磁响应进行模拟分析，获得地下目标在地表的反射波形态，了解电磁波在地下结构中的传播规律，有助于提升探地雷达实测数据的处理与解释精度。目前，探地雷达正演数值模拟方法分为两类：频域和时域方法。其中频域方法又分为积分方程和微分方程两种，其中积分方程方法主要为矩量法（Method of Moment，MOM）。MOM 方法在模拟计算中需要求解满阵的代数方程组，计算量大，不适用于探地雷达正演模拟问题。微分方程方法主要为有限元法（Finite Element Method，FEM）和频域有限差分法（Finite-Difference Frequency-Domain，FDFD）。

频域方法适用于单频问题，在宽频带的 GPR 正演问题中应用较少。与频域方法相比，时域方法不需要扫频和傅里叶变换步骤，具有更高的计算效率，且计算结果更为直观，在 GPR 正演模拟中应用较广。目前，探地雷达正演模拟中常用的时域算法主要包括：时域有限差分法（Finite-Difference Time-Domain，FDTD），时域辛算法（Symplectic Finite-Difference Time-Domain，SFDTD）等。其中 FDTD 方法原理明了，实现简单，容易掌握，适用范围广且，是目前应用最为广泛的时域电磁场数值模拟技术。

（2）探地雷达反演算法发展

探地雷达反演就是利用实测得到的雷达剖面数据去反算出地下结构的目标体的位置、大小、电导率、介电常数等信息。基于实测探地雷达回波信号对层状介质内部结构进行反演分析的过程可以看作一个优化问题。即通过模拟信号和实测信号建立一个目标函数，利用合适的优化算法寻找一组参数值，使目标函数取极小值，从而得到层状介质的介电常数，结构层厚度等信息。

传统经典优化算法主要有最速下降法（Gradient Descent，GD）、牛顿法（Newton Method）、拟牛顿法（Pseudo Newton Method）等，这些经典优化算法稳定性较差，反演结果受参数初值选取的影响，当反演参数较多时，收敛速度较慢，并且不能保证获得全局最优解。粒子群算法（Particle Swarm Optimization，PSO）是近年来兴起的一种全局优化算法，由美国学者 Eberbart 和 Kennedy 博士（1995）根据对鸟类捕食行为的研究首次提出。由于粒子群算法仍然存在容易出现早熟收敛、后期寻优能力差等问题，学者们提出了一些粒子群算法的改进方法。

2. 基于 FDTD 算法的探地雷达正演模拟

（1）时域有限差分原理

各向同性介质中 Maxwell 方程组可表示为：

$$\Delta \times E = -\mu \frac{\partial H}{\partial t}$$
$$\Delta \times H = \varepsilon \frac{\partial E}{\partial t} + \sigma E \tag{5-7}$$

式中 H 为磁场强度，E 为电场强度，ε 为介电常数，μ 为磁导系数，σ 为电导率。

在直角坐标下，方程（5-7）可改写为：

$$\frac{\partial E_z}{\partial y} - \frac{\partial E_y}{\partial z} = -\mu \frac{\partial H_x}{\partial t}$$

$$\frac{\partial E_x}{\partial z} - \frac{\partial E_z}{\partial x} = -\mu \frac{\partial H_y}{\partial t}$$

$$\frac{\partial E_y}{\partial x} - \frac{\partial E_x}{\partial y} = -\mu \frac{\partial H_z}{\partial t}$$

$$\frac{\partial E_z}{\partial y} - \frac{\partial E_y}{\partial z} = \varepsilon \frac{\partial H_x}{\partial t} + \sigma H_x \tag{5-8}$$

$$\frac{\partial E_x}{\partial z} - \frac{\partial E_z}{\partial x} = \varepsilon \frac{\partial H_y}{\partial t} + \sigma H_y$$

$$\frac{\partial E_y}{\partial x} - \frac{\partial E_x}{\partial y} = \varepsilon \frac{\partial H_z}{\partial t} + \sigma H_z$$

二维情况下电磁场方程组可分裂为相互独立的两组方程,其中的一组电场只有 E_z 分量,这类电磁波称作 TM 波;另一个方程组中的磁场只有 H_z 分量,这类电磁波称作 TE 波,在二维探地雷达正演模拟研究中,通常采用 TM 波。

二维 Maxwell 方程组(TM 波)为:

$$\frac{\partial H_x}{\partial t} = -\frac{1}{\mu}\frac{\partial E_z}{\partial y}$$

$$\frac{\partial H_y}{\partial t} = \frac{1}{\mu}\frac{\partial E_z}{\partial x} \tag{5-9}$$

$$\frac{\partial E_z}{\partial t} = \frac{1}{\varepsilon}\left(\frac{\partial H_y}{\partial x} - \frac{\partial H_x}{\partial y} - \sigma E_z\right)$$

FDTD 方法采用 Yee 式网格离散 Maxwell 方程组中的空间偏微分算子,对于二维 TM 波情形,如图 5.5 所示,电场位于元胞中部,磁场和环绕在电场周围。此外,电场和磁场在时间上也相差半个时间步。其离散原理为每一个磁场分量都由四个电场分量环绕;同样的每一个电场分量由四个磁场分量环绕。

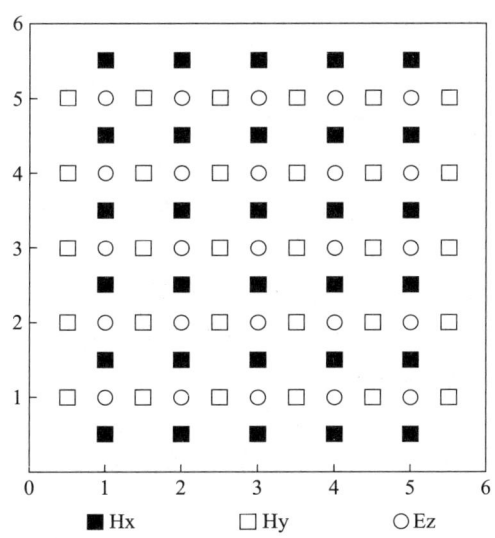

图 5-5 二维 Yee 网格及电磁场分布(TM 波)

应用 Yee 元胞离散原理则(5-9)式离散为:

$$H_x^{n+\frac{1}{2}}(i, j) = H_x^{n-\frac{1}{2}}(i, j) - \frac{\Delta t}{\mu}\frac{E_z^n(i, j+1) - E_z^n(i, j)}{\Delta y}$$

$$H_y^{n+\frac{1}{2}}(i, j) = H_y^{n-\frac{1}{2}}(i, j) + \frac{\Delta t}{\mu}\frac{E_z^n(i+1, j) - E_z^n(i, j)}{\Delta x} \tag{5-10}$$

$$E_z^{n+1}(i, j) = CA \cdot E_z^n(i, j) + CB \cdot$$

$$\left(\frac{H_y^{n+\frac{1}{2}}(i, j) - H_y^{n+\frac{1}{2}}(i-1, j)}{\Delta x} - \frac{H_x^{n+\frac{1}{2}}(i, j) - H_x^{n+\frac{1}{2}}(i, j-1)}{\Delta y}\right)$$

式中,$CA = \frac{2\varepsilon - \sigma\Delta t}{2\varepsilon + \sigma\Delta t}$,$CB = \frac{2\Delta t}{2\varepsilon + \sigma\Delta t}$。

(2)数值频散和稳定性分析

采用 FDTD 算法模拟探地雷达电磁波传播时,由于 FDTD 方程只是 Maxwell 方程组的差分近似,模拟计算时电磁波的相速度随波长、传播方向及变量离散化而发生变化,因此在传播空间中出现频散。在模拟计算中通过取较小的空间步长和时间步长来减少数值频散,实际模拟计算中,较小的空间步长会导致计算量增大。因此,需要选择合适空间步长,在减少数值频散满足正演模拟计算的精度的同时不会过多的增加模拟计算的时间。Taflove 等人证明了空间步长小于电磁波在介质中传播的最小波长的 1/10 即可有效的避免数值频散,即空间步长必须满足以下公式:

$$\Delta\delta \leqslant \frac{\lambda_{min}}{10} \tag{5-11}$$

式中:$\Delta\delta$ 为空间步长,λ_{min} 为电磁波在介质中传播的最小波长。

在 FDTD 方法中,只有当当我们选取的离散间隔趋于零即我们选着的网格尺寸无限小时,公式 (5-10) 计算所得到的解才能趋近于原麦克斯韦方程组的真实解。为了保证三维 FDTD 方法的计算稳定性,时间步长和空间间隔必须满足以下 Courant-Friedrich-Levy(CFL)条件:

$$\Delta t \leqslant \frac{1}{c\sqrt{(1/\Delta x)^2 + (1/\Delta y)^2}} \tag{5-12}$$

式中 c 为光速,Δx、Δy 和 Δz 分别为各维方向上的的空间步长。

(3) 含有病害的三层路面模型数值算例

含有病害的三层路面模型模分为三层,空气与地面交界面设在 $z=0$ 处,在第一层介质中,存在一个宽度为 1cm 的垂直贯通裂缝,位置在 $x=150$cm 处,裂缝中充满空气,第二层介质中存在一个矩形空洞,长为 20cm,深度为 10cm,中心位置固定在(250cm,25cm),空洞中充满水。第三层介质中存在一矩形不密实区域,该区域长 60cm,深度为 20cm,中心位置在(70cm,50cm)。假设材料都是非磁性的,材料其他的介电参数如图 5-6 所示。假设不密实区域中的孔隙率为 10%,并且空隙中充满水,随机抽取不密实区域中 10% 的节点,并将该节点的介电参数设置为水的介电参数,从而近似模拟不密实区域。激励源选择中心频率为 1GHz 的雷克子波,时间步长为 0.01 ns,空间步长为 0.5 cm,模拟时间步为 1800 步。

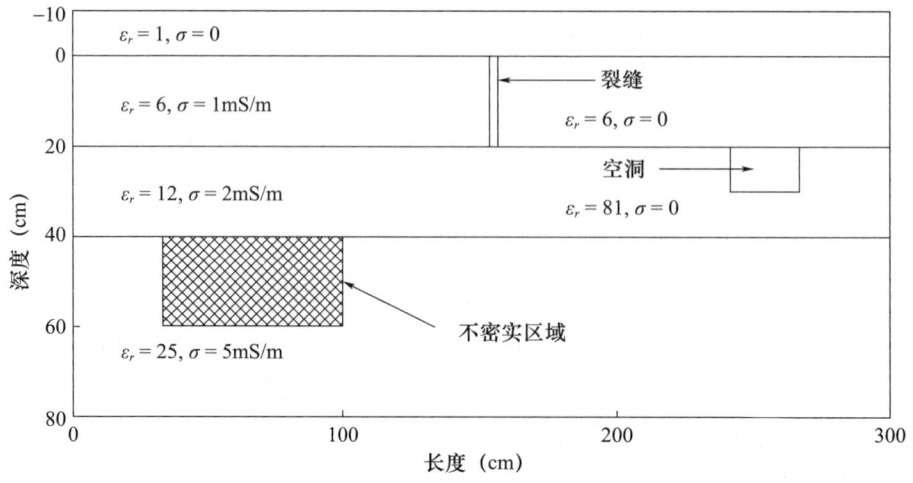

图 5-6 含有病害的三层路面模型示意图

含有病害的三层路面模型正演结果如图 5-7 所示，从图中可以发现，三层结构分界面显示清晰，在裂缝处出现了明显的双曲型绕射波，充水脱空的上下界面显示清晰，不密实区域附近出现了大量的无规则的绕射和反射波，这都与实际模型相符。

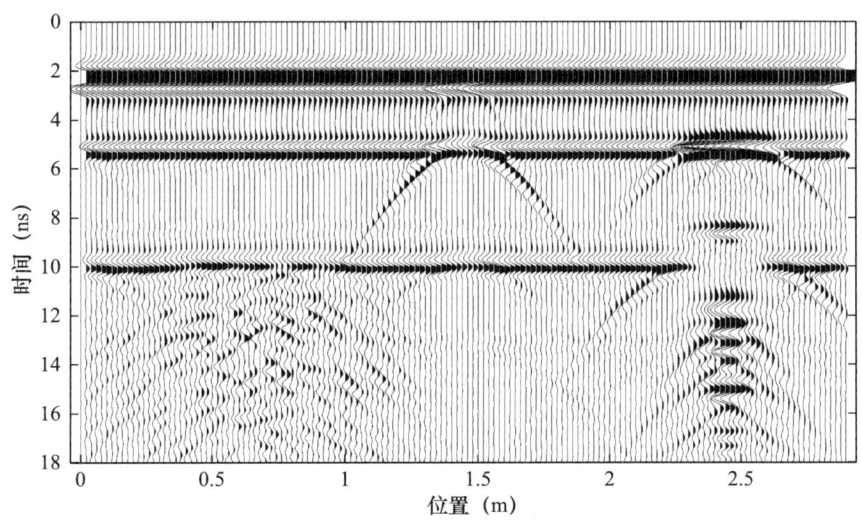

图 5-7　含有病害的三层路面模型正演 wiggle 图

3. 基于粒子群算法的层状介质介电参数反演方法

（1）粒子群算法简介

①原始粒子群算法

原始粒子群算法的基本思想就是模拟鸟类的觅食过程，即在 D 维搜索空间内随机生成 M 个粒子，组成一个群体，M 称为种群规模。每个粒子都可以看做一个正在觅食的小鸟，粒子所在位置与食物之间的距离由一个适应值函数（和具体需要解决的问题相关）来判定。

假设 t 时刻，D 维空间中粒子 i 的位置为：

$$x_i^t = (x_{i1}^t, x_{i2}^t, \cdots, x_{iD}^t)^T \tag{5-13}$$

其中，$x_i^t \in (L_D, U_D)$，L_D 和 U_D 分别代表搜索空间的下限和上限。

速度为：

$$v_i^t = (v_{i1}^t, v_{i2}^t, \cdots, v_{iD}^t)^T \tag{5-14}$$

其中，$v_i^t \in (v_{\min}, v_{\max})$，$v_{\min}$ 和 $v_{\max}$ 分别代表速度的最小值和最大值。

粒子 i 迄今为止搜索到的最优位置为：

$$p_i^t = (p_{i1}^t, p_{i2}^t, \cdots, p_{iD}^t)^T \tag{5-15}$$

整个种群所有粒子迄今为止搜索到的最优位置为：

$$p_g^t = (p_{g1}^t, p_{g2}^t, \cdots, p_{gD}^t)^T \tag{5-16}$$

将 x_i^t 代入到适应度函数中，计算得到适应值，分别和局部最优位置 p_i^t 的适应值 f_{pi}^t 和全局最优位置 p_g^t 的适应值 f_g^t 进行对比，如果前者优于后者，则用 x_i^t 替换局部最优位置和整体最优位置，然后进入下一次迭代。$t+1$ 时刻，粒子 i 的位置向量 x 和速度向量 v 按式（5-17）进行更新。

$$v_{iD}^{t+1} = v_{iD}^{t} + c_1 r_1 \ (p_{iD}^{t} - x_{iD}^{t}) + c_2 r_2 \ (p_{gD}^{t} - x_{gD}^{t}) \tag{5-17}$$

$$x_{iD}^{t+1} = x_{iD}^{t} + v_{iD}^{t} \tag{5-18}$$

这里 $i=1, 2, \cdots, M$，c_1、c_2 称为学习因子，r_1、r_2 为分布在（0，1）区间的随机数。由式（5-17）可知，公式右边由三部分组成，v_{iD} 表示粒子对先前速度的继承，是粒子的惯性表现；第二部分 $c_1 r_1 \ (p_{id}^{t} - x_{id}^{t})$ 为自我"认知部分"（Cognition Modal），反应粒子对自身经验的认知，通过这一部分使粒子具有全局搜索能力，避免陷入局部最优；第三部分 $c_2 r_2 \ (p_{gD}^{t} - x_{gD}^{t})$ 为"社会部分"（Social Modal），反应粒子相互之间的信息交换，使粒子获得整个种群的经验，有利于粒子全局寻优能力的提升。

②标准粒子群算法

标准粒子群算法和原始粒子群算法的区别就是在速度的更新公式中引入了惯性权重 ω，其大小决定了粒子对先前速度继承的多少。

标准粒子群算法[40]中，位置向量 x 和速度向量 v 按式（5-19）进行更新：

$$v_{iD}^{t+1} = \omega v_{iD}^{t} + c_1 r_1 \ (p_{iD}^{t} - x_{iD}^{t}) + c_2 r_2 \ (p_{gD}^{t} - x_{gD}^{t}) \tag{5-19}$$

$$x_{iD}^{t+1} = x_{iD}^{t} + v_{iD}^{t} \tag{5-20}$$

标准粒子群算法的算法流程可以概括为：

a. 初始化参数；

设定搜索空间维数 D，种群规模 M，最大迭代步 $Maxstep$，最大速度 $v_{\max}$，学习因子 c_1 和 c_2，权重 ω，迭代收敛条件 ε，随机初始化每一个粒子的初始位置向量 x 和速度向量 v。

b. 计算每个粒子的适应值 f_i；

c. 对于每一个粒子，将其适应值 f_i 与其所经历的最优位置的适应值 f_{pi} 做比较，如果小于 f_{pi}，用当前粒子的位置向量 x_i 替换该粒子历史最优位置 p_i；

d. 对于每一个粒子，将其适应值 f_i 继续与所有粒子经历的最优位置的适应值中最小的 f_g 进行比较，如果小于 f_g，则用当前粒子的位置向量 x_i 替换整个种群历史最优位置 p_g；

e. 基于式（5-19）和式（5-20）对粒子的位置和速度向量进行更新；

f. 判断是否满足迭代终止条件。一般来说迭代终止条件有两个，一个是当前群体历史最优位置的适应值 f_g 满足收敛条件，另一个是当前迭代步超出设置最大迭代步。如果满足迭代终止条件，则输出结果，如果不满足，则返回第二步。

标准粒子群算法的流程图如图 5-8 所示：

③标准测试函数

a. Sphere 函数

$$f_1(x) = \sum_{i=1}^{n} x_i^2 \tag{5-21}$$

这是一个简单的对称单峰函数，大多数优化算法都能较为容易的找出其全局最优解，主要用于测试算法的寻优精度。该函数全局最优点位于 $x=$（0，$\cdots$，0），最优点函数值为 $f_1(x)=0$。二维 Sphere 函数图形如图 5-9 所示，由于 Sphere 函数在 $x=$（0，$\cdots$，0）处取最小值，所以图中函数值均取其相反数。

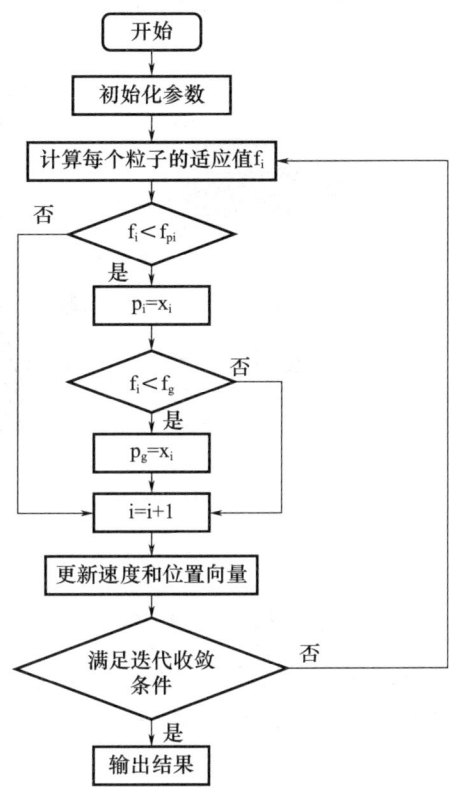

图 5-8 标准粒子群算法流程图

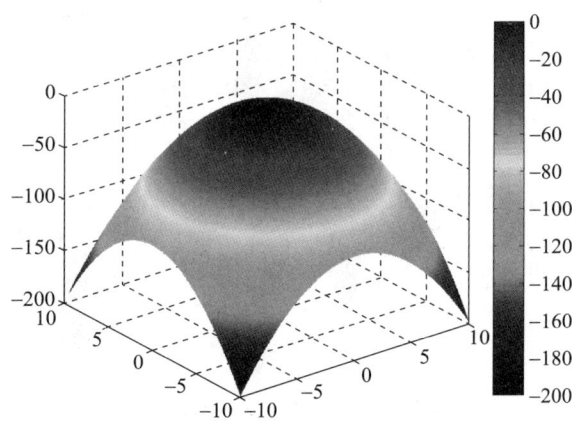

图 5-9 二维 Sphere 函数图

b. Rastrigin 函数

$$f_2(x) = \sum_{i=1}^{n} x_i^2 - 10\cos 2\pi x_i + 10 \tag{5-22}$$

这是一个 Sphere 函数的多峰版本，通过余弦函数产生大量的局部最小点，因此优化算法很容易陷入局部最优，该函数全局最优点位于 $x=$（0，…，0），最优点函数值为 $f_2(x)=0$。二维 Rastrigin 函数图形如图 5-10 所示，由于 Rastrigin 函数在 $x=$（0，…，0）处取最小值，所以图中函数值均取其相反数。

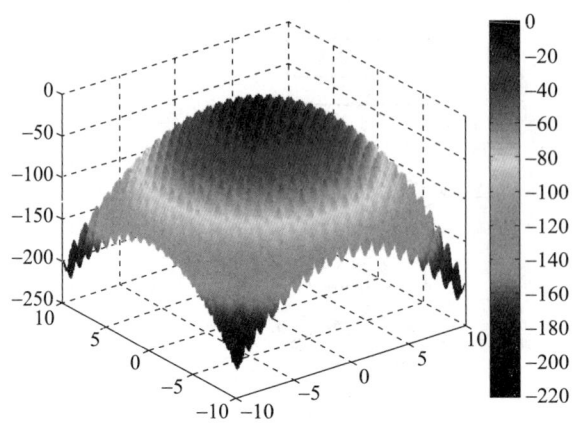

图 5-10　二维 Rastrigin 函数图

c. Griewank 函数

$$f_3(x) = \frac{1}{4000}\sum_{i=1}^{n}x_i^2 - \prod_{i=1}^{n}\cos\left(\frac{x_i}{\sqrt{i}}\right) + 1 \tag{5-23}$$

这是一个复杂的多峰函数，存在大量的局部最小点和高大障碍物，优化算法很容易陷入局部最优，该函数全局最优点位于 $x=$（0，…，0），最优点函数值为 $f_3(x)=0$。由于 Griewank 函数在 $x=$（0，…，0）处取最小值，所以图 5-11 中函数值均取其相反数。

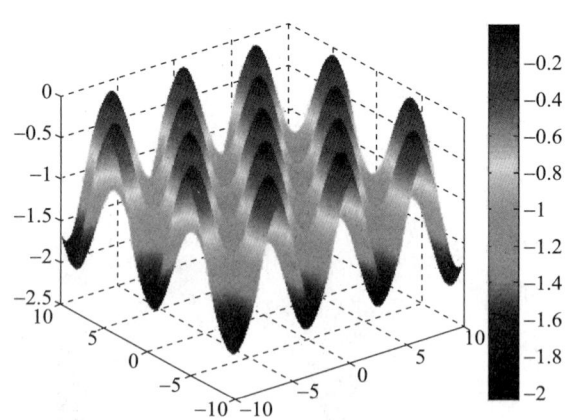

图 5-11　二维 Griewank 函数图

④标准粒子群算法参数设置

a. 权重 ω

惯性权重 ω 在粒子群算法中起着重要的作用，可以决定粒子对当前速度的传承度。本文采用非线性正切权重策略的 PSO 算法，权重因子按式（5-24）设置：

$$\omega = (\omega_{start} - \omega_{end}) \times \tan\left(0.875 \times \left(1 - \left(\frac{step}{Maxstep}\right)^k\right)\right) + \omega_{end} \tag{5-24}$$

其中：ω_{start} 表示权重起始值，取 $\omega_{start}=0.9$，ω_{end} 表示权重终止值，取 $\omega_{end}=0.4$，Maxstep 表示最大迭代步,step 表示当前迭代步,非线性正切权重表达式中,参数 $k=0.6$。

b. 学习因子 c_1 和 c_2

学习因子 c_1 代表粒子的自我认知能力,c_2 代表粒子之间的信息交流,本文采用非对称线性变换学习因子策略的 PSO 算法,其学习因子策略如下所示:非对称线性变换学习因子:$c_1=2.75-1.25$,$c_2=0.5-2.25$。

c. 种群规模 M

种群规模 M 越小,粒子越少,粒子间可用于交流的信息越少,容易陷入局部最优,如果种群规模选取过大,算法的计算时间则会显著增加。标准测试函数的收敛精度和鲁棒性能随着种群规模的扩大而逐步提高,但种群规模在超过 40 以后,增大 M 对于算法的收敛性能没有明显提高,并且过大的种群规模会导致计算时间显著增加,所以对于一般问题,种群规模取 50 即可。

d. 最大速度 v_{max}

粒子飞行的最大速度一般不超过搜索空间的上限,如果最大速度过大,则粒子可能飞过最优解位置,如果粒子速度过小,则粒子可能无法搜索到整个空间,令粒子全局寻优能力减弱,导致算法陷入局部最优。

Zhang et al(2005)定义最大速度和搜索空间范围之间的关系应该满足:

$$v_{max}=\lambda |x|_{max} \tag{5-25}$$

式中:λ 为最大速度限制系数,$|x|_{max}$ 为搜索空间上下限绝对值的最大值。

(2)改进粒子群算法

由标准粒子群算法的适应值对比方式可知,每个粒子在新位置的适应值大小只能出现两种情况,即新适应值 f_i 小于粒子当前最优位置的适应值 f_{pi},个体最优位置 p_i^t 被当前粒子位置 x_i 替换,和适应值 f_i 大于 f_{pi},个体最优位置 p_i^t 不发生替换。这种粒子适应值的比较方式忽略了一种"次优状态",即粒子新位置的适应值 f_i 处于比 f_{pi} 差,但比其先前位置 x_i^{t-1} 的适应值 f_i^{t-1} 好的中间状态,这种状态的粒子也是向着适应值降低的方向运动的,也应该被算法加以利用,使其沿着下降方向继续搜索。事实上在每一代更新的粒子中,处于"次优状态"的粒子往往占大多数。由于受标准 PSO 算法适应值比较方式的制约,这些"次优粒子"的搜索作用都被忽略了,因此大大减少了粒子发现更优解的机会,降低了算法的搜索效率。

针对以上情况,采用一种新的适应值比较方式:即粒子在新位置的适应值 f_i 首先与其在先前位置适应值 f_i^{t-1} 作比较,这是为了观察粒子的运动趋势,使粒子的运动更具有导向性,如果 $f_i>f_i^{t-1}$,说明粒子正远离最优解,则停止该粒子的操作,继续对种群中下一个粒子的适应值进行对比;如果 $f_i<f_i^{t-1}$,说明粒子的运动方向是朝着更优解的,应该让粒子在该方向上继续搜索,并不断与两个最优位置的适应值做比较,如果符合条件就对两个最优位置进行替换,直到适应值不再降低为止。

相应的粒子运动方式也要做类似的调整:即每一次迭代中,粒子移动次数不再限定为一次,而是根据其运动方向上适应值的变化情况而定,只要粒子在新位置的适应值 f_i 比其先前位置适应值 f_i^{t-1} 小,就令粒子沿该方向继续搜索,直到粒子适应值不再降低为止,从而把粒子搜索潜力发挥到最大。

改进粒子群算法流程如下:

a. 初始化算法参数。

参数包括种群规模 M，最大迭代次数 Maxstep，粒子维度 D，学习因子 c_1 和 c_2，权重 ω，其中维度 D 为待优化对象的个数。在取值区间内随机生成 M 个粒子位置向量 x 及其速度向量 v，其中每个粒子位置向量都代表一组模型参数。

b. 按照公式（5-19）和公式（5-20）更新每个粒子的位置以及速度。

c. 对每个粒子进行对比和替换操作，这里需要增设一个一维数组 f_i^{ad} 来记录各粒子先前位置的适应值。

首先，计算第 i 个粒子新位置 x_i^t 的适应值 f_i^t；其次，比较粒子当前适应值 f_i^t 和这个位置先前的适应值 f_i^{ad}，如果 $f_i^t < f_i^{ad}$，则更新 $f_i^{ad} = f_i^t$，否则计算下一个 $(i+1)$ 粒子的适应值 f_{i+1}^t；再次，比较 f_i^t 和粒子当前最优位置的适应值 f_{pi} 及群体当前最优位置的适应值 f_g，若符合条件则更新粒子当前最优位置和群体当前最优位置，否则利用式（5-20）更新位置 x_i^t，使粒子沿该方向继续移动，直到其适应值不再减小为止。

d. 核查终止准则

如果群体历史最优位置适应值精度满足要求或者当前迭代次数达到设置最大迭代步，则计算停止，否则返回第二步。

改进粒子群算法程序流程图如图 5-12 所示。

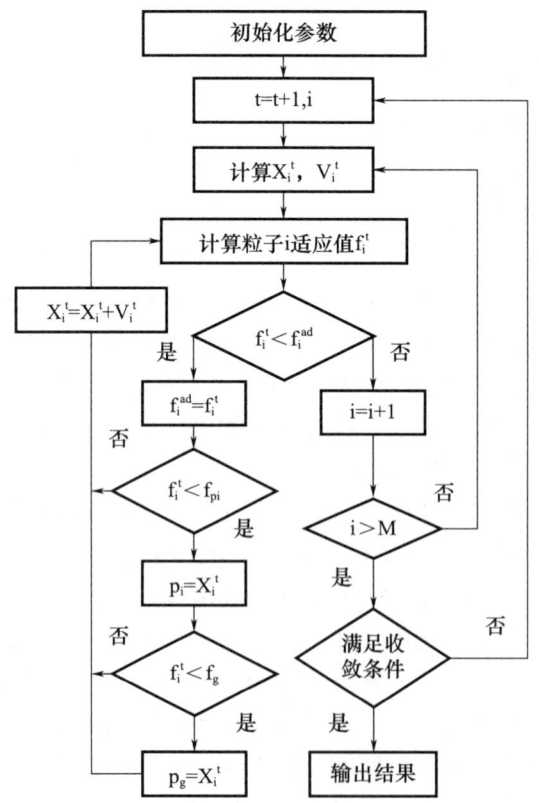

图 5-12 改进粒子群算法流程图

通过三个基准函数测试标准粒子群算法与改进粒子群算法的性能，参数选取如表 5-3 所示，表 5-4～表 5-6 给出了三种函数分别测试 50 次，得到最优适应值的最大值，最小值,平均值以及均方差,图 3.6~图 3.8 可以给出了三种函数取得最小值时适应值随迭代步变化曲线图。

表 5-3　不同测试函数 PSO 算法参数设置范围

测试函数	x 取值范围	种群数	粒子维度	最大迭代步	权重	最大速度	学习因子(c_1, c_2)
Sphere	(−600, 600)	50	20	1000	正切权重	60	非对称线性学习因子
Rastrigin	(−5, 5)	50	20	1000	正切权重	0.5	非对称线性学习因子
Griewank	(−100, 100)	50	20	1000	正切权重	10	非对称线性学习因子

由表 5-4~表 5-6 可以看出,对于三种测试函数,无论是精度还是鲁棒性,改进粒子群算法都要优于标准粒子群算法,对于 Sphere 函数和 Griewank,收敛精度都有显著提高,由图 5-13~图 5-15 可知,采取了新适应值对比策略的改进粒子群算法,收敛速度明显提高。

表 5-4　Sphere 函数对应 PSO 算法和改进 PSO 计算结果

方法	最大值	最小值	平均值	均方差
标准粒子群算法	2.77E-20	4.51E-46	8.32E-22	4.08E-21
改进粒子群算法	1.45E-42	8.68E-69	8.11E-44	6.70E-44

表 5-5　Rastrigin 函数对应 PSO 算法和改进 PSO 计算结果

方法	最大值	最小值	平均值	均方差
标准粒子群算法	28.8538	5.9698	13.6309	4.6209
改进粒子群算法	20.8941	1.9899	10.6660	4.0928

表 5-6　Griewank 函数对应 PSO 算法和改进 PSO 计算结果

方法	最大值	最小值	平均值	均方差
标准粒子群算法	0.0172	1.04E-48	0.0034	0.0050
改进粒子群算法	0.0052	7.23E-68	0.0021	0.0014

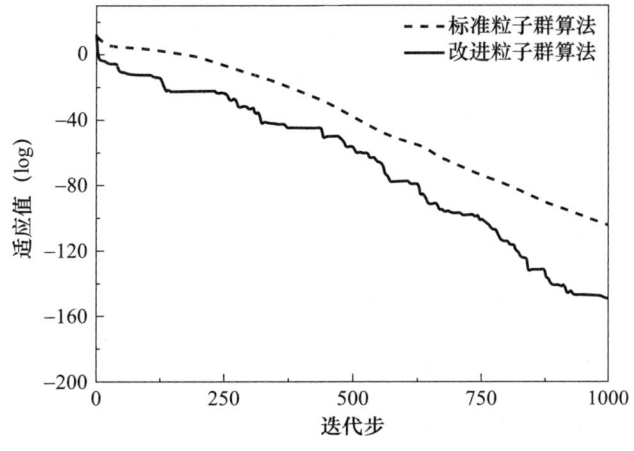

图 5-13　Sphere 函数适应值随迭代步变化图

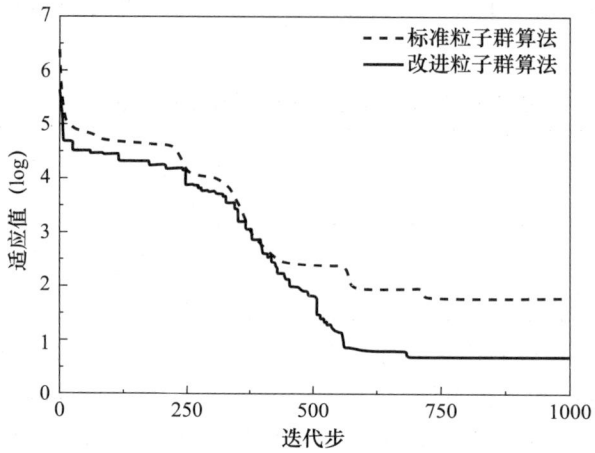

图 5-14　Rastrigin 函数适应值随迭代步变化图

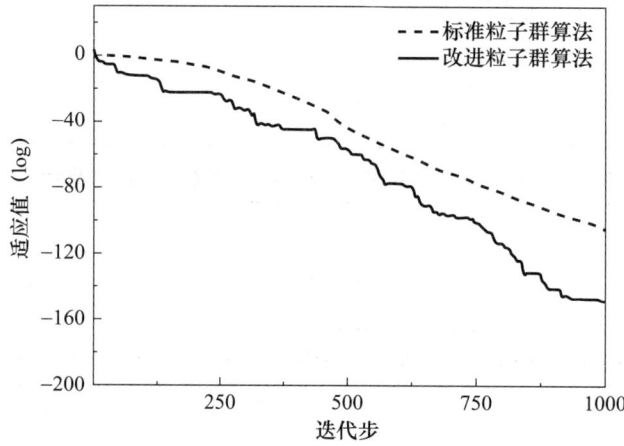

图 5-15　Griewank 函数适应值随迭代步变化图

(3) 基于粒子群算法的层状体系介电参数反演方法

基于粒子群算法反演层状结构介电参数的关键就是根据模拟输出信号和实测信号建立待优化的适应度函数，并利用 PSO 算法寻找目标函数的极小值，从而得到层状体系的介电参数，常用的适应度函数有：

a. 均方差模型（Mean Squared Error，MSE）

$$f\mathrm{it}_{MSE}(x_1,x_2,\cdots)=\frac{1}{n}\sqrt{\sum_{i=1}^{n}(A_i^{real}-A_i^{cal})^2} \tag{5-26}$$

b. 平均绝对误差模型（Mean Absolute Difference，MAD）

$$f\mathrm{it}_{MAD}(x_1,x_2,\cdots)=\frac{1}{n}\sqrt{\sum_{i=1}^{n}|A_i^{real}-A_i^{cal}|} \tag{5-27}$$

c. 平均绝对相对误差模型（Mean Absolute Relative Error，MARE）

$$f\mathrm{it}_{MARE}(x_1,x_2,\cdots)=\frac{1}{n}\sqrt{\sum_{i=1}^{n}\left|\frac{A_i^{real}-A_i^{cal}}{A_i^{real}}\right|} \tag{5-28}$$

式中，m 为总拟合点个数，A_i^{real} 和 A_i^{cal} 分别为第 i 个实测波和模拟波的离散点幅值，x_i ($i=1$，$2\cdots$) 为待识别的结构层参数，可以是介电常数，厚度等。

基于粒子群算法进行层状体系反演分析的流程图如图 5-16 所示：

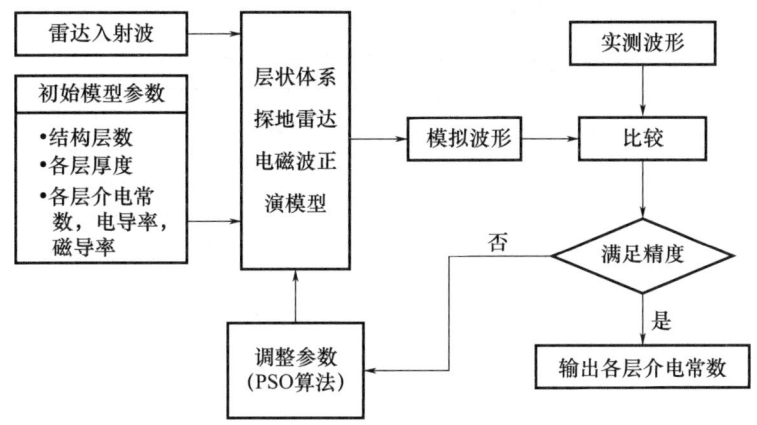

图 5-16　层状体系介电特性反演分析过程

（4）三层理论模型数值算例

首先通过一个三层理论模型验证标准粒子群算法和改进粒子群算法反演层状体系介电参数的精度和效率。利用已知模型的计算响应作为反演的拟合目标，反算模型的介电常数，对比标准 PSO 算法和改进 PSO 算法的反算结果。三层理论模型的层厚和电导率选取如图 5-17 所示，层状结构上部为半无限空间，充满空气，电导率为 0，所有介质的磁导率均假设为真空磁导率。表 5-7 给出了用于测试的五组介电常数值，利用这五组数据基于 FDTD 方法可以计算得到五条反射波形。以这五道波形为拟合目标，分别采用标准粒子群算法和改进粒子群算法进行反演分析，反演结果和反演时间如表 5-8 所示。本次计算的计算机配置为：CPU，inter core2，4 核，2.4GHz，内存 2G。正演模型中时间步 $dt=0.005$ns，空间步 $dx=0.005$m。

图 5-17　三层理论模型示意图

表 5-7　理论模型参数

层数	介电常数				
1	$6.0\varepsilon_0$	$6.4\varepsilon_0$	$7.0\varepsilon_0$	$7.5\varepsilon_0$	$8.0\varepsilon_0$
2	$11.0\varepsilon_0$	$11.4\varepsilon_0$	$12.0\varepsilon_0$	$12.5\varepsilon_0$	$13.0\varepsilon_0$
3	$16.0\varepsilon_0$	$16.4\varepsilon_0$	$17.0\varepsilon_0$	$17.5\varepsilon_0$	$18.0\varepsilon_0$

其中，ε_0 为真空介电常数。

从表5-8可看出，改进PSO算法和标准PSO算法都能够较好收敛到真实值，误差都在6%以内，但改进PSO算法反算结果精度要高于标准PSO算法，介电常数的反算误差在2%以内。计算效率方面，改进PSO也要优于标准PSO，PSO算法大概需要240s，而改进PSO大概需要180s左右。

表5-8 理论模型反算介电常数对比

组号	理论值	改进PSO			标准PSO		
		模拟值	误差	计算时间	模拟值	误差	计算时间
1	6.0	6.1	1.17%	184.2s	5.7	−6.00%	242.3s
	11.0	11.1	1.09%		10.5	−6.00%	
	16.0	15.7	−1.75%		15.7	−0.13%	
2	6.4	6.5	1.41%	183.5s	6.4	−2.19%	240.2s
	11.4	11.3	−1.32%		11.1	−1.32%	
	16.4	16.4	0.18%		16.6	1.22%	
3	7.0	7.1	0.86%	182.4s	6.8	−3.71%	245.7s
	12.0	12.1	1.00%		12.8	5.67%	
	17.0	16.8	−1.24%		16.4	−2.59%	
4	7.5	7.6	1.46%	181.4s	7.3	−2.53%	248.7s
	12.5	12.3	−1.60%		12.8	2.40%	
	17.5	17.8	1.65%		17.4	−0.85%	
5	8.0	8.1	0.75%	183.7s	7.6	−5.00%	238.7s
	13.0	12.8	−1.38%		12.7	−2.32%	
	18.0	17.8	−1.16%		17.4	−3.59%	

（5）实际工程应用

为了验证粒子群算法对于实际工程的适用性，本例基于改进粒子群算法对于某高速公路面层厚度进行反演分析，并通过钻芯取样，验证反演结果的精度。高速公路设计为四层，面层为沥青混凝土，设计厚度为20cm，基层为水泥稳定碎石，设计厚度为20cm，底基层为石灰土，设计厚度为35cm，下部是土基，采用Rodar V型路面雷达进行检测，测试点为8个。表5-9给出了8个测试点的反算厚度与测量厚度。

图5-18 钻孔取芯手工测量厚度

表 5-9 路面结构反算结果与钻芯测量结果对比

点号	1	2	3	4	5	6	7	8
钻芯厚度	21	20	20.5	19.5	20.5	19.5	22.5	20
反算厚度	20.65	20.23	20.24	19.78	19.95	19.34	21.96	19.96
误差	−1.67%	1.15%	−1.27%	1.44%	−2.68%	−0.82%	−2.40%	−0.20%

由表 5-9 可知，反算结果和实测结果误差均控制在 3% 以内，基本上可以满足工程检测精度需要。图 5.19 和图 5.20 分别给出了 3 号点和 5 号点的模拟波形和实测波形对比图，进一步验证了反演结果的准确性。

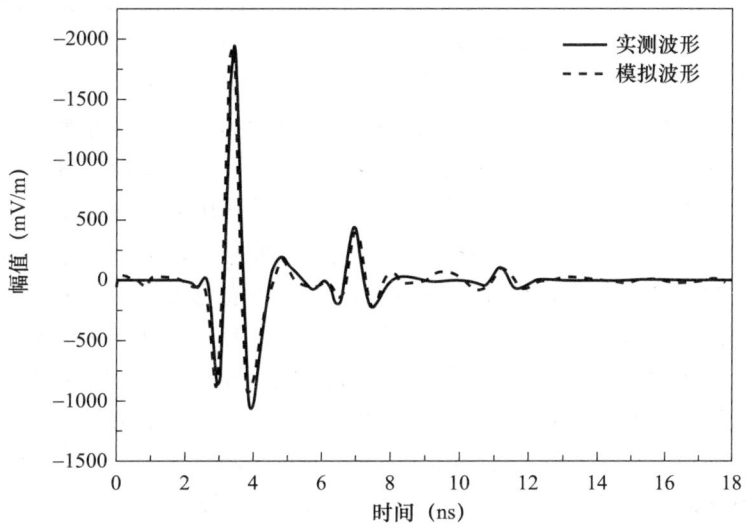

图 5-19 3 号点模拟波形与实测波形对比图

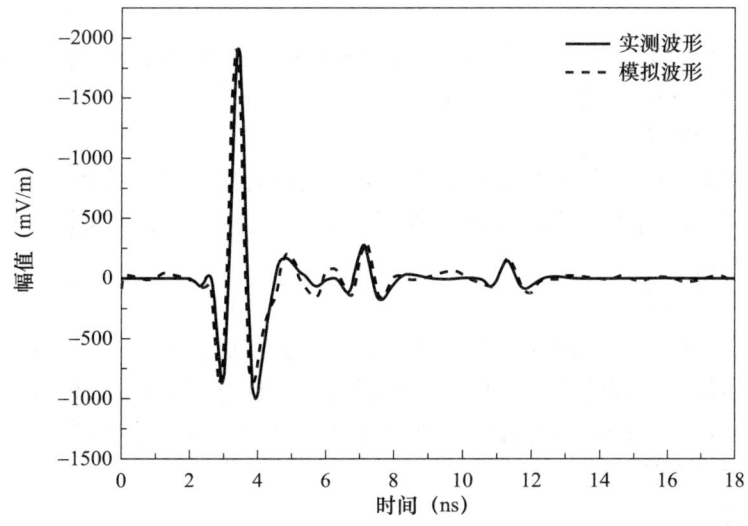

图 5-20 5 号点模拟波形与实测波形对比图

5.5 路面结构强度检测

路面结构承载能力是路面性能的一个重要方面，一般情况下，进行路面结构检测的目的包括掌握设施的服务潜能，分析路面结构强度的变化趋势，预测结构的剩余寿命，为结构的加固、补强设计提供设计依据或设计参数。我国对路面结构强度的检测非常重视，往往作为判断结构承载能力以及损坏原因的主要依据。

测定结构承载能力一般可分为破损测定和无破损测定两类。破损类测定，是从路面各结构层内钻取试件，在试验室内进行物理-力学性能试验，确定各项计算参数，由此计算出结构承载能力。无破损类测定，是不破损路面结构，通过路表弯沉测定估算路面的结构承载能力。显然，这类测定方法比破损类方法优越。

路表面在荷载作用下的弯沉值，可以反映路面的结构承载能力。因此，路表面弯沉的测试是测定路面结构承载能力的一个重要手段。然而，路面的结构破坏可能是由于过量的变形所造成的，也可能是由于某一结构层的断裂破坏所造成的。对于前者，采用最大弯沉值表征结构的承载能力较为合适，而对于后者则采用路面在荷载作用下的弯沉盆的曲率半径表征其结构承能力更为合适。因而，理想的弯沉测定应包含最大弯沉值和弯沉盆两方面。

根据检测时施加荷载方式的不同，路面弯沉可分为静态弯沉和动态弯沉，由贝克曼梁和自动弯沉仪等静态加载试验方法得到的是静态弯沉，由落锤式弯沉仪和激光弯沉仪等动态加载试验方法得到的是动态弯沉。根据峰值数据采集方式不同，静态弯沉可分为回弹弯沉和总弯沉。目前，我国路面设计指标之一是路表回弹弯沉，并规定了双轮胎轮隙中心处路面表面最大回弹弯沉值不应大于竣工验收弯沉值。在施工质量控制及施工质量验收中，会用到竣工验收弯沉值；在旧路补强设计中，回弹弯沉也是反映旧路强度的一个重要参数。

5.5.1 弯沉值的概念

1. 弯沉

弯沉是指在规定的标准轴载作用下，路基或路面表面轮隙位置产生的总垂直变形（总弯沉）或垂直回弹变形值（回弹弯沉），以 0.01mm 为单位。

2. 路面设计弯沉值

根据设计年限内一个车道上预测通过的累计当量轴次、公路等级、面层和基层类型而确定的，相当于路面竣工后，在第一年不利季节，路面在标准轴载 100kN 作用下测得的最大回弹弯沉值。

3. 竣工验收弯沉值

竣工验收弯沉值是检验路面是否达到设计要求的指标之一。当路面厚度计算以设计弯沉值为控制指标时，则验收弯沉值应小于或等于设计弯沉值；当厚度计算以层底拉应力为控制指标时，应根据拉应力计算所得的结构层厚度，重新计算路面弯沉值，该弯沉值即为竣工验收弯沉值。

4. 容许弯沉

使用期末的不利季节，路面在设计标准轴载作用下容许出现的最大回弹弯沉值即为容许弯沉。

弯沉值的测试方法较多,目前用得比较广泛的有贝克曼梁法、自动弯沉仪法、落锤式弯沉仪法和激光式高速路面弯沉测定仪测试法。

5.5.2 贝克曼梁法

1. 适用范围

(1) 本方法适用于测试路基及沥青路面的回弹弯沉,以便评价其承载能力。

(2) 本方法不适用于路基冻结后的回弹弯沉检测。

2. 仪具与材料技术要求

(1) 贝克曼梁:由合金铝制成,上有水准泡,其前臂与后臂长度比为 2∶1。贝克曼梁按长度分为 5.4m(3.6m+1.8m)梁和 3.6m(2.4m+1.2m)梁两种,如图 5-21 所示。长度为 5.4m 的贝克曼梁适用于各种类型的路面结构回弹弯沉的测试;长度为 3.6m 的贝克曼梁适用于柔性基层沥青路面回弹弯沉的测试。

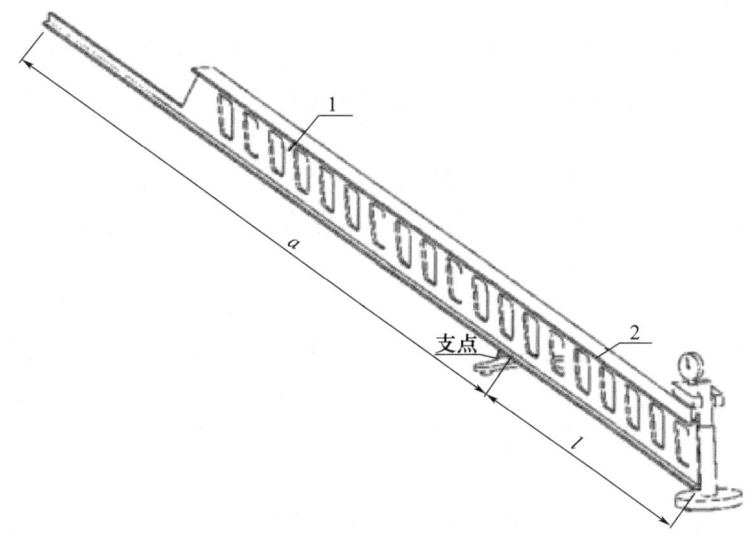

图 5-21 贝克曼梁结构示意
1—前臂;2—后臂

(2) 加载车:单后轴、单侧双轮组的载重车,双轮轮隙应能满足自由插入贝克曼梁测头的要求,轴载、轮胎气压等技术参数应符合要求(表 5-10)。

表 5-10 加载车的参数要求

后轴标准轴载 P (kN)	100±1
单侧双轮荷载 (kN)	50±0.5
轮胎气压 (MPa)	0.7±0.05
单轮传压面当量圆面积 (mm^2)	(3.56±0.20)×10^4

(3) 百分表及表架。

(4) 路表温度计:分辨力不大于 1℃。

(5) 其他:钢直尺等。

3. 方法与步骤

1) 准备工作

（1）检查并保证测试用加载车的车况及制动性能良好，轮胎气压应符合要求。

（2）给加载车配重，并用地中衡称量后轴总质量及单侧双轮荷载等，均应符合要求，加载车行驶及测试过程中，轴重不应变化。

（3）若启用新加载车或加载车轮胎发生较大磨损时，应测试轮胎传压面面积。轮胎传压面面积测试方法如下：确保加载车双侧轮载及其轮胎气压满足要求，在平整光滑的硬质路面上用千斤顶将汽车后轴顶起，在轮胎下方铺一张新的复写纸和一张方格纸，轻轻落下千斤顶，即在方格纸上印上轮胎印痕。用求积仪或数方格的方法测算单个轮胎印迹范围内的面积，应符合表5-3中单轮传压面当量圆面积的要求。

（4）当在沥青路面上测试时，通过气象台了解前5d的平均气温（日最高气温与最低气温的平均值）。

（5）记录沥青路面结构层材料类型、设计厚度等情况。

2) 测试步骤

（1）将加载车停放在测试路段的测试位置，后轮一般应置于道路行车轮迹带上。将贝克曼梁插入加载车后轮轮隙处，与加载车行车方向一致，梁臂不得接触轮胎。贝克曼梁测头置于轮隙中心前方30~50mm处测点上。用路表温度计测量并记录测点附近的路表温度。可采用两台贝克曼梁对双侧轮迹同时进行回弹弯沉测试。

（2）将百分表安装在表架上，并将百分表的测头安放在贝克曼梁的测定杆顶面。轻轻叩击贝克曼梁，确保百分表正常归位。

（3）指挥加载车缓缓前进，速度一般为5km/h左右，百分表示值随路面变形持续增加。当示值最大时，迅速读取初读数 L_1。加载车仍继续前进，示值开始反向变化，待加载车驶出弯沉影响范围（约3m以上），百分表示值稳定后，读取终读数 L_2。

（4）指挥加载车沿轮迹带前行，驶向下一测试位置，重复（1）~（3）的步骤，完成测试路段的回弹弯沉测试。

注意：当采用5.4m贝克曼梁测试弯沉时，一般可不进行支点变形修正。如果有可能引起贝克曼梁支座处变形，在测试时应检验支点有无变形。有变形时，应用另一台测试用的贝克曼梁安装在测定用贝克曼梁的后方，其测点架于测定用贝克曼梁的支点旁。当加载车开出时，同时测定两台贝克曼梁的弯沉读数，如检验贝克曼梁百分表有读数，应该记录并进行支点变形修正。当在同一结构层上时，可在不同位置测定5次，求取平均值以后每次测定时以此作为修正值。支点变形修正的原理如图5-22所示。

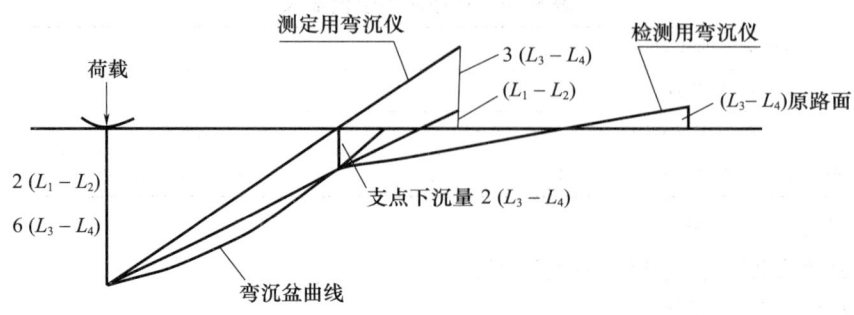

图5-22 贝克曼梁支点变形修正原理

4. 数据处理

(1) 路面测点的回弹弯沉值按式 (5-28) 计算：

$$l_t = (L_1 - L_2) \times 2 \tag{5-28}$$

式中 l_t——在沥青面层平均温度 t 时的回弹弯沉值 (0.01mm)；

L_1——车轮中心临近贝克曼梁测头时百分表的最大读数 (0.01mm)；

L_2——加载车驶出弯沉影响半径后待百分表稳定后的终读数 (0.01mm)。

(2) 当需进行弯沉仪支点变形修正时，按式 (5-29) 计算路面测点回弹弯沉值：

$$l_t = (L_1 - L_2) \times 2 + (L_3 - L_4) \times 6 \tag{5-29}$$

式中 L_3——加载车中心临近贝克曼梁测头时检验用贝克曼梁的最大读数 (0.01mm)；

L_4——加载车驶出弯沉影响半径后检验用贝克曼梁的终读数 (0.01mm)。

注：此式适用于测定用贝克曼梁支座处有变形，但百分表架处路面无变形的情况。

(3) 当沥青面层厚度大于 50mm 时，回弹弯沉值应根据沥青面层平均温度进行温度修正，按下列步骤进行：

①按式 (5-30) 计算测定时的沥青面层平均温度。

$$t = (t_{25} + t_m + t_e)/3 \tag{5-30}$$

式中 t——测定时沥青面层平均温度 (℃)；

t_{25}——根据 t_0 由图 5-23 决定的路表下 25mm 处的温度 (℃)；

t_m——根据 t_0 由图 5-23 决定的沥青面层中间深度的温度 (℃)；

t_e——根据 t_0 由图 5-23 决定的沥青面层底面处的温度 (℃)；

t_0——测定时路表温度与测定前 5d 日平均气温的平均值之和 (℃)，日平均气温为日最高气温与最低气温的平均值。

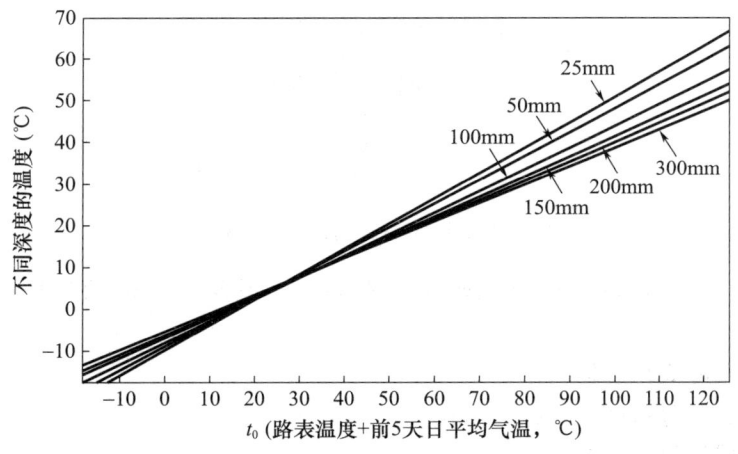

图 5-23 沥青面层平均温度的确定

注：线上的数字表示从路表向下的不同深度 (mm)。

②当沥青面层平均温度在 (20±2)℃时，温度修正系数 $K=1$。当沥青面层平均温度为其他温度时，应根据沥青面层厚度，求取不同基层的沥青路面弯沉值的温度修正系数 K。

③按式 (5-31) 计算修正后的沥青路面回弹弯沉值。

$$l_{20} = l_t \times K \tag{5-31}$$

式中　K——温度修正系数；

l_{20}——修正后的沥青路面回弹弯沉值（0.01mm）。

本方法应报告以下技术内容：

（1）测试路段信息（桩号、路面结构层材料类型及设计厚度等）。

（2）沥青面层平均温度、温度修正系数、回弹弯沉值。

（3）测试路段的回弹弯沉平均值、标准差及代表值。

5.5.3　自动弯沉仪法

1. 适用范围

（1）本方法适用于 Lacroix 型自动弯沉仪测试沥青路面的总弯沉，以评价其承载能力。

（2）本方法不适用于有严重坑槽、车辙等病害，不具备正常通车条件路面的弯沉测试。

2. 仪具与材料技术要求

Lacroix 型自动弯沉仪由承载车、测量机架及控制系统、位移、温度和距离传感器、数据采集与处理系统等基本部分组成，如图 5-24 所示。

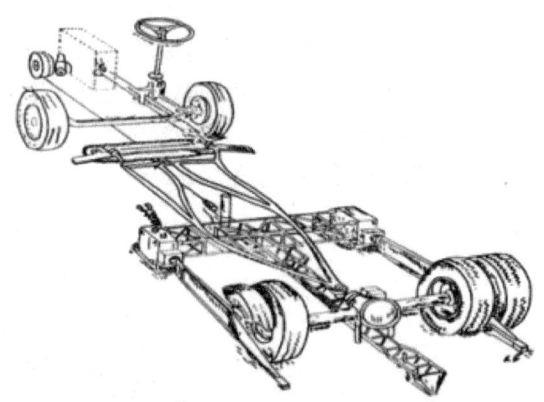

图 5-24　Lacroix 型自动弯沉仪测量机架示意

（1）承载车：单后轴、单侧双轮组的载重车，其轴载、轮胎气压等参数应符合要求。

（2）位移及距离传感器

①位移传感器分辨率：≤0.01mm。

②位移传感器量程：≥3mm。

③距离传感器的示值误差：≤1%。

3. 方法与步骤

1）准备工作

（1）检查并保证承载车的车况及制动性能良好，轮胎气压应符合要求。

（2）如果承载车因改装等原因改变了后轴载，应检查设备承载车轮载，确保满足要求。

(3) 检查测量机架的易损部件情况,及时更换损坏部件。

(4) 打开设备电源进行检查,控制面板功能键、指示灯、显示器等应正常。

(5) 每次测试之前应进行位移传感器的标定,记录标定数据并存档。

(6) 开动承载车试测 2~3 个步距,确保测量系统正常运行。

(7) 当在沥青路面上测试时,通过气象台了解前 5d 的平均气温(日最高气温与日最低气温的平均值)。

(8) 记录沥青路面结构层材料类型、设计厚度、横坡等情况。

2) 测试步骤

(1) 通电预热测试系统。

(2) 开启工程警灯和导向标等警告标志,在测试路段前 20m 处将测量机架放落在路面上。

(3) 按照测试路段的现场技术要求设置所需的测试状态参数。

(4) 缓慢加速承载车到测试速度,一般应控制在 3.5km/h 以内。当实际采用的现场测试速度超出此范围时,应进行设备的相关性试验对测试结果进行修正。承载车沿正常行车轨迹驶入测试路段,开始测试。在测试过程中,根据承载车实际到达的位置,将测试路段起终点、桥涵等特征位置的桩号输入到记录数据中。同时,应测量并记录路表温度。

(5) 当承载车驶出测试路段后,停止数据采集和记录,并缓慢停止承载车,提起测量机架。

(6) 检查数据文件的完整性,确保测试内容正常,否则需要重新测试。

(7) 关闭测试系统电源,结束测试。

4. 数据处理

(1) 自动弯沉仪采集路面弯沉盆峰值为路面总弯沉。左臂测值、右臂测值按单独弯沉处理。

(2) 对弯沉值进行温度修正。

(3) 弯沉值的横坡修正。当路面横坡不超过 4% 时,不进行横坡修正;当横坡超过 4% 时,横坡修正按照表 5-11 进行。

表 5-11 弯沉值横坡修正

横坡范围	高位修正系数	低位修正系数
>4%	$\dfrac{1}{1-i}$	$\dfrac{1}{1+i}$

注:i 是路面横坡(%)。

(4) 当测试速度大于 3.5km/h 时,应进行相关性试验,并对弯沉值予以换算。

5. 自动弯沉仪与贝克曼梁弯沉测值的相关性试验

1) 试验条件

(1) 按弯沉值不同水平范围选择不少于 4 段路面结构相似的测试路段,长度一般为 300~500m,标记好起终点位置。

(2) 测试路段的路面应清洁干燥,附近不应有重型交通和震动。

(3) 试验宜选择晴天无风的天气条件,测试温度宜在 10~35℃ 范围内,且应选择温度变化不大的时段进行。

2）试验步骤

（1）自动弯沉仪按照测试步骤（3）以正常车速对测试路段进行弯沉测试，每隔3个测试步距或约20m标记测点位置。

（2）自动弯沉仪测试完毕后，等待30min，然后在每一个标记位置用贝克曼梁测试各点回弹弯沉值。

3）数据处理

按照贝克曼梁弯沉测点对应的桩号，从自动弯沉仪记录数据中提取各测点的弯沉值，并与贝克曼梁测值一一对应，求得贝克曼梁测值和自动弯沉仪测值之间的相关性关系式，相关系数 R 应不小于0.95。

5.5.4 落锤式弯沉仪测试方法

1. 适用范围

本方法适用于采用落锤式弯沉仪测试路表在冲击荷载作用下产生的瞬时变形，即动态弯沉，以便评价路基路面承载能力。

2. 仪具与材料技术要求

落锤式弯沉仪（FWD）由荷载发生装置、弯沉检测装置、控制系统与牵引车等组成，具体要求如下：

（1）荷载发生装置：重锤的质量及落高根据使用目的与道路等级选择，荷载由传感器测试。如无特殊需要，质量为（200±10）kg的重锤可产生（50±2.5）kN的冲击荷载。承载板呈十字对称分开成4部分，且底部固定有橡胶片，直径一般为300mm，也可为450mm。

（2）弯沉检测装置：由一个或多个位移传感器组成，位移分辨力不大于0.001mm。承载板中心应设有一个位移传感器，其他位移传感器与中心处传感器呈线性布置，一般分布在距离承载板中心2500mm的范围内。用于反算路面结构层模量时，位移传感器总数应不少于7个，且应包括0mm、300mm、600mm、900mm处四个位置。

（3）控制系统：在冲击荷载作用的期间内，测量并记录冲击荷载及各个位移传感器所在位置的动态变形。

（4）牵引车：牵引FWD并安装控制装置的车辆。

3. 方法与步骤

1）准备工作

（1）调整重锤的质量及落高，使重锤的质量及产生的冲击荷载符合要求。

（2）检查FWD的车况及使用性能，确保功能正常。

（3）将FWD牵引至测试地点，牵引FWD行驶的速度不宜超过50km/h。

（4）开启FWD，对传感器进行标定。

2）测试步骤

（1）将FWD牵引至测试路段起始位置，输入测试位置信息，设定好状态参数。

（2）将承载板中心位置对准测点，测点一般应布置在车道轮迹带处。落下承载板，放下弯沉检测装置的各传感器。

(3) 启动荷载发生装置，落锤瞬间落下，冲击力作用于承载板上，又立即自动提升至原来位置固定。同时，记录荷载数据，各个位移传感器测量并记录路表变形数据，变形峰值即为弯沉值。每个测点重复测试应不少于 3 次。落锤式弯沉仪传感器布置及应力作用状态见图 5-25。

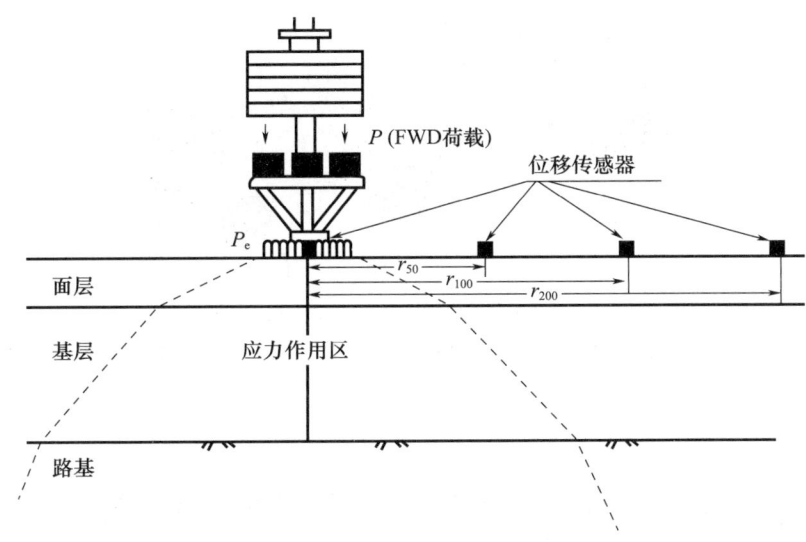

图 5-25　落锤式弯沉仪传感器布置及应力作用状态示意

(4) 提起传感器及承载板，牵引车向前移动至下一个测点，重复（2）、（3）步骤完成测试路段的测试。

4. 数据处理

(1) 舍去承载板中心位移传感器的首次测值，计算其后几次测值的平均值作为该点的弯沉值。

(2) 按照《公路沥青路面设计规范》（JTG D50—2017）的规定，对弯沉值进行温度修正。

(3) 计算一个测试路段的弯沉平均值、标准差及代表值。

5.5.5　激光式高速路面弯沉测定仪测试路面弯沉方法

1. 适用范围

本方法适用于应用多普勒测速原理的激光式高速路面弯沉测定仪测试路面弯沉，以评价路基路面承载能力。

2. 仪具与材料技术要求

激光式高速路面弯沉测定仪由承载车、检测控制系统、多普勒激光传感器、距离测量系统、温度控制系统等基本部分组成，如图 5-26 所示，其基本技术参数的要求如下：

(1) 测试速度的范围：30～90km/h。

(2) 激光传感器分辨率：0.01mm/s。

(3) 测试激光器数量：不少于 4 个。

(4) 距离标定误差：≤0.1%。

（5）承载车应不少于两轴，中后轴双侧四轮的载重车，其技术参数后轴标准轴载、单侧双轮荷载、轮胎气压应符合要求。

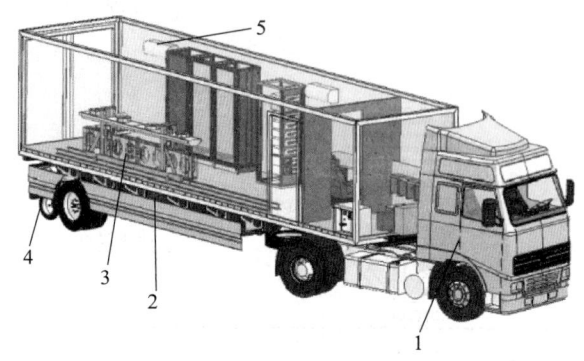

图 5-26　激光式高速路面弯沉测定仪结构示意

1—承载车；2—检测控制系统；3—多普勒激光传感器；4—距离测量系统；5—温度控制系统

3. 方法与步骤

1）准备工作

（1）检查承载车后轴标准轴载、单侧双轮荷载、轮胎气压等参数，应符合本方法"2. 仪具与材料技术要求"中的要求。

（2）检查承载车和传感器的性能。

（3）开启并检查设备的全部系统，计算机、软件采集与计算、警示灯均应正常。

（4）开动激光式高速路面弯沉测定仪，进行试测，确保系统正常运行。

（5）当在沥青路面上测试时，通过气象台了解前 5d 的平均气温（日最高气温与最低气温的平均值）。

（6）记录沥青路面结构层类型、设计厚度等情况。

2）测试步骤

（1）通电预热，保证设备舱内达到要求的温度，并开启警示灯及导向灯等警告标志。

（2）放下距离测试轮，按照测试路段的现场技术要求设置所需的测试状态。

（3）加速承载车到正常车速，沿正常行车轨迹驶入测试路段，保持正常行驶。

（4）在承载车到达测试路段起点前开始测量，确保至少有 200m 的有效路段，并在承载车到达测试路段起点时进行标记。在测试路段中如遇桥面、路面条件差或偏离当前测试路段等特殊位置，应做相应的标记来记录桩号等信息。

（5）当承载车到达测试路段终点时，应做终点标记，在车辆驶离终点至少 200m 后停止数据采集，并将系统各部分恢复至准备状态。

（6）检查测试数据，文件应完整、数据结果应正常，否则需要重新测试。

（7）关闭测试系统电源，结束测试。

4. 数据处理

（1）通过专用的数据处理软件和计算模型对采集到的数据进行处理。

（2）进行温度、坡度修正，根据实际需要，得到要求段长的路面弯沉值。

(3) 计算一个测试路段的弯沉平均值、标准差及代表值。

5. 激光式高速路面弯沉测定仪与落锤式弯沉仪测值相关性试验

1) 试验条件

(1) 按弯沉值不同水平范围选择不少于 4 段路面结构相似的测试路段，长度不小于 500m，标记好起终点位置。

(2) 测试路段应平直、无严重破损、无积水、无污染、无交叉口。

(3) 测试路段的路面应清洁干燥，附近不应有重型交通和震动。

(4) 试验宜选择晴天无风的天气条件，测试温度宜在 10~35℃ 范围内，且应选择温度变化不大的时段进行。

2) 试验步骤

(1) 落锤式弯沉仪以正常车速对测试路段进行弯沉测试，每隔约 10m 标记测点位置。

(2) 落锤式弯沉仪测试完毕后，等待 10min，然后用激光式高速路面弯沉测定仪测试各点弯沉值。

3) 数据处理

按照落锤式弯沉仪测点对应的桩号，从激光式高速路面弯沉测定仪记录数据中提取各测点的弯沉值，并与落锤式弯沉仪测值一一对应，得到落锤式弯沉仪测值和激光式高速路面弯沉测定仪测值之间的相关性关系式，相关系数 R 应不小于 0.90。

习题与讨论

1. 路面使用性能包括哪些方面并简要叙述。
2. 平整度的测试设备分为哪几类？常见平整度测试方法的特点及技术指标有哪些？
3. 什么是弯沉？弯沉的测试方法有哪些？
4. 简述路面雷达检测厚度的基本原理。
5. 试述路面抗滑性能的测试方法及测试原理。

第 6 章 桥梁工程试验检测技术

桥梁工程试验检测是研究服役期桥梁结构可靠度的基础工作，是进行桥梁养护、维修加固的前期工作，是决定维修与加固方案可行和正确与否的基础。对桥梁工程进行科学的检测，是保证工程质量的重要技术手段，可以系统地掌握桥梁的状况，特别是对存在较大安全隐患的桥梁，通过采取加固措施使其达到正常使用的技术状态。

6.1 桥梁的检查与检验

桥梁检查是对桥梁缺陷和损伤的检查，根据其性质、部位、严重程度及发展趋势，找出产生缺陷和损伤的主要原因，分析和评价其对桥梁质量和承载能力的影响，从而了解桥梁投入使用至今的技术状况。

6.1.1 桥梁检查的一般规定

桥梁检查按照时间周期、检查范围、深度、方式和检查目的，分为经常检查、定期检查和特殊检查。

1. 经常检查

经常检查主要指对桥面设施、上部结构、下部结构及附属构造物的技术状况进行的检查。经常检查的周期根据桥梁技术状况而定，一般每月不得少于一次，汛期应加强不定期检查。

2. 定期检查

定期检查是为评定桥梁使用功能、制订养护管理计划提供基本依据，对桥梁主体结构及附属构造物的技术状况进行的全面检查。

定期检查周期应根据技术状况确定，最长不得超过三年。新建桥梁交付使用一年后，进行一次全面检查。临时桥梁每年检查不得少于一次。在经常检查中发现重要构件的缺陷明显达到三、四、五类技术状况时，应立即安排一次定期检查。

3. 特殊检查

特殊检查是指以桥梁损伤性质为检查目的，采用适当的仪器设备以及现场勘探、试验等特殊手段和科学分析方法，查明桥梁病害的原因、损伤程度和承载能力，确定桥梁的技术状态，以便采取相应的加固改造措施。特殊检查之后，应提交检查报告。特殊检查分为专门检查和应急检查。

1）专门检查：根据经常检查和定期检查的结果，对需要进一步判明损伤原因、损伤程度或使用能力的桥梁，针对病害进行专门的试验检测、验算与分析鉴定工作。

2）应急检查：当桥梁受到灾害性损伤后，为了查明损伤状况，采用应急措施，组织恢复交通，对结构进行的详细检查和鉴定工作。

6.1.2 原材料的检测

桥梁工程中的原材料主要包括：生产混凝土的各种原材料，如水泥、砂石料、水、外加剂等；普通钢筋混凝土结构用钢筋，各种预应力结构中预应力钢筋、钢丝、钢绞线，锚具、夹具、连接器以及各种型钢等；桥面铺装层用沥青混凝土、桥头搭板下的各种无机结合料垫层等所使用的各种原材料。

6.1.3 桥面系检查

按照《公路工程质量检验评定标准 第一册 土建工程》（JTG F80/1—2017）的要求，在施工过程中应对桥梁各部位的放样位置、结构尺寸及外观质量进行检测评定。放样位置及结构尺寸的评定一般可采用全站仪、经纬仪、水准仪、钢尺等，所用测量仪器的性能及测试精度应满足相关规范的要求，对检测结果的评定应按照标准的规定执行。

桥面系检测应包括以下工作：

(1) 桥面铺装层纵、横坡是否顺适，有无严重的龟裂、纵横向裂缝，有无坑槽、拥包、拱起、剥落、错台、磨光、泛油、变形、脱皮、露骨、接缝料损坏、桥头跳车等现象，特别是纵、横向裂缝及坑槽的检查及检测。

(2) 伸缩缝是否有异常变形、破损、脱落、漏水、失效，锚固区有无缺陷，是否存在明显的跳车。

(3) 人行道有无缺失、破损等。

(4) 栏杆、护栏有无缺失、破损等。

(5) 防排水系统是否顺畅，泄水管、引水槽有无明显缺陷，桥头排水沟功能是否完好。

(6) 桥上交通信号、标志、标线、照明设施是否损坏、失效。

(7) 桥上避雷装置是否完好。

(8) 桥上航空灯、航道灯是否完好，能否正常照明。

(9) 桥上的路用通信、供电线路及设备是否完好。

6.1.4 桥梁上部结构的检查

桥梁上部结构是桥梁最重要的部分，一般由梁、板和拱肋等基本构件组成。

1. 基本构件缺陷的检查

缺陷可能出现在施工或者使用阶段。

对于钢筋混凝土结构，主要检查是否存在以下现象：

(1) 混凝土构件有无开裂及裂缝是否超限，有无渗水、蜂窝、麻面、剥落、掉角、空洞、孔洞、露筋及钢筋锈蚀。

(2) 主梁跨中、支点及变截面处，悬臂端牛腿或中间铰部位，刚构的固结处和桁架的节点部位，混凝土是否开裂、缺损，钢筋有无锈蚀。

(3) 预应力钢束锚固区段混凝土有无开裂，沿预应力筋的混凝土表面有无纵向裂缝。

(4) 桥面线形及结构变位情况。

(5) 混凝土碳化深度、钢筋锈蚀检测。

(6) 主梁有无积水、渗水,箱梁通风是否良好。

(7) 组合梁的桥面板与梁的结合部位及预制桥面板之间的接头处混凝土有无开裂、渗水。

(8) 装配式梁桥的横向连接构件是否开裂,连接钢板的焊缝有无锈蚀、断裂。

上部结构梁体在外荷载作用下有可能是先开裂后引起钢筋锈蚀,也可能是钢筋在氧水、氯离子共同作用下先锈蚀膨胀导致混凝土开裂。

因设计标准不同,裂缝限值有所不同,需根据设计标准的限值来评判裂缝宽度是否超限。如建成年代久远,无设计标准依据时,裂缝限值一般根据《公路桥梁承载能力检测评定规程》(JTG/T J 21—2011)的规定执行。

2. 梁式桥横向联系的检查

梁桥的横向联系是保证梁桥上部结构整体性的重要部分。对于横向联系的检查,一般有联系构件本身的检查和与主梁连接状况的检查。

对于有横隔板的梁式桥,主要检查横隔板的损伤裂缝和连接钢板的锈蚀情况。空心板梁桥由于横向连接薄弱,很多空心板梁桥的混凝土桥面铺装沿铰缝出现严重的纵向裂缝。

预制拼装的空心板梁桥是靠铰缝混凝土和少量的铰缝连接钢筋将预制空心板连为一体共同受力的。目前的计算理论都假设铰缝只传递剪力,不承受弯矩。实际上,空心板梁在主要承受纵向弯矩的同时,还要承受一定的横向弯矩。而由于铰缝本身的横向连接较弱,这一横向弯矩主要由铰缝顶面的混凝土铺装层来承担。而混凝土铺装层厚度很薄,同时配筋少,在该横向弯矩作用下,桥面铺装层在很多情况下出现纵向裂缝(图 6-1),因此在对空心板梁桥的检测中,要重点加强横向铰缝的检查。

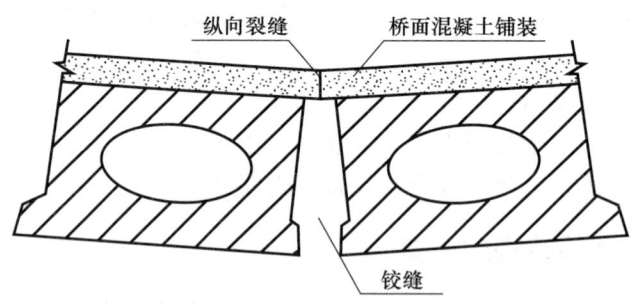

图 6-1 梁式桥横向联系

对于 T 形梁桥,由于早期的 T 形梁桥的横向联系设计安全度偏小(横隔梁厚度较薄),在正常使用过程中,特别是超重车作用下,横隔梁受力开裂、钢筋锈蚀及梁纵向结合部混凝土剥落的现象经常出现。

3. 拱桥的检查

主要检查拱圈的拱脚、$L/4$、$3L/4$、拱顶和拱上建筑的变形以及混凝土的开裂与钢筋锈蚀等。拱上立柱上下端、盖梁和横隔梁应检查混凝土有无开裂、剥落、露筋和锈蚀,下承式拱桥的吊杆上下锚固区域的混凝土有无开裂、渗水,吊杆锚头附近是否有锈蚀或者断裂现象。

圬工拱桥的主要病害有面层风化、灰缝剥落、个别砌块剥落、拱顶附近或拱脚附近出现的拱圈开裂、桥面防水层破坏等。圬工拱桥的检查应包括下列内容：

(1) 主拱圈是否变形、灰缝松散脱落、渗水，砌块有无断裂和脱落。
(2) 实腹拱的侧墙和主拱圈是否脱裂，侧墙角有无变形，拱上填土是否沉陷。
(3) 空腹拱的小拱是否变形、错位，立墙和立柱是否倾斜、开裂。
(4) 砌体表面是否长有苔藓，砌缝是否滋生草木。

6.1.5 墩台和基础的检查

墩台和基础是桥梁的重要组成部分，直接承受来自桥梁上部结构的荷载，同时又将荷载传递给地基。在长期作用过程中，桥梁墩台与基础会出现不同程度的损坏，直接影响上部结构的安全，因此必须对桥梁墩台和基础及时进行检测与加固。

桥梁墩台及基础的检查应包括下列内容：
(1) 墩身、台身及基础变位情况。
(2) 混凝土墩身、台身、盖梁、台帽及系梁有无开裂、蜂窝、麻面、剥落、露筋、空洞、孔洞、钢筋锈蚀等。
(3) 墩台顶面是否清洁，有无杂物堆积，伸缩缝处是否漏水。
(4) 圬工砌体墩身、台身有无砌块破损、剥落、松动、变形、灰缝脱落，砌体泄水孔是否堵塞。
(5) 桥台翼墙、侧墙、耳墙有无破损、裂缝、位移、鼓肚、砌体松动。台背填土有无沉降或挤压隆起，排水是否畅通。
(6) 基础是否发生冲刷或淘空现象，地基有无侵蚀。水位涨落、干湿交替变化处基础有无冲刷磨损、颈缩、露筋，有无开裂，是否受到腐蚀。
(7) 锥坡、护坡有无缺陷、冲刷。

6.2 桥梁荷载试验

6.2.1 桥梁荷载试验的目的

桥梁荷载试验的目的是通过加载试验，记录桥梁在荷载作用下的结构反应，为桥梁结构技术状况及承载能力评定和日后养护、维修、加固的决策提供科学依据和支持。

对在用桥梁，存在下列情况之一时，可进行荷载试验：桥梁技术状况等级为四、五类；拟提高荷载等级；需要通过特殊重型车辆荷载；遭受重大自然灾害或意外事件；采用其他方法难以准确判断其是否能承受预定的荷载。

对于新建桥梁和进行了加固或改造后的桥梁，可通过荷载试验来检验桥梁结构的正常使用状态和承载能力是否符合设计要求。

对于采用新技术、新工艺、新结构或新材料等设计建成的桥梁，进行荷载试验时，宜逐联或逐座进行。

为保证加载试验时桥面板受力时和桥面行车试验更接近于设计状态，荷载试验宜在桥面铺装完成且达到设计强度后实施。荷载试验应保证桥梁结构整体及局部受力安全。

桥梁荷载试验的技术资料应归入公路桥梁养护技术档案和桥梁管理系统。

6.2.2 桥梁静载试验

1. 一般规定

1）桥梁静载试验方案应在桥梁调查和检算的基础上制定。静载试验方案应包括测试截面、试验工况、测试内容、试验荷载、测点布置、试验过程控制及记录和试验数据分析等内容。

2）静载试验测试宜针对结构的内力、应力、位移和裂缝的控制截面进行。

3）静载试验工况应包括中载试验工况和偏载试验工况。对横向支撑不对称的直桥、斜弯桥、异型桥等，应通过计算确定试验工况的加载位置及偏载的方向。

2. 试验工况及测试截面

1）桥梁静载试验应按照桥梁结构的最不利受力原则和代表性原则确定试验工况及测试截面。常见桥梁静载试验工况及测试截面宜按表6-1确定。其中，主要工况为必做工况，附加工况可视具体情况由试验检测者确定是否进行。测试最大正弯矩产生的应变时，宜同时测试该截面的位移。

表6-1 常见桥梁静载试验工况及测试截面

桥型		试验工况	测试截面
简支梁桥	主要工况	跨中截面主梁最大正弯矩工况	跨中截面
	附加工况	①$L/4$截面主梁最大正弯矩工况； ②支点附近主梁最大剪力工况	①$L/4$截面； ②梁底距支点$h/2$截面内侧向上45°斜线与截面形心线相交位置
连续梁桥	主要工况	①主跨支点位置最大负弯矩工况； ②主跨跨中截面最大正弯矩工况； ③边跨主梁最大正弯矩工况	①主跨（中）支点截面； ②主跨最大弯矩截面； ③边跨最大弯矩截面
	附加工况	主跨（中）支点附近主梁最大剪力工况	计算确定具体截面位置
悬臂梁桥	主要工况	①墩顶支点截面最大负弯矩工况； ②锚固孔跨中最大正弯矩工况	①墩顶支点截面； ②锚固孔最大正弯矩截面
	附加工况	①墩顶支点截面最大剪力工况； ②挂孔跨中最大正弯矩工况； ③挂孔支点截面最大剪力工况； ④悬臂端最大挠度工况	①计算确定具体截面位置； ②挂孔跨中截面； ③挂孔梁底距支点$h/2$截面向上45°斜线与挂孔截面形心线相交位置； ④悬臂端截面
三铰拱桥	主要工况	①拱顶最大剪力工况； ②拱脚最大水平推力工况	①拱顶两侧1/2梁高截面； ②拱脚截面
	附加工况	①$L/4$截面最大正弯矩和最大负弯矩工况； ②$L/4$截面正负挠度绝对值之和最大工况	①主拱$L/4$截面； ②主拱$L/4$截面及$3L/4$截面
两铰拱桥	主要工况	①拱顶最大正弯矩工况； ②拱脚最大水平推力工况	①拱顶截面； ②拱脚截面
	附加工况	①$L/4$截面最大正弯矩和最大负弯矩工况； ②$L/4$截面正负挠度绝对值之和最大工况	①主拱$L/4$截面； ②主拱$L/4$截面及$3L/4$截面

续表

桥型		试验工况	测试截面
无铰拱桥	主要工况	①拱顶最大正弯矩及挠度工况； ②拱脚最大负弯矩工况； ③系杆拱桥跨中附近吊杆（索）最大拉力工况	①拱顶截面； ②拱脚截面； ③典型吊杆（索）
	附加工况	①拱脚最大水平推力工况； ②$L/4$截面最大正弯矩和最大负弯矩工况； ③$L/4$截面正负挠度绝对值之和最大工况	①拱脚截面； ②主拱$L/4$截面； ③主拱$L/4$截面及$3L/4$截面
门式刚构桥	主要工况	①跨中截面主梁最大正弯矩工况； ②锚固端最大或最小弯矩工况	①跨中截面； ②锚固端梁或立墙截面
	附加工况	锚固端截面最大剪力工况	锚固端梁截面
斜腿刚架桥	主要工况	①跨中截面主梁最大正弯矩工况； ②斜腿顶主梁截面最大负弯矩工况	①中跨最大正弯矩截面； ②斜腿顶中主梁截面或边主梁截面
	附加工况	①边跨主梁最大正弯矩工况； ②斜腿顶最大剪力工况	①边跨最大正弯矩截面； ②斜腿顶中或边主梁截面或斜腿顶截面
T型刚构桥	主要工况	①墩顶截面主梁最大负弯矩工况； ②挂孔跨中截面主梁最大正弯矩工况	①墩顶截面； ②挂孔跨中截面
	附加工况	①墩顶支点附近主梁最大剪力工况； ②挂孔支点截面最大剪力工况	①计算确定具体截面位置； ②挂孔梁底距支点$h/2$截面向上45°斜线与挂孔截面形心线相交位置
连续刚构桥	主要工况	①主跨墩顶截面主梁最大负弯矩工况； ②主跨跨中截面主梁最大正弯矩及挠度； ③边跨主梁最大正弯矩及挠度工况	①主跨墩顶截面； ②主跨最大正弯矩截面； ③边跨最大正弯矩截面
	附加工况	①墩顶截面最大剪力工况； ②墩顶纵桥向最大水平位移工况	①计算确定具体截面位置； ②墩顶截面
斜拉桥	主要工况	①主梁中孔跨中最大正弯矩及挠度工况； ②主梁墩顶最大负弯矩工况； ③主塔塔顶纵桥向最大水平位移与塔脚截面最大弯矩工况	①中跨最大正弯矩截面； ②墩顶截面； ③塔顶截面（位移）及塔脚最大弯矩截面
	附加工况	①中孔跨中附近拉索最大拉力工况； ②主梁最大纵向漂移工况	①典型拉索； ②加劲梁两端（水平位移）
悬索桥	主要工况	①加劲梁跨中最大正弯矩及挠度工况； ②加劲梁$3L/8$截面最大正弯矩工况； ③主塔塔顶纵桥向最大水平位移与塔脚截面最大弯矩工况	①中跨最大弯矩截面； ②中跨$3L/8$截面； ③塔顶截面（位移）及塔脚最大弯矩截面
	附加工况	①主缆锚跨索股最大张力工况； ②加劲梁梁端最大纵向漂移工况； ③吊杆（索）活载张力最大增量工况； ④吊杆（索）张力最不利工况	①主缆锚固区典型索股； ②加劲梁两端（水平位移）； ③典型吊杆（索）； ④最不利吊杆（索）

注：L—桥梁计算跨径；h—主梁梁高。

2）在确定异型桥梁和其他组合体系桥梁试验工况时，应根据荷载情况和结构主要力学特征，经计算确定试验工况及相应的测试截面。

3）加固或改建后的桥梁应根据其最终结构受力体系特点，按最不利受力的原则，结合加固或改建的具体内容、范围及改造前病害严重程度选择测试截面，确定相应的试验工况。

4）加固或改建后桥梁当有下列情况之一时，应按下述原则增加试验工况和测试截面：

（1）采用增大边梁截面法进行改造后的多梁式梁（板）桥，宜根据结构对称性增加横桥向的偏载工况。

（2）采用置换混凝土进行改造的桥梁，宜在混凝土置换区域内增加测试截面，并确定相应的试验工况。

（3）受力裂缝宽度超过规范限值且经过修补的结构构件，宜在典型裂缝位置增加测试截面，并确定相应的试验工况。

（4）加宽后桥梁试验工况和测试截面应针对新旧结构分别设置试验工况和测试截面，并增设横向联系试验工况。

（5）鉴定性荷载试验除执行以上规定外，还应根据结构损伤程度、部位及特征，结合计算分析成果，增加测试截面和试验工况。

3. 测试内容

1）静力荷载试验的测试内容应反映桥梁结构内力、应力（应变）、位移及裂缝最不利控制截面的力学特征，试验过程应关注可能出现的异常现象。

2）常见桥梁静载试验测试内容见表 6-2。

表 6-2　常见桥梁静载试验测试内容

简支梁桥	主要内容	1. 跨中截面挠度和应力（应变） 2. 支点沉降 3. 混凝土梁体裂缝观测
	附加内容	1. $L/4$ 截面挠度 2. 支点斜截面应力（应变）
连续梁桥	主要内容	1. 主跨支点截面应力（应变） 2. 主跨最大正弯矩截面应力（应变）及挠度 3. 边跨最大正弯矩截面应力（应变）及挠度 4. 支点沉降 5. 混凝土梁体裂缝观测
	附加内容	支点附近斜截面应力（应变）
悬臂梁桥	主要内容	1. 墩顶支点截面应力（应变） 2. 锚固孔最大正弯矩截面应力（应变）及挠度 3. 墩顶沉降 4. 混凝土梁体裂缝
	附加内容	1. 墩顶附近斜截面应力（应变） 2. 挂孔跨中截面应力（应变）及挠度 3. 挂孔支点附近斜截面应力（应变） 4. 悬臂跨最大挠度 5. 牛腿部分局部应力（应变）

续表

三铰拱桥	主要内容	1. $L/4$ 截面挠度和应力（应变） 2. 拱顶两侧 1/2 梁高处斜截面应力（应变） 3. 墩台顶的水平位移 4. 混凝土梁体裂缝
	附加内容	1. $L/4$ 截面挠度和应力（应变） 2. 拱上建筑控制截面的位移和应力（应变）
两铰拱桥	主要内容	1. 拱顶截面应力（应变）和挠度 2. $L/4$ 截面挠度和应力（应变） 3. 墩台顶的水平位移 4. 混凝土梁体裂缝
	附加内容	1. $L/4$ 截面挠度和应力（应变） 2. 拱上建筑控制截面的位移和应力（应变）
无铰拱桥	主要内容	1. 拱顶截面应力（应变）和挠度 2. 拱脚截面应力（应变） 3. 混凝土梁体裂缝
	附加内容	1. $L/4$ 截面挠度和应力（应变） 2. 墩台顶的水平位移 3. 拱上建筑控制截面的变形和应力（应变）
门式刚构桥	主要内容	1. 主梁最大正弯矩截面应力（应变）及挠度 2. 锚固端最大或最小弯矩截面应力（应变） 3. 支点沉降 4. 混凝土梁体裂缝
	附加内容	锚固端附近斜截面应力（应变）
斜腿刚架桥	主要内容	1. 中跨主梁最大正弯矩截面应力（应变）及挠度 2. 主梁最大负弯矩截面应力（应变） 3. 支点沉降 4. 混凝土梁体裂缝
	附加内容	1. 边跨主梁最大正弯矩截面应力（应变）及挠度 2. 斜腿顶附近主梁或斜腿斜截面应力（应变） 3. 斜腿脚最大或最小弯矩截面应力（应变）
T型刚构桥	主要内容	1. 墩顶支点截面应力（应变） 2. 挂孔跨中截面应力（应变） 3. T构悬臂端的挠度 4. T构墩身控制截面的应力（应变） 5. 混凝土梁体裂缝
	附加内容	1. 墩顶支点斜截面应力（应变） 2. 挂梁支点截面附近或悬臂端附近斜截面应力（应变）
连续刚构桥	主要内容	1. 主跨墩顶截面主梁应力（应变） 2. 主跨最大正弯矩截面应力（应变）及挠度 3. 边跨最大正弯矩截面应力（应变） 4. 混凝土梁体裂缝
	附加内容	1. 墩顶支点截面附近斜截面应力（应变） 2. 墩身控制截面应力（应变） 3. 墩顶纵桥向水平位移

续表

斜拉桥	主要内容	1. 主梁中孔最大正弯矩截面应力（应变）及挠度 2. 主梁墩顶支点斜截面应力（应变） 3. 主塔塔顶纵桥向水平变形与塔脚截面应力（应变） 4. 塔柱底截面应力（应变） 5. 混凝土梁体裂缝 6. 典型拉索索力
	附加内容	1. 斜拉索活载张力最大增量 2. 加劲梁纵向漂移
悬索桥	主要内容	1. 加劲梁最大正弯矩截面应力（应变）及挠度 2. 主塔塔顶纵桥向最大水平位移与塔脚截面应力（应变） 3. 塔、梁体混凝土裂缝 4. 最不利吊杆（索）力增量
	附加内容	1. 主缆锚跨索股最大张力增量 2. 加劲梁梁端最大纵向漂移 3. 吊杆（索）活载张力最大增量

注：L—计算跨径。

3) 对悬索桥、斜拉桥及高墩桥梁，应进行桥塔、墩的纵桥向位移测试。必要时，尚应进行主塔塔顶三维坐标测试。悬索桥、斜拉桥应进行加劲梁的竖向挠度及水平位移测试，加劲梁水平位移测点宜布置在梁端。悬索桥尚应进行主缆控制截面的三维坐标测试。

4) 加固或改建后的桥梁除上述测试内容外，宜增加下列测试内容：

（1）粘贴板（片）材加固后的桥梁的典型结合面处，新旧结构各自的应力（应变）及新增材料的最大应力（应变）。

（2）新增构件、置换构件后桥梁的典型新旧构件结合面处最大应力（应变）。

（3）体外预应力法加固后桥梁的受弯构件体外预应力钢束的偏心距。

（4）新、旧结构典型截面的结合面开裂或剥离情况。

5) 对在用桥梁进行静载试验时，除应符合上述规定外，尚应根据结构损伤的程度、部位及特征，结合试验目的增加测试内容。

6) 在竖向挠度测试时，应同时测试支点的竖向变位，并进行支点沉降修正。

4. 试验荷载

1) 静载试验应根据试验目的确定试验控制荷载。交（竣）工验收荷载试验，应以设计荷载作为控制荷载；否则，应以目标荷载作为控制荷载。

2) 静载试验荷载效率 η_q，对交（竣）工验收荷载试验，宜介于 0.85～1.05 之间；否则，η_q 宜介于 0.95～1.05 之间。η_q 应按式（6-1）计算。

$$\eta_q = \frac{S_s}{S \cdot (1+\mu)} \tag{6-1}$$

式中 S_s——静载试验荷载作用下，某一加载试验项目对应的加载控制截面内力或位移的最大计算效应值；

S——控制荷载产生的同一加载控制截面内力或位移的最不利效应计算值；

μ——按规范取用的冲击系数值。

3）静载试验可采用车辆加载或加载物直接加载。采用车辆加载时，宜采用三轴载重车辆，装载的重物应稳妥置放。

4）在进行大型特殊车辆荷载试验时，宜按实际轮位和轴重的模拟荷载或等效荷载进行。

5）试验前应对试验荷载进行标记、称重。采用加载车辆加载时，应详细记录各车编号、车重、轴重、轴距及轮重。采用加载物加载时，应根据加载分级情况，分别编号、称量，记录各级荷载量。

6）加载车辆单轴重量不应超过相关标准、规范的规定。必要时，应验算桥面板等局部构件的承载能力和裂缝宽度。

5. 测点布置

1）应变测点的布置应遵循下列原则：

(1) 应变测点应根据测试截面及测试内容合理布置，并应能反映桥梁结构的受力特征。

(2) 单向应变测点布置应体现左右对称、上下兼顾、重点突出的原则，并应能充分反映截面高度方向的应变分布特征。单点应变花测点的布置不宜少于2组。测点布置完毕，应准确测量其位置。

(3) 常见截面的单向应变测点布置见表6-3。结构对称时，1/2横截面的应变测点可减少，但不宜少于2个。

(4) 弯桥、斜桥及异型桥应根据控制荷载作用下结构的内力（应力）特征及结构特征确定应变测点。

(5) 钢筋混凝土结构的受拉区应变测点宜布置在受拉区主钢筋上。

(6) 主应变（应力）应采用应变花进行测试，其测点布置见表6-4。

(7) 应变测试应设置补偿片，补偿片位置应处于与结构相同材质、相同环境的非受力部位。

钢筋混凝土受弯构件承载时，当受拉区混凝土开裂时，混凝土应变测试结果会失真，钢筋应变测试结果较为可靠。测试时，通常局部凿除受拉区混凝土保护层，露出钢筋并布置钢筋应变片（计）进行测试，测试结束后及时修复混凝土保护层。

表6-3 主要截面应变测点布置示意

构件名称	主要截面类型		应变测点布置示意	备注
混凝土主梁	板式截面	整体式空心板		①板底面测点不宜少于5个，对称布置； ②侧面测点不宜少于2个
		整体式空心板		①板底面测点不宜少于5个，对称布置； ②侧面测点不宜少于2个； ③腹板对应位置宜布置测点
		装配式空心板		①每片板底面测点不宜少于2个； ②侧面测点不宜少于2个

续表

构件名称	主要截面类型		应变测点布置示意	备注
混凝土主梁	梁式截面	钢筋混凝土T梁		①每片梁底面测点为1~2个；②每片梁侧面测点不宜少于2个
		预应力混凝土T梁		①每片梁底面测点为1~2个；②每片梁侧面测点不宜少于2个
		I形梁		①每片梁底面测点为1~2个；②每片梁侧面测点不宜少于2个
		II形梁		①每片梁底面测点为1~2个；②每片梁侧面测点不宜少于2个
		分离式箱梁		①每片梁底面测点不宜少于2个；②单腹板侧面测点不宜少于2个
		整体式箱梁	内侧布置　外侧布置	①在箱室内侧布置测点时，每箱室顶、底板不宜少于3个；②单肋侧面测点不宜少于2个；③当箱梁未预留检修孔时，测点布置于箱梁外侧
钢箱梁及钢混组合梁	钢箱梁			①每箱室顶、底板测点不宜少于3个，边测点应贴近腹板布置；②每腹板测点不宜少于3个；③加劲肋有选择地进行测点布置
	钢混组合梁	II形梁		①单纵梁顶、底板测点不宜少于2个；②单纵梁侧面测点不宜少于3个；③混凝土下缘测点不宜少于5个，对称布置
		I形梁		①顶、底面测点不宜少于2个；②单侧面测点不宜少于3个

续表

构件名称	主要截面类型		应变测点布置示意	备注
拱肋	钢筋混凝土	矩形		①顶、底面测点不宜少于2个；②单侧面测点不宜少于3个
		箱形		①顶、底面测点不宜少于2个；②单侧面测点不宜少于3个
	钢管混凝土	单肢		不宜少于4个，对称布置
		双肢		单肢不宜少于5个，钢管与缀板连接处宜布置测点，并准确测量其几何中心
		四肢		单肢不宜少于5个，钢管与缀板连接处宜布置测点，并准确测量其几何中心
	整体式板（箱）	整体式板		①顶、底面测点不宜少于5个，对称布置；②单侧面测点不宜少于2个
		整体式箱		①顶、底面测点不宜少于5个，对称布置；②侧面测点不宜少于2个；③腹板对应位置应布置测点；④当箱内布置测点时，同整体式箱梁

续表

构件名称	主要截面类型	应变测点布置示意	备注
桥墩	圆形	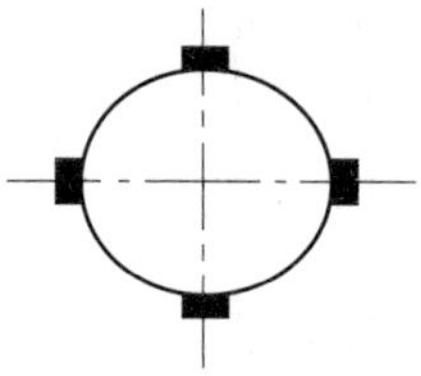	不宜少于4个,对称布置
桥墩	矩形	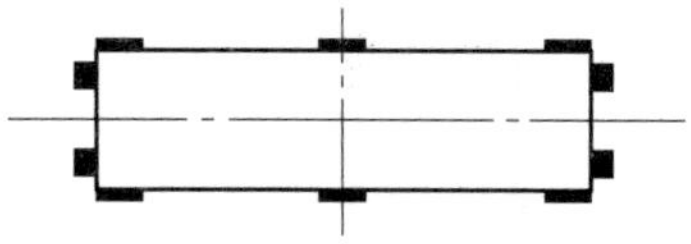	①横桥向每侧不宜少于3个; ②纵桥向每侧不宜少于2个
桥墩	箱形	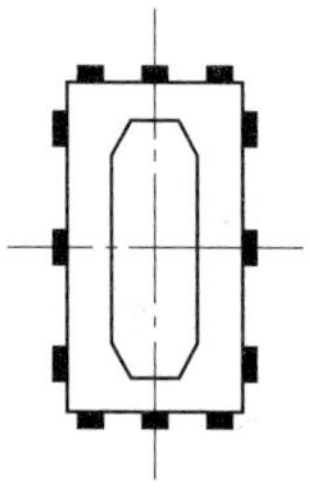	①横桥向每侧不宜少于3个; ②纵桥向每侧不宜少于3个
盖梁	矩形	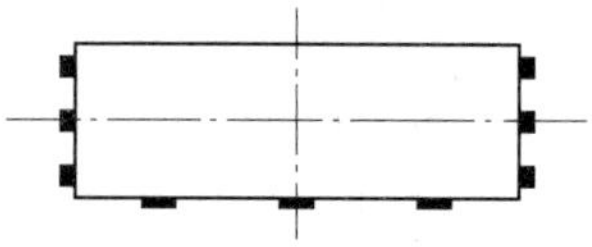	①底板测点不宜少于3个; ②单侧面不宜少于3个

表 6-4 应变花测点布置示意

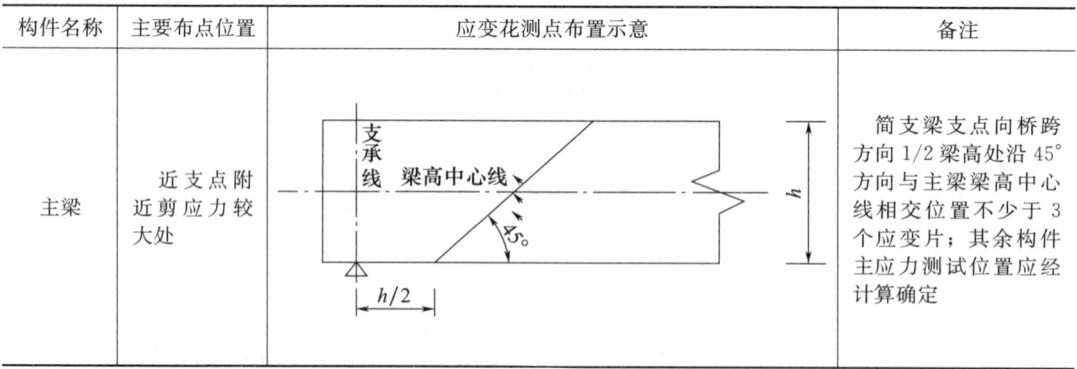

构件名称	主要布点位置	应变花测点布置示意	备注
主梁	近支点附近剪应力较大处		简支梁支点向桥跨方向1/2梁高处沿45°方向与主梁梁高中心线相交位置不少于3个应变片;其余构件主应力测试位置应经计算确定

2) 位移测点布置应遵循下列原则:

(1) 位移测点的测值应能反映结构的最大变位及其变化规律。

(2) 主梁竖向位移的纵桥向测点宜布置在各工况荷载作用下挠度曲线的峰值位置。

(3) 竖向位移测点的横向布置应充分反映桥梁横向挠度分布特征,整体式截面不宜少于3个,多梁式(分离式)截面宜逐片梁布置。常见主梁竖向位移测点的布置见表 6-5。

表 6-5 主梁竖向位移测点布置

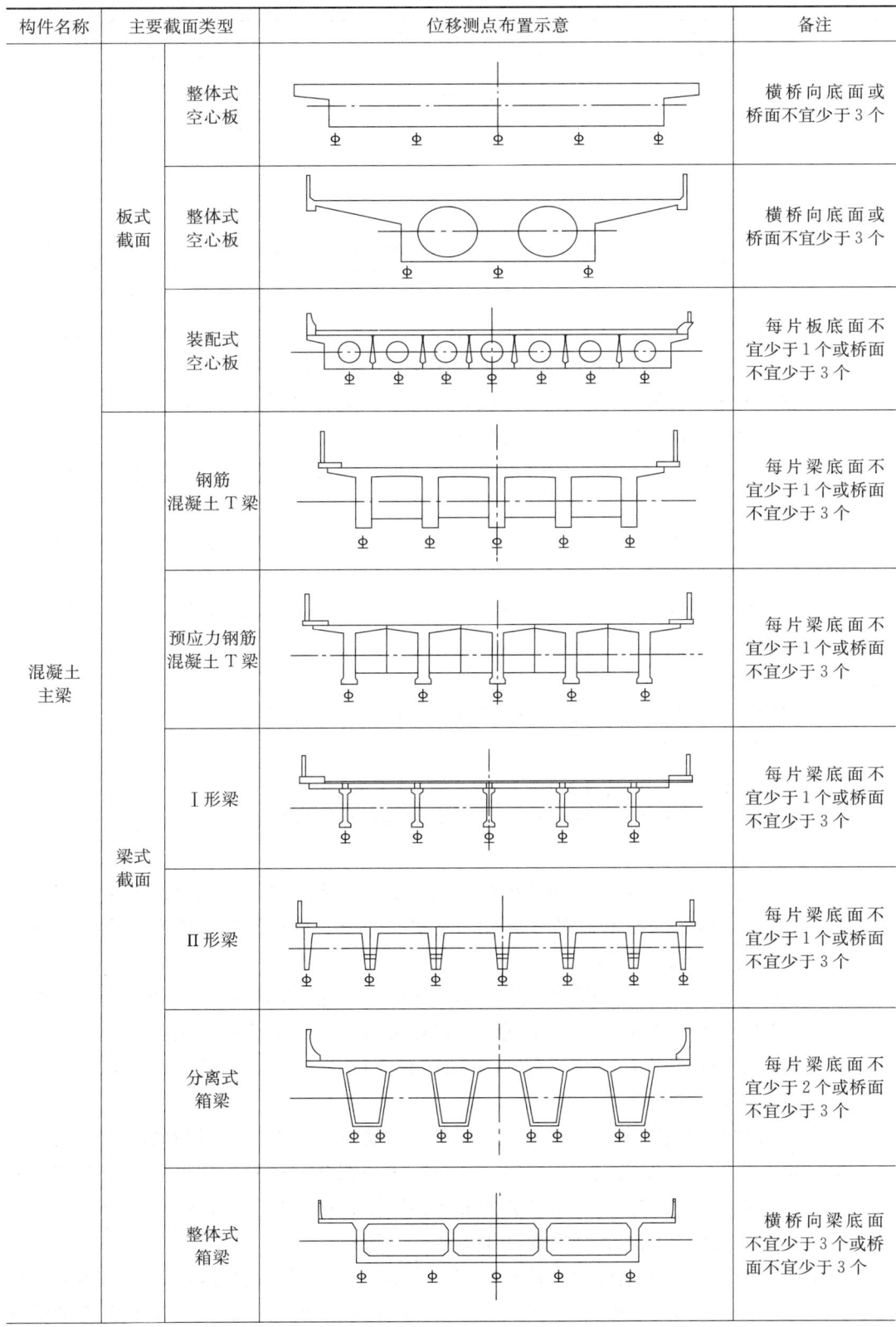

构件名称	主要截面类型		位移测点布置示意	备注
混凝土主梁	板式截面	整体式空心板		横桥向底面或桥面不宜少于3个
		整体式空心板		横桥向底面或桥面不宜少于3个
		装配式空心板		每片板底面不宜少于1个或桥面不宜少于3个
	梁式截面	钢筋混凝土T梁		每片梁底面不宜少于1个或桥面不宜少于3个
		预应力钢筋混凝土T梁		每片梁底面不宜少于1个或桥面不宜少于3个
		I形梁		每片梁底面不宜少于1个或桥面不宜少于3个
		II形梁		每片梁底面不宜少于1个或桥面不宜少于3个
		分离式箱梁		每片梁底面不宜少于2个或桥面不宜少于3个
		整体式箱梁		横桥向梁底面不宜少于3个或桥面不宜少于3个

续表

构件名称	主要截面类型	位移测点布置示意	备注
钢箱梁及钢混组合梁	钢箱梁		横桥向梁底面不宜少于5个或桥面不宜少于3个
	钢混组合梁		每片纵梁底面不宜少于1个或桥面不宜少于3个

(4) 主梁水平位移测点应根据计算布置在相应的最大位移处。

(5) 墩塔的水平位移测点应布置在顶部，并根据需要设置纵、横向测点。

(6) 支点沉降的测点宜靠近支座处布置。

进行挠度测试时，挠度测点通常布置于梁（杆、肋或主拱圈）底面，条件不具备时布置在桥面。

当测试主梁、主拱、加劲梁、主缆等的挠度曲线时，通常在最大、最小挠度控制截面之间内插若干挠度测试截面。

3) 荷载试验测试时，宜采用桥梁施工控制的有效测点，可以节约成本，也便于与施工控制的测试结果进行对比分析。

4) 裂缝测点应布置在开裂明显、宽度较大的部位。

5) 倾角测点宜根据需要布置在转动明显、角度较大的部位。

6. 试验过程控制及记录

1) 试验荷载的分级加载与控制

(1) 正式加载之前应进行预加载。一般采用分级加载的第一级荷载或单辆试验车作为预加载。

(2) 试验荷载应分级施加，加载级数应根据试验荷载总量和荷载分级增量确定，可分成3~5级。当桥梁的技术资料不全时，应增加分级。重点测试桥梁在荷载作用下的响应规律时，可加密加载分级。

(3) 加卸载过程中，应保证非控制截面内力或位移不超过控制荷载作用下的最不利值。

(4) 当试验条件限制时，附加工况的控制截面可只进行最不利加载。

(5) 试验加载过程中，应记录结构出现的异常响动、失稳、扭曲、晃动等异常现象，并采取相应处理措施。

(6) 加载时间间隔应满足结构反应稳定的时间要求。应在前一级荷载阶段内结构反应相对稳定、进行了有效测试及记录后方可进行下一级荷载试验。当进行主要控制截面最大内力（变形）加载试验时，分级加载的稳定时间不应少于5min；对尚未投入运营的新桥，首个工况的分级加载稳定时间不宜少于15min。

加载稳定时间取决于结构变形达到稳定所需的时间。同一级荷载内，当结构最大变形测点在最后5min内的变形增量小于第一个5min变形增量的15%，或小于测量仪器的最小分辨值时,通常认为结构变形达到相对稳定。

若因连接较弱或变形缓慢而造成测点观测值稳定时间较长,如结构的实测变形(或应变)值远小于计算值,一般适当延长加载稳定时间。

(7)应根据各工况的加载分级,对各加卸载过程结构控制点的应变(或变形)、薄弱部位的破损情况等进行观测与分析,并与理论计算值对比。当试验过程中发生下列情况之一时,应停止加载,查清原因,采取措施后再确定是否进行试验:

①控制测点应变值已达到或超过计算值。
②控制测点变形(或挠度)超过计算值。
③结构裂缝的长度、宽度或数量明显增加。
④实测变形分布规律异常。
⑤桥体发出异常响声或发生其他异常情况。
⑥斜拉索或吊索(杆)索力增量实测值超过计算值。

2)试验观测与记录

(1)加载试验之前应对测试系统进行不少于15min的测试数据稳定性观测。

(2)应做好测试时间、环境气温、工况等记录。宜采用自动记录系统并对关键点进行实时监控。当采用人工读数记录时,读数应及时、准确,并记录在专用表格上。

(3)试验前应对既有裂缝的长度、宽度、分布及走向进行观测、记录,并将其标注在结构上;试验时应观测新裂缝的长度、宽度及既有裂缝发展状况,描绘出结构表面裂缝分布及走向,并专门记录。

环境温度变化对超静定结构内力有一定影响。当测试周期较长时,温度变化等引起的结构内力和变形就会对测试结果产生影响。因此需要进行稳定性观测,以便对观测成果进行修正。

采用自动记录系统有利于提高采集效率和精度。

裂缝观测的重点是结构承受拉力较大部位及原有裂缝较长、较宽的部位。裂缝记录通常包括裂缝长度、宽度、走向及相应的荷载工况。

7. 试验数据分析

试验数据分析时,应根据温度变化、支点沉降及仪表标定结果的影响对测试数据进行修正。当影响小于1%时,可不修正。

1)温度影响修正可按式(6-2)进行计算。

$$\Delta S_t = \Delta S - \Delta t K_t \tag{6-2}$$

式中 ΔS_t——温度修正后的测点加载测值变化量;

ΔS——温度修正前的测点加载测值变化量;

Δt——相应于ΔS观测时间段内的温度变化量(℃);对应变宜采用构件表面温度,对挠度宜采用气温;

K_t——空载时温度上升1℃时测点测值变化量;如测值变化与温度变化关系较明显,可采用多次观测的平均值,$K_t = \dfrac{\Delta S_1}{\Delta t_1}$;

ΔS_1——空载时某一时间区段内测点测值变化量;

Δt_1——相应于ΔS_1同一时间区段内温度变化量。

被测构件表面温度与内部温度的差异、贴片位置与非贴片位置的温差、局部贴片与整体贴片间的温差、贴片与补偿片间的温差等，构成了温度影响的复杂性。通常采取缩短加载时间、选择温度变化较稳定的时间段进行试验等办法，尽量减小温度对测试精度的影响。必要时，可利用加载试验前进行的温度稳定性观测数据，建立温度变化和测点测值变化的关系曲线进行温度修正。

2）当支点有沉降发生时，支点沉降修正量可按式（6-3）计算。

$$C = \frac{l-x}{l} \cdot a + \frac{x}{l} \cdot b \tag{6-3}$$

式中　C——测点的支点沉降修正量；
　　　l——A 支点到 B 支点的距离；
　　　x——挠度测点到 A 支点的距离；
　　　a——A 支点沉降量；
　　　b——B 支点沉降量。

3）测点位移或应变可按式（6-4）～式（6-6）计算。

$$S_t = S_l - S_i \tag{6-4}$$
$$S_e = S_l - S_u \tag{6-5}$$
$$S_p = S_t - S_e = S_u - S_i \tag{6-6}$$

式中　S_t——试验荷载作用下测量的结构总位移（或总应变）值；
　　　S_e——试验荷载作用下测量的结构弹性位移（或应变）值；
　　　S_p——试验荷载作用下测量的结构残余位移（或应变）值；
　　　S_i——加载前的测值；
　　　S_l——加载达到稳定时的测值；
　　　S_u——卸载后达到稳定时的测值。

4）测点的相对残余位移（或应变）可按式（6-7）计算。

$$\Delta S_p = \frac{S_p}{S_t} \times 100\% \tag{6-7}$$

式中　ΔS_p——相对残余位移（或应变）。

5）测点校验系数应符合下列规定：

（1）测点校验系数应按式（6-8）计算。

$$\eta = \frac{S_e}{S_s} \tag{6-8}$$

式中　η——校验系数；
　　　S_s——静载试验荷载作用下，某一加载试验项目对应的加载控制截面内力或位移的最大计算效应值。

（2）当结构处于线弹性工作状态时，应根据量测到的测点应变，利用胡克定律计算测点的应力。

（3）应采用实测位移（或应变）最大值 S_{emax} 与横向各测点实测位移（或应变）平均值 $\overline{S_e}$，按式（6-9）计算实测横向增大系数。

$$\xi = \frac{S_{emax}}{\overline{S_e}} \tag{6-9}$$

式中 ξ——横向增大系数。

6）试验曲线的绘制应包括下列主要内容：

（1）列出各加载工况下主要测点实测位移（或应变）与相应的理论计算值的对照表，并绘制出其关系曲线。

（2）绘制各加载工况下主要控制点的位移（或应变等）与荷载或荷载效率的关系曲线。

（3）绘制各加载工况下控制截面位移（或应变）分布图、沿纵（横）桥向挠度图、截面应变沿高度（宽度）分布图等。

试验曲线能直观地反映试验结果。一般通过试验曲线来表示实测应变和理论计算值的比较情况、主要控制点的变形（应变）与荷载的历程曲线、挠度及应变分布情况。通过这些曲线能够对试验结果进行评价，判断异常点、结构工作状态、应变（变形）分布是否符合一般规律等。

7）试验结果分析应包括下列主要内容：

（1）校验系数 η 应包括应变（或应力）校验系数及挠度校验系数，其值应按式（6-8）计算。常见桥梁结构试验的应变（或应力）、挠度校验系数应符合表6-6所示的常值范围。

表6-6 常见桥梁结构试验校验系数常值

桥梁类型	应变（或应力）校验系数	挠度校验系数
钢筋混凝土板桥	0.20～0.40	0.20～0.50
钢筋混凝土梁桥	0.40～0.80	0.50～0.90
预应力混凝土桥	0.60～0.90	0.70～1.00
圬工拱桥	0.70～1.00	0.80～1.00
钢筋混凝土拱桥	0.50～0.90	0.50～1.00
钢桥	0.75～1.00	0.75～1.00

（2）处于线弹性工作状况的结构，测点实测位移（或应变）与其理论值应呈线性关系。

（3）对常规结构，实测的结构或构件主要控制截面应变沿高度分布应符合平截面假定。

（4）主要控制测点的相对残余变形（或应变）ΔS_p 越小，说明结构越接近弹性工作状况。ΔS_p 不宜大于20%。当 ΔS_p 大于20%时，表明桥梁结构的弹性状态不佳，应分析原因，必要时再次进行荷载试验加以确定。

（5）试验荷载作用下新桥裂缝宽度不应超过《公路钢筋混凝土及预应力混凝土桥涵设计规范》（JTG 3362—2018）规定的容许值，卸载后其扩展宽度应闭合到容许值的1/3；在用桥梁的裂缝宽度不宜超过《公路桥梁承载能力检测评定规程》（JTG/T J21—2011）的规定。

（6）超过（5）的规定时，应结合校验系数的计算结果，分析原因，采取措施。同类桥型校验系数越小，结构的安全储备越大。校验系数过大或过小应从多方面分析原因。过大，可能因为组成结构的材料强度或弹性模量较低、结构各部分连接性能较差、刚度较低等；过小，可能因为材料的强度或弹性模量较高、桥面铺装及人行道等与主梁（肋）共同受力、拱上建筑与拱圈共同作用、计算理论或简化图式的影响等。试验时加载物的称量误差、仪表的观测误差等也对校验系数有一定影响。一般来说，新建桥梁的校验系数较小，旧桥的校验系数较大。校验系数超出常值范围时，通常结合动载试验成果进行综合分析判断。

6.2.3 桥梁动载试验

1. 一般规定

桥梁动载试验应测试桥跨结构的自振频率和冲击系数。存在下列情形之一时，动载试验应增加测试桥跨结构的振型和阻尼比；必要时，尚应测试桥梁结构的动挠度和动应变，并掌握车辆振源特性：

1）单跨跨径超过 80m 的梁桥、T 型刚构桥、连续刚构桥和单跨跨径超过 60m 的拱桥、斜拉桥、悬索桥及其他组合结构桥梁。

2）存在异常振动的桥梁。

3）仅依据静载试验不能系统评价结构性能时。

对多联（孔）桥梁同时开展静、动载试验时，动载试验桥联（孔）应选择与静载试验相同的桥联（孔）；其他情况下应根据结构评价需要，选择具有代表性的桥联（孔）。进行多联（孔）桥梁动载试验时，选择的联（孔）在结构形式上体现代表性原则，在结构技术状况和结构受力上体现最不利原则。

动载试验采用的加载车辆应性能良好，无异常振动。

2. 试验工况及测试截面

桥梁动载试验工况应根据具体的测试参数和采用的激振方法确定。

激振方法可根据结构特点、测试的精度要求、方便性及现场实际情况确定，宜采用环境随机激振法、行车激振法和跳车激振法，也可采用起振机激振法或其他激振方法。

环境随机激振法（脉动法），是指在桥面无任何交通荷载以及桥址附近无规则振源的情况下，通过测定桥梁由风荷载、地脉动、水流等随机激励引起的微幅振动来识别结构自振特性参数的方法。该方法需对采集的长样本信号进行能量平均，以便消除随机因素的影响。对悬索桥、斜拉桥等自振频率较低的桥型，为保证频率分辨率和提高信噪比，采集时间一般不少于 30min。对于小跨径桥梁，采集时间可以酌情减少。环境激振法更适合大跨柔性桥梁。

行车激振法，是利用车辆驶离桥面后引起的桥梁结构余振信号来识别结构自振特性参数，对小阻尼桥梁效果较好。为提高信噪比，获取尽可能大的余振信号，可采用不同的车速进行多次试验，或在桥跨特征截面设置弓形障碍物进行激振（有障碍行车激振）。通常结合行车动力响应试验统筹考虑获取余振信号。

跳车激振法，是通过让单辆载重汽车的后轮在指定位置从三角形垫块上突然下落对桥梁产生冲击作用，激起桥梁的振动。该方法更适用于其他方法不易激振的、刚度较大的桥梁，如石拱桥、小跨径梁式桥等。

梁式桥采用跳车激振法时，一般进行车辆自重附加质量影响的修正。研究表明，对跨径小于 20m 的简支梁桥，车辆自重的影响是不可忽略的。

起振机激振法，是指利用起振机采用可控的定点正弦激励或正弦扫描激励使结构产生稳态振动。该方法测试精度高，但需要较为庞大的起振机设备，运输不方便，同时安装起振机对桥面将产生一定的损伤。在需要高精度识别桥梁结构动力特性时，可以采用此方法。

1) 动力响应试验工况应包括下列主要内容：

(1) 无障碍行车试验：宜在 5～80km/h 范围内取多个大致均匀分布的车速进行行车试验。车速在桥联（孔）上宜保持恒定，每个车速工况应进行 2～3 次重复试验。

(2) 有障碍行车试验：可设置如图 6-2 所示的弓形障碍物模拟桥面坑洼进行行车试验，车速宜取 5～20km/h，障碍物宜布置在结构冲击效应显著部位。

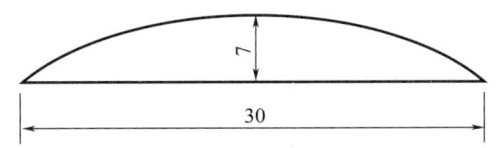

图 6-2 弓形障碍物横断面示意（尺寸单位：cm）

(3) 制动试验：车速宜取 30～50km/h，制动部位应为动态效应较大的位置。对漂浮体系桥梁，应测试主梁纵向位移等项目。

根据测试需要，加载车辆可以是单辆，也可以是两辆或多辆车。两辆或多辆车加载时，通常要注意车辆间的配合。

桥面无障碍行车试验的车速根据设计车速、路幅宽度、桥面线形、路况等因素综合考虑，采用测速仪或由实测时程信号在特征部位的起讫时间确定实际车速。在保证安全的情况下，通常取较大的车速范围。冲击系数是与桥面平整度、车-桥耦合振动等相关的随机变量，单次试验的随机性较大，会影响评价的客观性，因此每个车速工况通常进行 2～3 次重复试验。

宜首选无障碍行车试验，有障碍行车试验和制动试验可根据实际情况选择。

2) 测试截面及测点布置应符合下列规定：

(1) 桥梁动载试验的测试截面应根据桥梁结构振型特征和行车动力响应最大的原则确定。一般可根据桥梁结构规模按跨径 8 等分或 16 等分简化布置。桥塔或高墩，宜按高度分 3～4 个节段分段布置。

(2) 对常见的简支梁桥及连续梁桥，根据具体情况可参照表 6-7～表 6-9 选择测试截面。

表 6-7 简支梁桥前 5 阶模态的传感器布置方案

模态阶数	至少需要传感器数	测点布设位置
1	1	$L/2$
2	2	$L/4$、$3L/4$
3	3	$L/6$、$L/2$、$5L/6$
4	4	$L/8$、$3L/8$、$5L/8$、$7L/8$
5	5	$L/10$、$3L/10$、$L/2$、$7L/10$、$9L/10$

注：L—简支梁桥的计算跨径。

表 6-8　两等跨连续梁前 4 阶模态的传感器布置方案

模态阶数	至少需要传感器数	测点布设位置
1	2	$L/4$、$3L/4$
2	4	$L/8$、$3L/8$、$5L/8$、$7L/8$
3	6	$L/12$、$L/4$、$5L/12$、$7L/12$、$3L/4$、$11L/12$
4	8	$L/16$、$3L/16$、$5L/16$、$7L/16$、$9L/16$、$11L/16$、$13L/16$、$15L/16$

注：L—桥梁跨径总长。

表 6-9　三等跨连续梁前 3 阶模态的传感器布置方案

模态阶数	至少需要传感器数	测点布设位置
1	3	$L/6$、$L/2$、$5L/6$
2	6	$L/12$、$L/4$、$5L/12$、$7L/12$、$3L/4$、$11L/12$
3	9	$L/18$、$L/6$、$5L/18$、$7L/18$、$L/2$、$11L/18$、$13L/18$、$5L/6$、$17L/18$

注：L—桥梁跨径总长。

（3）大型桥梁振型测试可将结构分成几个单元分别测试，整个试验布置一固定参考点（应避开振型节点），每次测试都应包括固定参考点。将几个单元的测试数据通过参考点关联，拟合得到全桥结构振型图。

（4）在测试桥梁结构行车响应时，应选择桥梁结构振动响应幅值最大部位为测试截面。简单结构宜选择跨中 1 个测试截面，复杂结构应增加测试截面。

（5）用于冲击效应分析的动挠度测点每个截面应至少 1 个。采用动应变评价冲击效应时，每个截面在结构最大活载效应部位的测点数不宜少于 2 个。

3. 测试内容

桥梁自振特性试验应包括竖平面内弯曲、横向弯曲自振特性以及扭转自振特性的测试，根据试验目的和需要确定是否测试纵桥向竖平面内弯曲自振特性。桥梁的测试阶次应不少于表 6-10 的规定。

表 6-10　桥梁的测试阶次

桥型	简支梁桥	非简支梁桥、拱桥	斜拉桥、悬索桥
测试阶次	1 阶	3 阶	9 阶

动力响应测试应包括动挠度、动应变、振动加速度、速度及冲击系数。桥梁动挠度测试难度较大时，一般仅测试动应变以获得应变冲击系数。

4. 试验荷载

无障碍行车试验可采用与静载试验加载车辆相同的载重车辆，车辆轴重产生的局部效应不应超过车辆荷载效应，避免对横系梁、桥面板等局部构件造成损伤。有障碍行车试验和制动试验可采用与无障碍行车试验相同的单辆或多辆载重车。

无障碍行车试验荷载效率可按式（6-10）计算，η_d 宜取高值，但不应超过 1。

$$\eta_d = \frac{S_d}{S_{l\max}} \qquad (6-10)$$

式中　η_d——动载试验荷载效率；

S_d——动载试验荷载作用下控制截面的最大内力或变形；

$S_{l\max}$——控制荷载作用下控制截面的最大内力或变形(不计冲击)。

单辆车的动载试验响应偏低时,无障碍行车试验宜每个车道布置一辆试验车,横向并列一排同步行驶,在行驶过程中宜保持车辆的横向间距不变。

对于大型桥梁,单辆车的荷载效率可能偏低,通常采用多辆车横向并列一排同步行驶进行行车试验。为保证试验的安全性,在纵桥向一般不安排车队。在实际操作中,为保证试验安全,荷载效率可酌情降低。

对于装配式结构,在保证试验安全的情况下,动挠度测试通常按照车辆行驶的轨迹线进行,必要时在桥面绘制行车线路标志。

5. 试验过程控制及记录

试验过程控制应包括下列内容:

1) 正式试验前应进行预加载试验,对测试系统进行稳定性检查。桥梁空载状态下,动应变、动挠度信号在预定采集时间内的零点漂移不宜超过预计最大值的5%。

2) 宜根据预加载试验具体情况对试验方案或测试设备参数设置做调整。按照调整确定的试验方案与试验程序进行加载试验,观测并记录各测试参数,并采取措施避免电磁场以及对讲机、手机等对测试结果的影响。

3) 正式试验过程中,应根据观测和测试结果,实时判断结构状态是否正常、测试数据是否异常、是否需要终止试验,确保试验安全。各工况试验完成后,应对测试数据进行检查和确认。如发现幅值异常或突变、零点严重偏离、异常电磁干扰、噪声过大等,应在排除故障后重新进行试验。

4) 应保证记录的试验荷载参数,传感器规格、灵敏度、编号、连接通道号,适配器、采集器采样频率、滤波频率、换算系数等信息的完整性。

5) 全部试验完成后,应在现场对主要的测试数据进行检查和初步分析,确保测试数据的准确性和完整性。

桥梁动态测试设备属弱电设备,设备需要远离电磁干扰源,因此要采取屏蔽措施。在仪器附近使用对讲机、手机等通信设备可能会产生意想不到的干扰,试验前通常进行必要验证,以控制此类干扰。

动载试验测试系统的性能应满足试验对量程、精度、分辨率、稳定性、幅频特性、相频特性的要求。传感器安装应与主体结构保持良好接触,无相对振动。

用于冲击系数计算分析的动挠度、动应变信号的幅值分辨率不应大于最大实测幅值的1%。

对行车试验的动挠度、动应变信号进行采集和处理时,若幅值分辨率太低,结构动态增量、冲击系数分析结果就会产生较大误差。当幅值分辨率为实测时程曲线最大幅值的1%时,假定冲击系数为0.10,则幅值分辨率这一因素产生的冲击系数测试误差不超过5%。

进行数据采集和频谱分析时,应合理设置采样、分析参数,频率分辨率不宜大于实测自振频率的1%。

采样频率宜取10倍以上的最高有用信号频率。信号采集时间宜保证频谱分析时谱平均次数不少于20次。常用的采集、分析参数设置可见表6-11。在行车激振或跳车激振等强迫振动下,宜直接测试桥梁结构振动的加速度、速度和变形。

表 6-11 动态信号采集主要参数设置及相互关系

序号	参数名称	参数符号	单位	关系	建议取值
1	采样频率	f_s	Hz	$f_s=\dfrac{1}{\Delta T}$ ΔT 为采样间隔	$f_s \geq 10 f_{max}$
2	分析宽带	f_b	Hz	$f_b=\dfrac{f_s}{K}$ （$K>2$，采用动态信号分析仪时仪器默认）	f_b 与 f_s 联动
3	频率分辨率	Δf	Hz	$\Delta f=\dfrac{f_b}{n_l}=\dfrac{f_s}{Kn_l}=\dfrac{f_s}{m_l}$	$\Delta f \leq 0.01 f_{max}$
4	数据块长度	m_l	点	$m_l = K \times n_l = f_s \times t$	与 n_l 联动
5	谱线数	n_l	线	$n_l=\dfrac{f_b}{\Delta f}=\dfrac{f_s}{K\Delta f}$	由其他参数计算得到
6	样本时间长度	l	s	$t=\dfrac{m_l}{f_s}=\dfrac{n_l}{f_b}$	由其他参数得出

注：f_{max}——最高有用信号频率。

对于超低频随机信号，微积分（特别是二次微积分）运算尚无法保证足够的精度，且结果随机性大，因此避免使用通过间接物理量积分运算的方法。

6. 试验数据分析

试验数据分析前，应对测试信号进行检查和评判，并进行剔除异常数据、去趋势项、数字滤波等必要的预处理，之后对预处理后的试验数据进行分析。各参数分析方法如下：

1）结构自振频率可采用频谱分析法、波形分析法或模态分析法得到。自振频率宜取用多次试验、不同分析方法的结果相互验证。单次试验的实测值与均值的偏差不应超过 $\pm 3\%$。

2）桥梁结构阻尼可采用波形分析法、半功率带宽法或模态分析法得到。结构阻尼参数宜取用多次试验所得结果的均值，单次试验的实测结果与均值的偏差不应超过 $\pm 20\%$。

3）振型参数宜采用环境激振等方法进行模态参数识别。宜采用专用软件进行分析，可同时得到振型、固有频率及阻尼比等参数。

4）计算冲击系数时应优先采用桥面无障碍行车下的动挠度时程曲线计算。对小跨径桥梁的高速行车试验，当判断直接求取法误差较大时，应根据实际情况采用数字低通滤波法求取最大静挠度或应变。对特大跨径桥梁，受现场条件限制无法测定动挠度时，可采用动应变时程曲线计算冲击系数。

$$\mu=\frac{f_{dmax}}{f_{jmax}}-1=\frac{f_{dmax}}{\dfrac{f_{dmax}+f_{dmin}}{2}}-1=\frac{f_{dmax}}{f_{dmax}-\dfrac{f_{p-p}}{2}}-1 \quad (6-11)$$

式中 f_{dmax}——最大动挠度幅值；

f_{jmax}——取波形振幅中心轨迹的顶点值，或通过低通滤波求取；

f_{dmin}——与 f_{dmax} 对应的动挠度波谷值；

f_{p-p}——挠度动态分量的峰值。

5）冲击系数宜取同截面（或部位）多个测点的均值，进行多次试验时可取该车速下的最大值。

6）分析计算和资料整理应包括下列内容：

（1）动载试验荷载效率。

（2）各试验工况下动挠度、动应变、加速度等的时域统计特性，包括最大值、最小值、均值和方差等。

（3）典型工况下主要测点的实测时程曲线。

（4）典型的自振频谱图。

（5）实测自振频率与计算频率列表比较。

（6）冲击系数-车速相关曲线图或列表。

（7）其他必要的图表、曲线、照片等数据或资料。

7）桥梁结构性能分析应通过下列方法进行：

（1）比较实测自振频率与计算频率，实测频率大于计算频率时，可认为结构实际刚度大于理论刚度，反之则实际刚度偏小。

（2）比较自振频率、振型及阻尼比的实测值与计算数据或历史数据，可根据其变化规律初步判断桥梁技术状况是否发生变化。

（3）比较实测冲击系数与设计所用的冲击系数，实测值大于设计值时应分析原因。

6.3 桥梁技术状况评定

公路桥梁评定是一个综合评价问题的过程，在工作中，涉及评定方法与评定标准。对于评定对象，又涉及许多相关因素：一条线路包括许多桥梁；一座桥梁包括上部、下部和基础，每部分又包含许多基本构件；一个构件，因设计施工、使用中的多种原因可能存在一种或多种缺损。因此，桥梁评定工作十分复杂。

桥梁技术状况评定主要是对桥梁的安全性、适用性和耐久性的评定。按评定目的和依据的不同，桥梁技术状况评定可分为一般评定和适应性评定。一般评定由负责定期检查者依据桥梁定期检查资料，通过对桥梁各部件技术状况的综合评定，确定桥梁的技术状况等级，提出各类桥梁的养护措施；适应性评定由有相应资质及能力的单位依据桥梁定期检查及特殊检查资料，结合试验与结构受力分析，评定桥梁的实际承载能力、通行能力、抗洪能力。

《公路桥梁技术状况评定标准》（JTG/T H21—2011）对桥梁技术状况的评定方法和评定标准做了详细的规定。《公路桥梁养护规范》（JTG 5120—2021）依据桥梁初始检查、定期检查资料，通过对桥梁各部件技术状况的综合评定，确定桥梁的技术状况等级，提出养护措施。

6.3.1 桥梁一般评定

随着桥梁养护管理工作的重要性被认知，桥梁技术状况评定工作也得到重视。以下结合规范《公路桥梁技术状况评定标准》（JTG/T H21—2011）和《公路桥涵养护规范》（JTG 5120—2021）介绍桥梁技术评定的方法。

《公路桥梁技术状况评定标准》(JTG/T H21—2011) 中公路桥梁技术状况评定包括桥梁构件、部件、桥面系、上部结构、下部结构和全桥评定。公路桥梁技术状况评定应采用分层综合评定与 5 类桥梁单项控制指标相结合的方法，先对桥梁各构件进行评定，然后对桥梁各部件进行评定，再对桥面系、上部结构和下部结构分别进行评定，最后进行桥梁总体技术状况的评定。评定指标如图 6-3 所示。

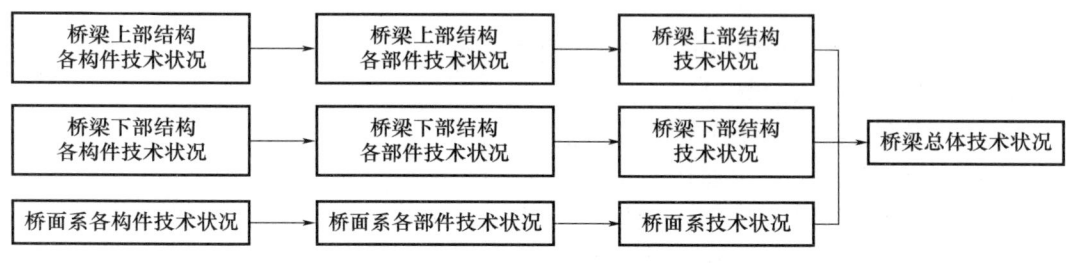

图 6-3　桥梁技术状况评定指标

1. 桥梁技术状况评定的流程（图 6-4）

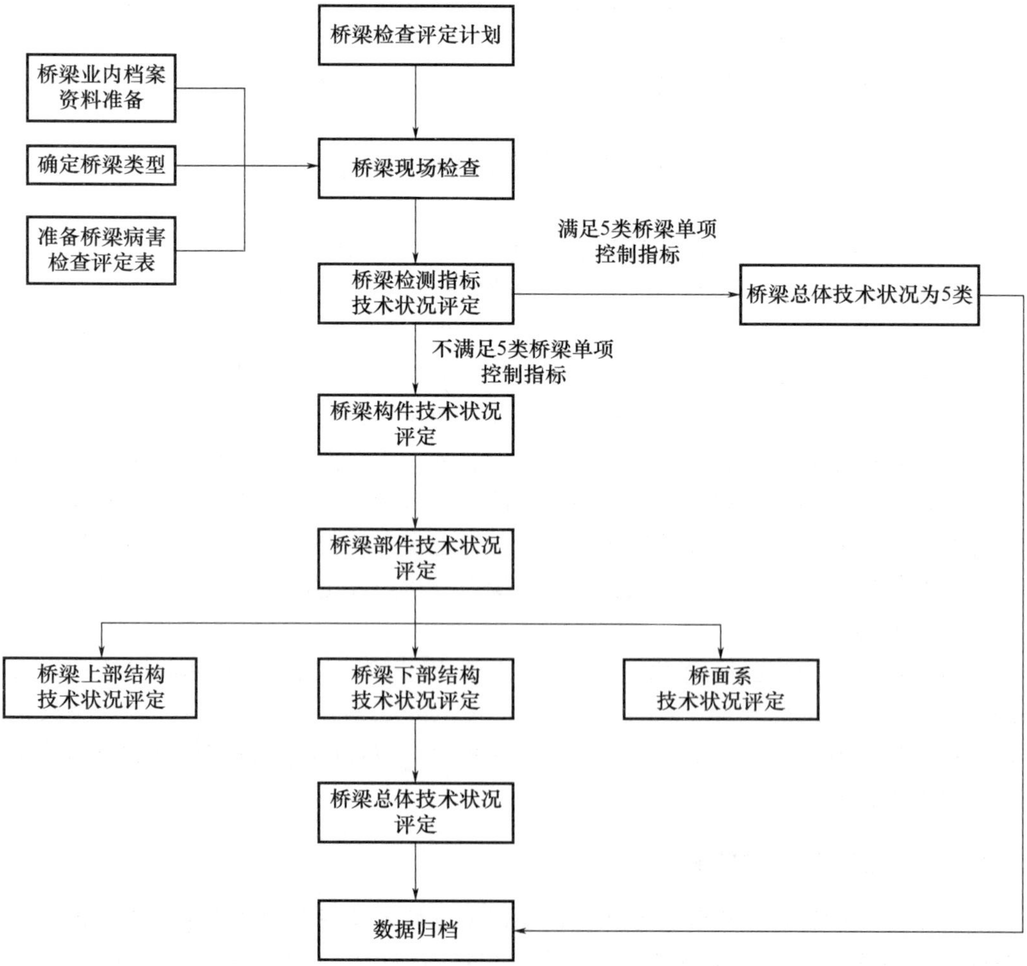

图 6-4　桥梁技术状况评定工作流程

2. 技术状况评定等级（表6-12）

表6-12　桥梁技术状况评定等级及状态描述

技术状况等级	状态	技术状况描述
1类	完好、良好	1. 主要部件功能与材料均良好； 2. 次要部件功能良好，材料有少量（3%以内）轻度缺损； 3. 承载能力和桥面行车条件符合设计标准
2类	较好	1. 主要部件功能良好，材料有少量（3%以内）轻度缺损，结构受力裂缝宽度小于设计限值； 2. 次要部件有较多（10%以内）中等缺损； 3. 承载能力和桥面行车条件达到设计指标
3类	较差	1. 主要部件材料有较多（10%以内）中等缺损，结构受力裂缝宽度超过设计限值，或出现轻度功能性病害，发展缓慢，尚能维持正常使用功能； 2. 次要部件有大量（10%～20%）严重缺损，功能降低，进一步恶化将不利于主要部件和影响正常交通； 3. 承载能力比设计降低10%以内，桥面行车不舒适
4类	差	1. 主要部件材料有大量（10%～20%）严重缺损，结构受力裂缝宽度超过设计限值，锈蚀严重，或出现轻度功能性病害，且发展较快。结构变形小于或等于设计限值，功能明显降低； 2. 次要部件有20%以上的严重缺损，失去应有功能，严重影响正常交通； 3. 承载能力比设计降低10%～25%
5类	危险	1. 主要部件出现严重的功能性病害，且有继续扩张现象，关键部位的部分材料强度达到极限，出现部分钢丝或钢筋断裂、混凝土压碎或杆件失稳变形、破损现象，变形大于设计限值，结构的强度、刚度、稳定性和动力响应不能达到交通安全通行的要求； 2. 承载能力比设计降低25%以上

各结构桥梁主要部件见表6-13。

表6-13　各结构桥梁主要部件

结构类型	主要部件
梁式桥	上部结构承重构件、桥墩、桥台、基础、支座
板拱桥、肋拱桥、箱型拱桥、双曲拱桥	主拱圈、拱上结构、桥面板、桥墩、桥台、基础
刚架拱桥、桁架拱桥	刚架（桁架）拱片、横向联结系、桥面板、桥墩、桥台、基础
钢-混凝土组合拱桥	拱肋、横向联结系、立柱、系杆、吊杆、行车道板、支座
悬索桥	主缆、吊索、加劲梁、索塔、锚碇、桥墩、基础、支座
斜拉桥	斜拉索、主梁、索塔、桥墩、桥台、基础、支座

3. 桥梁技术状况评定计算

1）桥梁构件的技术状况评分，按式（6-12）计算。

$$\mathrm{PMCI}_i(\mathrm{BMCI}_i \text{ 或 } \mathrm{DMCI}_i) = 100 - \sum_{x=1}^{k} U_x \tag{6-12}$$

当 $x=1$ 时

$$U_1 = \mathrm{DP}_{i1} \tag{6-13}$$

当 $x \geqslant 2$ 时

$$U_x = \frac{DP_{ij}}{100 \times \sqrt{x}} \times \left(100 - \sum_{y=1}^{x-1} U_y\right) \text{（其中 } j = x\text{）} \qquad (6\text{-}14)$$

当 $DP_{ij} = 100$ 时

$$PMCI_i \text{（}BMCI_i \text{ 或 }DMCI_i\text{）} = 0 \qquad (6\text{-}15)$$

式中 $PMCI_i$——上部结构第 i 类部件 l 构件的得分，值域为 0~100 分；

$BMCI_i$——下部结构第 i 类部件 l 构件的得分，值域为 0~100 分；

$DMCI_i$——桥面系第 i 类部件 l 构件的得分，值域为 0~100 分；

k——第 i 类部件 l 构件出现扣分的指标的种类数；

U、x、y——引入的变量；

i——部件类别，例如 i 表示上部承重构件、支座、桥墩等；

j——第 i 类部件 l 构件的第 j 类检测指标；

DP_{ij}——第 i 类部件 l 构件的第 j 类检测指标的扣分值；根据构件各种检测指标扣分值进行计算，扣分值按表 6-14 的规定取值。

表 6-14 构件各检测指标扣分值

检测指标所能达到的最高等级类别	指标类别				
	1 类	2 类	3 类	4 类	5 类
3 类	0	20	35	—	—
4 类	0	25	40	50	—
5 类	0	35	45	60	100

2）桥梁部件的技术状况评分，按式（6-16）计算。

$$PCCI_i = \overline{PMCI_i} - (100 - PMCI_{min})/t \qquad (6\text{-}16)$$

或

$$BCCI_i = \overline{BMCI_i} - (100 - BMCI_{min})/t \qquad (6\text{-}17)$$

或

$$DCCI_i = \overline{DMCI_i} - (100 - DMCI_{min})/t \qquad (6\text{-}18)$$

式中 $PCCI_i$——上部结构第 i 类部件的得分，值域为 0~100 分；当上部结构中的主要部件某一构件评分值 $PMCI_l$ 在 [0，60) 区间时，其相应的部件评分值 $PCCI_i = PMCI_l$；

$\overline{PMCI}$——上部结构第 i 类部件各构件的得分平均值，值域为 0~100 分；

$BCCI_i$——下部结构第 i 类部件的得分，值域为 0~100 分；当下部结构中的主要部件某一构件评分值 $BMCI_l$ 在 [0，60) 区间时，其相应的部件评分值 $BCCI_i = BMCI_l$；

$\overline{BMCI}$——下部结构第 i 类部件各构件的得分平均值，值域为 0~100 分；

$DCCI_i$——桥面系第 i 类部件的得分，值域为 0~100 分；

$\overline{DMCI}$——桥面系第 i 类部件各构件的得分平均值，值域为 0~100 分；

$PCCI_{min}$——上部结构第 i 类部件中分值最低的构件得分值；

$BCCI_{min}$——下部结构第 i 类部件中分值最低的构件得分值；

$DCCI_{min}$——桥面系第 i 类部件分值最低的构件得分值；

t——随构件的数量而变的系数，见表 6-15。

表 6-15　t 值

n（构件数）	t	n（构件数）	t
1	∞	20	6.6
2	10	21	6.48
3	9.7	22	6.36
4	9.5	23	6.24
5	9.2	24	6.12
6	8.9	25	6.00
7	8.7	26	5.88
8	8.5	27	5.76
9	8.3	28	5.64
10	8.1	29	5.52
11	7.9	30	5.4
12	7.7	40	4.9
13	7.5	50	4.4
14	7.3	60	4.0
15	7.2	70	3.6
16	7.08	80	3.2
17	6.96	90	2.5
18	6.84	100	2.5
19	6.72	≥200	2.3

注：1. n 为第 i 类部件的构件总数。
    2. 表中未列出的 t 值采用内插法计算。

3) 桥梁上部结构、下部结构、桥面系的技术状况评分，按式（6-19）计算。

$$\text{SPCI}(\text{SBCI 或 BDCI}) = \sum_{i=1}^{m} \text{PCCI}_i(\text{BCCI}_i \text{ 或 } \text{DCCI}_i) \times W_i \tag{6-19}$$

式中　SPCI——桥梁上部结构技术状况评分，值域为 0~100 分；
　　　SBCI——桥梁下部结构技术状况评分，值域为 0~100 分；
　　　BDCI——桥面系技术状况评分，值域为 0~100 分；
　　　m——上部结构（下部结构或桥面系）的部件种类数；
　　　W_i——第 i 类部件的权重，参照《公路桥梁技术状况评定标准》的规定取值；对于桥梁中未设置的部件，应根据此部件的隶属关系，将其权重值分配给各既有部件，分配原则按照各既有部件权重在全部既有部件权重中所占比例进行分配。

4) 桥梁总体的技术状况评分，按式（6-20）计算。

$$D_r = \text{BDCI} \times W_D + \text{SPCI} \times W_{SP} + \text{SBCI} \times W_{SB} \tag{6-20}$$

式中 D_r——桥梁总体技术状况评分,值域为 0~100 分;
　　　W_D——桥面系在全桥中的权重,按表 6-16 的规定取值;
　　　W_{SP}——上部结构在全桥中的权重,按表 6-16 的规定取值;
　　　W_{SB}——下部结构在全桥中的权重,按表 6-16 的规定取值。

表 6-16 桥梁结构组成权重值

桥梁部位	权重
上部结构	0.40
下部结构	0.40
桥面系	0.20

4. 桥梁技术状况分类界限（表 6-17）

表 6-17 桥梁技术状况分类界限

技术状况评分	技术状况等级 D_j				
	1类	2类	3类	4类	5类
D_r （SPCI、SBCI、BDCI）	[95, 100]	[80, 95)	[60, 80)	[40, 60)	[0, 40)

当上部结构和下部结构技术状况等级为 3 类、桥面系技术状况等级为 4 类,且桥梁总体技术状况评分为 40≤D_r<60 时,桥梁总体技术状况等级应评定为 4 类。

全桥总体技术状况等级评定时,当主要部件评分达到 4 类或 5 类且影响桥梁安全时,可按照桥梁主要部件最差的缺损状况评定。

在桥梁技术状况评价中,有下列情况之一时,整座桥应评为 5 类桥:

(1) 上部结构有落梁,或有梁、板断裂现象。

(2) 梁式桥上部承重构件控制截面出现全截面开裂,或组合结构上部承重构件结合面开裂贯通,造成截面组合作用严重降低。

(3) 梁式桥上部承重构件有严重的异常位移,存在失稳现象。

(4) 结构出现明显的永久变形,变形大于规范值。

(5) 关键部位混凝土出现压碎或杆件失稳倾向,或桥面板出现严重塌陷。

(6) 拱式桥拱脚严重错台、位移,造成拱顶挠度大于限值;或拱圈严重变形。

(7) 圬工拱桥拱圈大范围砌体断裂、脱落现象严重。

(8) 腹拱、侧墙、立墙或立柱产生破坏,造成桥面板严重塌落。

(9) 系杆或吊杆出现严重锈蚀或断裂现象。

(10) 悬索桥主缆或多根吊索出现严重锈蚀、断丝。

(11) 斜拉桥拉索钢丝出现严重锈蚀、断丝,主梁出现严重变形。

(12) 扩大基础冲刷深度大于设计值,冲空面积达 20% 以上。

(13) 桥墩（桥台或基础）不稳定,出现严重滑动、下沉、位移、倾斜等现象。

(14) 悬索桥、斜拉桥索塔基础出现严重沉降或位移,或悬索桥锚碇有水平位移或沉降。

注意事项：

(1) 当单个桥梁存在不同结构形式时，可根据结构形式的分布情况划分评定单元，分别对各评定单元进行桥梁技术状况的等级评定。

(2) 由于实际当中桥梁可能由两种或者多种不同结构形式组成，当单个桥梁存在既有梁桥又有拱桥或其他桥型，或者主桥和引桥结构形式不同等情况时，可根据结构形式的分布情况采用划分评定单元的方式，逐一对各评定单元进行桥梁技术状况的等级评定，然后以技术状况等级评定结果最差的一个评定单元作为全桥的评定结果。

6.3.2 桥梁适应性评定

桥梁适应性评定可根据需要进行。评定工作可与定期检查、特殊检查结合进行。桥梁适应性评定包括承载能力评定、通行能力评定、抗灾害能力评定、耐久性评定。承载能力评定，可采用分析验算或荷载试验方法。通行能力评定，可将设计通行能力与实际交通量进行比较，也可和使用期预测交通量进行比较，评价桥梁能否满足现行或预期交通量的要求。抗灾害能力评定，可采用现场测试与分析验算方法，重要桥梁可进行模拟试验。耐久性评定，可采用外观耐久状态评定与剩余耐久年限评定相结合的方法。

1) 评定周期一般为3~6年，评定工作可与桥梁定期检查、特殊检查结合进行，建议在一个或两个定期检查周期之间安排。由于我国交通运输发展迅猛，适应性评定不可间隔太久。

2) 经常受洪水威胁的山区公路桥梁，宜每年进行一次抗洪能力评定。

3) 如遇洪水达到设计洪水位及以上，当年应进行一次抗洪能力评定。

4) 汛期应积极组织人员对所辖路线上的桥梁进行昼夜巡查，防洪指挥部实行全天24h值班。

1. 公路桥梁通行能力评定

桥梁线路通行能力适应率 β_t 计算公式如下：

$$\beta_t = \frac{N_t}{N} \times 100\% \tag{6-21}$$

式中　β_t——桥梁线路通行能力适应率；

　　　N_t——考查线路上计算通行能力满足交通量要求的桥梁座数；

　　　N——考查线路上总的桥梁座数。

当 $90\% \leqslant \beta_t \leqslant 100\%$ 时，线路通行能力评定等级为"良好"；当 $70\% \leqslant \beta_t < 90\%$ 时，线路通行能力评定等级为"适应"；当 $\beta_t < 70\%$ 时，线路通行能力评定等级为"不适应"。

2. 公路桥梁抗灾害能力评定

评估桥梁的抗灾能力，应根据桥梁所处的水文地质条件、气象特征、运营条件，结合对桥梁的技术检查，进行综合分析。

根据桥梁所在河流的地理位置、孔径大小、桥孔位址、桥下净空、基础埋深、墩台基础冲刷、河流与河床的稳定等情况，将公路桥梁防洪能力划分为强、可、弱、差四个等级。现场检查与测量后，按公路桥梁原有的技术等级进行检算评定，评定标准见表6-18。

表 6-18 桥梁防洪能力评定标准

等级	评定标准
强	1. 桥下实际过水面积满足设计要求，桥下净空符合规定； 2. 桥孔位置合适，调治构造物设置合理、齐全； 3. 河床稳定； 4. 墩、台基础埋深足够，基底埋深安全值满足要求，浅基础已做防护，防护周边的冲刷深度小于设计冲刷深度； 5. 墩台无明显冲蚀、剥落
可	1. 桥下实际过水面积基本满足设计要求，河道压缩小于10%，上部结构底面高程与梁底最低计算高程相同； 2. 桥孔位置略有偏置，设置了调治构造物，调治构造物有局部缺损； 3. 河床基本稳定； 4. 墩、台基础埋深基本满足要求，浅基础防护基本完好； 5. 墩、台有冲蚀、剥落，面积小于10%，深度小于20mm
弱	1. 桥下实际过水面积不满足设计要求，但不小于设计的80%，或河道压缩小于20%；上部结构底面高程基本与梁底最低计算高程相同； 2. 桥孔有偏置，调治构造物不齐全或有较大损坏； 3. 河床有冲刷； 4. 墩、台基础埋深安全值较低，浅基础防护损坏明显； 5. 墩、台有冲蚀、剥落、露筋，面积超过10%，钢筋锈蚀
差	1. 桥下实际过水面积小于设计的80%，或河道压缩超过20%；上部结构底面高程低于梁底最低计算高程； 2. 桥孔偏置；应设而未设调治构造物，或调治构造物严重损坏； 3. 河床不稳定，冲刷严重； 4. 墩、台基础埋深不够，浅基础无防护或防护被冲空面积超过20%； 5. 墩、台冲蚀、剥落严重，桩顶外露或有缩颈、露筋及钢筋锈蚀严重；砌体松动、脱落或变形

注：梁底最低计算高程是按现行《公路工程水文勘测设计规范》（JTG C30）计算出的桥面最低高程扣除桥梁上部结构建筑高度（包括桥面铺装厚度）后的高程。

桥梁抗灾害能力评定中重要桥梁的模拟试验，是常见灾害的环境模拟，如桥梁冲刷模型试验及地震、风振模型试验等。

3. 公路桥梁耐久性评定

公路桥梁耐久性主要是指公路桥梁对其安全性和适用性等性能的保持能力，这种能力主要体现在构件材质劣化、环境侵蚀、保护构造和防护措施等方面。结构构件的耐久性及其病害情况大致分为目视可发现和不能发现两大类。其中，目视可发现的外观耐久状态主要分为两种：一是耐久性病害导致的结构构件外观发生明显可视的变化；二是结构构件的有关初始缺陷或防护措施劣化在结构构件外观的表现。通过外观检查，根据其对耐久性的影响程度和外观劣化程度进行外观耐久状态评定。目视不能发现的是结构构件材质和环境侵蚀的潜在变化，反映了结构构件内在的劣化程度，需要通过检测分析才能得出正确的判断。另外，根据外观耐久状态的劣化发展情况，可以进一步判断耐久性主要病害类型和劣化程度，并优化耐久性检测内容与方案。

4. 公路桥梁承载能力评定

桥梁承载能力评定在本章 6.4 节详述。

适应性评定一般按整条线路统一安排，通过评定可以得到桥梁适应程度的百分比。按座数求适应性合格率的百分比（合格桥梁座数/整条线路桥梁总座数）或按总桥长求适应性合格率的百分比（合格桥梁总长度/整条线路桥梁总长度），均可以从一定程度上为公路改建决策提供基础资料。由于涉及技术经济问题较多，对整条线路桥梁适应性的评定工作还需深入研究。

6.4 桥梁承载能力评定

6.4.1 桥梁承载能力评定的方法

对既有桥梁进行承载能力评定的方法很多，大致可分为经验法、荷载试验法、专家经验法和结构可靠性理论方法。

1. 经验法

1）评分系统法

此方法最早用于建筑结构损伤程度的评估，并逐步发展成为一种量化的评分系统。评分标准及损伤程度分类需根据调查统计和试验分析结果预先制定。在应用时，由有经验的工程师对既有桥梁进行检查评分，并依此对材料质量、损伤程度等进行评价。我国公路界在评估桥梁承载能力时，也采用类似的评分系统决定抗力折减系数。根据我国的《公路桥涵养护规范》（JTG 5120—2021），桥梁技术状况评价等级分为1类、2类、3类、4类、5类，根据《公路桥梁技术状况评定标准》（JTG/T H21—2011）进行评分，确定各部件的评价等级。此法的特点是应用简单，主要用于桥梁运营状态的评估，其结论的可信程度取决于评估者的工程经验和判断能力。

2）经验系数法

经验系数法是根据大量的调查研究，确定结构损伤、材料老化、环境影响等影响承载能力的各种系数及取值范围，折算求出桥梁承载能力的方法。此法应用简单，但各系数由评定者根据现场情况确定，适用性有所限制，计算结果较为粗糙。

3）经验公式法

这种方法依据广泛的调查研究，确定若干影响承载能力的各种系数及取值范围，对梁承载能力进行评估。被评估桥梁的承载能力 P 可表示为

$$P = P_0 \times K_1 \times K_2 \times K_3 \times K_4 \tag{6-22}$$

式中 P_0——原设计承载能力；

K_1——残存承载能力系数（依据结构损伤、材料老化程度而定）；

K_2——反映桥面条件的系数；

K_3——反映实际交通情况的系数；

K_4——桥梁建造使用年限系数。

此法应用简便，各系数由评估者根据现场情况确定。但由于系数的确定较困难，且不能考虑桥梁存在的各种缺陷，因此，该方法仅用于初步估计桥梁的承载能力，对既有桥梁的实际承载能力较难评定。

2. 荷载试验法

主要是通过现场试验对既有桥梁承载能力进行评估的方法，包括静载试验法和动载试验法。

1）静载试验法

静载试验法首先在桥梁结构上选择计算受力最为不利、损坏比较严重、搭设试验观测脚手架比较简便的桥孔，再选用一两个主要内力控制的截面，最后施加与设计荷载或使用荷载基本相当的外载，利用检测仪器，测试桥梁结构的控制部位与控制截面在荷载作用下的应变、挠度变形、裂缝及开展情况、横向分布系数、墩台变形等特性变化，将测试结果与结构理论计算值及规范的允许值作比较，推算出对应的荷载等级和承载能力，或借助试验结果修正结构抗力，若试验加载到最大荷载，工作正常，试验值与分析值相符合，挠度、裂缝峰在规定容许范围之内，可以认为桥梁在此荷载下，可安全通过。

静载试验法具有直观、可靠的特点，是其他方法所不能及的，但也不能替代常规评定方法，而只能视为获取信息的手段和分析方法的补充。其原因是该法规模大、试验费用高、时间长、方法难以普及，可能引起结构严重损伤，影响正常交通。美国联邦公路局研制出一种新型测试系统，用无线数据收集系统与激光雷达检测系统合并使用，无线数据收集系统在特定测试点上可在几秒钟内安装完毕，无须中心站与各传感器之间实物线路的连接，在检测的同时，就可得到检测结果。同时，采用激光雷达系统进行远距离挠度检测，使用时将其置于桥下，激光光束映在桥上多个点，计算出测点挠度，既不需要表面的准备工作，也无须在桥上安放具体的目标，易于安装，检测点多，减少了进入被检桥梁内部的要求。这样，二者结合，则能更快地测定桥梁的承载能力。

2）动载试验法

动载试验是通过桥上汽车的跑车、跳车、刹车动荷载或稳态、瞬态等方式的激振荷载作用，使用检测仪器，测试桥梁结构上各控制部位的频率、振幅、阻尼及冲击系数等动态参数，分析这些测试结果并与相应的计算值或经验值比较，进而评定承载能力。关于如何将动载试验与承载能力评定直接联系起来，尚值得研究。

3. 专家经验法

1）桥梁评估专家系统

与设计相比，桥梁评估要复杂得多，一般而言，评估是考虑结构损伤和运营状态，并以整个结构体系（上部、下部结构和基础工程）为对象，对桥梁的可靠性（安全性、适用性、耐久性）进行分析评价并做出决策（如正常使用、限制使用、修理加固、替换更新等）的过程。评估与评估者的工程经验有密切的关系，影响因素较多。对如此复杂的问题，难以建立一套完善的数学模型进行精确定量的描述。所谓桥梁评估专家系统，就是利用计算机模拟有经验专家的决策机理，对既有桥梁进行综合评估的方法。目前，实用的评估系统仍在研究发展之中。

2）专家意见调查

专家意见调查是指收集、分析、归纳专家意见，对某一事件的可能结果做出评估的方法。在国外，这一方法已在多个领域被广泛应用，如军事、医学、气象预测、经济、工程等诸方面应用多年。在我国，对一些问题也常常采用专家论证的方法解决。

结构失效概率的评估方法有两种：一种是对失效记录和试验数据的统计分析；另一种是结构可靠度分析。对形式新颖的、采用新型材料的或可靠度高的结构，所能获取的信息十分有限，采用前一种方法来分析失效概率，就会失去统计上的意义；若不了解结构行为或失效模式，或欠缺基本变量的统计分析，或结构分析模型复杂，后一种方法也不适用或费用过高。在上述情况下，可考虑采用专家意见调查的方法。

4. 结构可靠性理论方法

结构可靠性理论采用失效概率或可靠指标 β 来衡量结构的功能，以此理论为基础可以处理荷载和抗力的不定性，为桥梁评估提供一个合理的理论基础。应用结构可靠性理论方法进行桥梁承载能力评估，可直接评估可靠指标，并与预先拟定的目标可靠指标项 β_T 比较，还可通过评估既有桥梁的可靠度，并制定评估规范中的分项安全系数。

直接评估可靠指标的过程，可按以下步骤进行：

1) 证实可能的失效模式。这些失效模式可分为构件失效模式和系统失效模式（针对多荷载路径结构而言），取决于桥梁形式和荷载类型。证实的方法可以是失效树分析、模型试验或结构分析。

2) 选择代表各失效模式的分析模型。可采用线弹性分析、非线性分析或极限分析。线弹性分析（如格栅分析）在设计中被广泛采用，但在评估中往往给出保守结果。非线性分析（如有限元法）结果可靠，费用较高，可提供全历程响应。极限分析（如屈服线法）基于功能互等原理估计极限荷载，计算简单。

3) 确定荷载和结构抗力的不定性。分别通过荷载模型和抗力模型（分构件水平和系统水平）加以描述。

4) 计算可靠指标或失效概率。采用构件或系统可靠度方法计算。

5) 检算结构安全性。若 $\beta \geqslant \beta_T$，则结构安全。

直接评估过程主要用于重要复杂结构的可靠度分析。其存在的主要困难是难以确定结构的系统失效模式和反映损伤程度的抗力模型。另外，需要结合理论研究和工程实践合理选择 β_T。

6.4.2 现行规范中桥梁承载能力评定的方法

目前，桥梁承载能力评定一般宜按照《公路桥梁承载能力检测评定规程》（JTG/T J21—2011）（以下简称《规程》）进行。

1. 一般规定

1) 对在用桥梁，应从结构或构件的强度、刚度、抗裂性和稳定性四个方面进行承载能力检测评定。

2) 圬工结构桥梁在计算桥梁结构承载能力极限状态的抗力效应时，应根据桥梁试验检测结果，采用引入检算系数 Z_1 或 Z_2、截面折减系数 ξ_c 的方法进行修正计算。

3) 配筋混凝土桥梁在计算桥梁结构承载能力极限状态的抗力效应时，应根据桥梁试验检测结果，采用引入检算系数 Z_1 或 Z_2、承载能力恶化系数 ξ_e、截面折减系数 ξ_s 和 ξ_c 的方法进行修正计算。

4) 钢结构桥梁在计算桥梁结构承载能力极限状态的抗力效应时，应根据桥梁试验检测结果，采用引入检算系数 Z_1 或 Z_2 的方法进行修正计算。

5) 荷载效应 S 应按《规程》第 6 章有关规定计算。对交通繁忙和重载车辆较多的桥梁，汽车荷载效应可根据实际运营荷载状况，通过活载影响修正系数 ξ_q 进行修正计算。

6) 当桥梁结构或构件的承载能力检算系数评定标度 $D \geqslant 3$ 时，应进行正常使用极限状态评定计算。

2. 圬工桥梁承载能力评定

圬工桥梁承载能力极限状态，应根据桥梁检测结果按式（6-23）进行计算评定。

$$\gamma_0 S \leqslant R(f_d, \xi_c a_d) Z_1 \tag{6-23}$$

式中 γ_0——结构的重要性系数；

S——荷载效应函数；

$R(\cdot)$——抗力效应函数；

f_d——材料强度设计值；

a_d——结构的几何尺寸；

Z_1——承载能力检算系数；

ξ_c——截面折减系数。

抗力效应值应按现行设计规范进行计算，Z_1、ξ_c 应按《规程》有关规定取值。

圬工桥梁正常使用极限状态，宜按现行公路桥梁设计和养护规范进行计算评定。

3. 配筋混凝土桥梁承载能力评定

配筋混凝土桥梁承载能力极限状态，应根据桥梁检测结果按式（6-24）进行计算评定。

$$\gamma_0 S \leqslant R(f_d, \xi_c a_{dc}, \xi_s a_{ds}) Z_1 (1 - \xi_e) \tag{6-24}$$

式中 γ_0——结构的重要性系数；

S——荷载效应函数；

$R(\cdot)$——抗力效应函数；

f_d——材料强度设计值；

a_{dc}——构件混凝土几何参数值；

a_{ds}——构件钢筋几何参数值；

Z_1——承载能力检算系数；

ξ_e——承载能力恶化系数；

ξ_c——配筋混凝土结构的截面折减系数；

ξ_s——钢筋的截面折减系数。

抗力效应值应按现行设计规范进行计算，Z_1、ξ_e、ξ_c、ξ_s 应按《规程》有关规定取值。

配筋混凝土桥梁正常使用极限状态，宜按现行公路桥涵设计和养护规范及检测结果分以下三方面进行计算评定。

1）限制应力

$$\sigma_d < Z_1 \sigma_L \tag{6-25}$$

式中 σ_d——计入活载影响修正系数的截面应力计算值；

σ_L——应力限值；

Z_1——承载能力检算系数。

2）荷载作用下的变形

$$f_{d1} < Z_1 f_L \tag{6-26}$$

式中 f_{d1}——计入活载影响修正系数的荷载变形计算值；

f_L——变形限值；

Z_1——承载能力检算系数。

3）各类荷载组合作用下裂缝宽度应满足的条件

$$\delta_d < Z_1 \delta_L \tag{6-27}$$

式中 δ_d——计入活载影响修正系数的短期荷载变形计算值；

δ_L——变形限值；

Z_1——承载能力检算系数。

对在用桥梁，采取引入检算系数修正限制应力、变形和裂缝限值的方法，进行桥梁正常使用极限状态计算评定。

4. 钢结构承载能力评定

钢结构桥梁结构构件强度、总体稳定性和疲劳强度验算应按现行公路桥梁设计规范执行，其应力限值取为 $Z_1[\sigma]$。

钢结构荷载作用下的变形应按式（6-28）计算评定。

$$f_{d1} < Z_1[f] \tag{6-28}$$

式中 f_{d1}——计入活载影响修正系数的荷载变形计算值；

$[f]$——容许变形值；

Z_1——承载能力检算系数。

对钢结构，采取引入检算系数修正容许应力和容许变形的方式给出相应的限值取值，按设计规范给出的计算公式进行承载能力计算评定。

5. 拉吊索承载能力评定

拉吊索强度应按式（6-29）计算评定。

$$\frac{T_j}{A} \leqslant Z_1[\sigma] \tag{6-29}$$

式中 T_j——计入活载影响修正系数的计算索力；

A——索的计算面积；

$[\sigma]$——容许应力限值；

Z_1——承载能力检算系数。

6. 桥梁地基评定

1）经久压实的桥梁地基土，在墩台与基础无异常变位的情况下可适当提高其承载能力，最大提高系数不得超过 1.25。

参照《公路桥梁地基与基础设计规范》（JTG 3363—2018）第 3.3.6 条的相关规定，对经久压实的桥梁地基土，在墩台与基础无异常变位的情况下可考虑适当提高承载能力，最大提高系数为 1.25。

2）当桥头填土经久压实时，填土内摩擦角 φ 可根据土质情况适当放大 5°~10°，但提高后的最大取值不得超过 50°。

对经久压实的桥台填土，在桥台无结构性病害的情况下，其内摩擦角随填土压实度的提高将有一定程度的增大，参照铁道行业的有关规范，填土内摩擦角 φ 根据土质情况适当放大 5°~10°，但提高后的最大取值不得超过 50°。

7. 分项检算系数确定

圬工与配筋混凝土桥梁，应综合考虑桥梁结构或构件表观缺损状况、材质强度和桥梁结构自振频率等的检测评定结果，按下列规定确定承载能力检算系数 Z_1。

按式（6-30）计算确定结构或构件承载能力检算系数评定标度 D。

$$D=\sum \alpha_j D_j \tag{6-30}$$

式中 α_j——某项检测指标的权重，$\sum \alpha_j = 1$，按表 6-19 的规定取值；

D_j——结构或构件某项检测指标的评定标度，按《规程》4.2.2、表 5.3.5 和表 5.9.2 的有关规定取值。

表 6-19 承载能力检算系数检测指标权重值

检测指标名称	缺损状况	材质强度	自振频率
权重 α_j	0.4	0.3	0.3

根据结构或构件承载能力检算系数评定标度，宜按表 6-20 确定桥梁承载能力检算系数 Z_1 值，特殊情况下可采用专家调查法确定。

表 6-20 圬工及配筋混凝土桥梁的承载能力检算系数 Z_1 值

承载能力检算评定标度 D	受弯	轴心受压	轴心受拉	偏心受压	偏心受拉	受扭	局部承压
1	1.15	1.2	1.05	1.15	1.15	1.10	1.15
2	1.10	1.15	1.00	1.10	1.10	1.05	1.10
3	1.00	1.05	0.95	1.00	1.00	0.95	1.00
4	0.90	0.95	0.85	0.90	0.90	0.85	0.90
5	0.80	0.85	0.75	0.80	0.80	0.75	0.80

注：1. 小偏心受压可参照轴心受压取用承载能力检算系数 Z_1 值。
　　2. 检算系数 Z_1 值，可按承载能力检算系数评定标度 D 线性内插。

钢结构桥梁承载能力检算系数 Z_1 值宜按表 6-21 取值。

表 6-21 钢结构桥梁承载能力检算系数 Z_1 值

缺损状况评定标度	性状描述	Z_1
1	焊缝完好，各节点铆钉、螺栓无松动；构件表面完好，无明显损伤，防护涂层略有老化、污垢	(0.95, 1.05]
2	焊缝完好，少数节点有个别铆钉、螺栓松动变形；构件表面有少量锈迹，防护涂层油漆变色、起泡剥落，面积在 10% 以内	(0.90, 0.95]
3	少数焊缝开裂，部分节点有铆钉、螺栓松动变形；构件表面有少量锈迹，防护涂层油漆明显老化变色并伴有大量起泡剥落，面积为 10%～20%。个别次要构件有异常变形，行车稍感振动或摇晃	(0.85, 0.90]
4	焊缝开裂，并造成截面削弱。联结部位铆钉、螺栓松动变形，10%～30% 已损坏；构件表面锈迹严重，截面损失在 3%～10%，防护涂层油漆明显老化变色并普遍起泡剥落，面积在 50% 以上。个别主要构件有异常变形，行车有明显振动或摇晃并伴有异常声音	(0.80, 0.85]
5	焊缝开裂严重，造成截面削弱在 10% 以上。联结部位 30% 以上铆钉、螺栓已损坏；构件表面锈迹严重，截面损失在 10% 以上，防护涂层油漆完全失效。主要构件有异常变形，行车振动或摇晃显著并伴有不正常移动	≤0.80

拉吊索承载能力检算系数 Z_1 值宜按表 6-22 取值。

表 6-22 拉吊索承载能力检算系数 Z_1 值

缺损状况评定标度	性状描述	Z_1
1	表面防护完好,锚头无积水,锚下混凝土无裂缝	(1.00, 1.10]
2	表面防护基本完好,有细微裂缝,锚头无锈蚀,锚固区无裂缝	(0.95, 1.00]
3	表面防护有少量裂缝,伴有少量锈迹,锚头有轻微锈蚀,锚固区有细小裂缝	(0.90, 0.95]
4	表面防护普遍开裂,并有部分脱落,锚头锈蚀,锚固区有明显的受力裂缝	(0.85, 0.90]
5	表面防护普遍开裂,并有大量脱落,钢索裸露,钢索锈蚀严重,锚头积水锈蚀,锚固区有明显的受力裂缝,裂缝宽度大于 0.2mm	≤0.85

对圬工与配筋混凝土桥梁,在确定桥梁综合技术状况时,综合考虑了桥梁缺损状况、混凝土强度和结构自振频率参数三项反映结构总体状况的主要指标。通过专家调查的方式确定了其影响权重分配,并按结构或构件受力类型给出了明确量化的桥梁检算系数 Z_1 的取值范围。

对钢结构和拉吊索,着重对结构或构件的缺损描述进行细化与量化,并通过专家调查的方式确定了不同缺损状况对应的检算系数取值范围,增强了可操作性。

8. 配筋混凝土桥梁承载能力恶化系数 ξ_e

1) 依据检测结果,按表 6-23 的规定确定构件恶化状况评定标度 E。

表 6-23 钢筋混凝土桥梁结构或构件恶化状况评定标度

序号	检测指标	权重 α_j	综合评定方法
1	缺损状况	0.32	恶化状况评定标度 E 按下式计算: $E = \sum_{j=1}^{7} \alpha_j E_j$ 式中 α_j——某项检测指标的权重; E_j——结构或构件某项检测指标的评定标度,按《规程》第 4、5 章的有关规定取值
2	钢筋锈蚀电位	0.11	
3	混凝土电阻率	0.05	
4	混凝土碳化状况	0.20	
5	钢筋保护层厚度	0.12	
6	氯离子含量	0.15	
7	混凝土强度	0.05	

2) 根据恶化状况评定标度 E 及桥梁所处的环境条件,按表 6-24 确定配筋混凝土桥梁的承载能力恶化系数 ξ_e。

表 6-24 配筋混凝土桥梁的承载能力恶化系数 ξ_e 值

恶化状况评定标度 E	环境条件			
	干燥不冻无侵蚀	干、湿交替不冻无侵蚀性介质	干、湿交替冻无侵蚀性介质	干、湿交替冻有侵蚀性介质
1	0.00	0.02	0.05	0.06
2	0.02	0.04	0.07	0.08
3	0.05	0.07	0.10	0.12
4	0.10	0.12	0.14	0.18
5	0.15	0.17	0.20	0.25

注:恶化系数 ξ_e 可按结构或构件恶化状况评定标度值线性内插。

对配筋混凝土桥梁，为考虑评定期内桥梁结构质量状况进一步衰退恶化产生的不利影响，通过承载能力恶化系数 ξ_e 来反映这一不利影响可能造成的结构抗力效应的降低。引入承载能力恶化系数的目的是使结构质量状况进一步衰退至某一阶段时，承载能力评定结果仍能维持在一定的可靠度水平之上。承载能力恶化系数主要考虑了结构或构件的缺损状况、钢筋锈蚀电位、钢筋保护层厚度以及混凝土强度、电阻率、氯离子含量和碳化状况等影响因素，通过专家调查方式确定各因素的影响权重，并综合考虑环境的干湿、温度及侵蚀介质等条件加以确定。

9. 圬工与配筋混凝土桥梁结构或构件的截面折减系数

依据材料风化、碳化、物理与化学损伤三项检测指标的评定标度，按式（6-31）计算确定结构或构件截面损伤的综合评定标度 R。

$$R = \sum_{j=1}^{N} \alpha_j R_j \tag{6-31}$$

式中 R_j——某项检测指标的评定标度，按表 6-25、表 6-26 和《规程》中表 5.7.3 的有关规定取值；

α_j——某项检测指标的权重值，$\sum \alpha_j = 1$，按表 6-27 确定；

N——对砖石结构，$N=2$；对混凝土及配筋混凝土结构，$N=3$。

依据截面损伤的综合评定标度，按表 6-28 确定圬工与配筋混凝土桥梁截面折减系数 ξ_c。

表 6-25 圬工与配筋混凝土桥梁材料风化评定标准

评定标度	材料风化状况	性状描述
1	微风化	手搓构件表面，无砂粒滚动摩擦的感觉，手掌上粘有构件材料粉末，无砂粒。构件表面直观较光洁
2	弱风化	手搓构件表面，有砂粒滚动摩擦的感觉，手掌上附着物大多为构件材料粉末，砂粒较少。构件表面砂粒附着不明显或略显粗糙
3	中度风化	手搓构件表面，有较强的砂粒滚动摩擦的感觉或粗糙感，手掌上附着物大多为砂粒，粉末较少。构件表面明显可见砂粒附着或明显粗糙
4	较强风化	手搓构件表面，有强烈的砂粒滚动摩擦的感觉或粗糙感，手掌上附着物基本为砂粒，粉末很少。构件表面可见大量砂粒附着或有轻微剥落
5	严重风化	构件表面可见大量砂粒附着，且构件部分表层剥离或混凝土已露粗骨料

表 6-26 圬工与配筋混凝土桥梁物理与化学损伤评定标准

评定标度	性状描述
1	构件表面较好，局部表面有轻微剥落
2	构件表面剥落面积在 5% 以内；或损伤最大深度与截面损伤发生部位构件最小尺寸之比小于 0.02
3	构件表面剥落面积在 5%～10% 以内；或损伤最大深度与截面损伤发生部位构件最小尺寸之比小于 0.04
4	构件表面剥落面积在 10%～15% 以内；或损伤最大深度与截面损伤发生部位构件最小尺寸之比小于 0.10
5	构件表面剥落面积在 15%～20% 以内；或损伤最大深度和截面损伤发生部位构件最小尺寸之比大于 0.10

表 6-27　材料风化、碳化及物理与化学损伤权重值

结构类别	检测指标名称	权重值 α_j
砖石结构	材料风化	0.20
	物理与化学损伤	0.80
混凝土及配筋混凝土结构	材料风化	0.10
	混凝土碳化	0.35
	物理与化学损伤	0.35

注：对混凝土碳化，按本规程规定不需要进行检测评定时，其评定标度值应取为1。

表 6-28　圬工与配筋混凝土桥梁截面折减系数 ξ_c 值

截面损伤综合评定标度 R	截面折减系数 ξ_c	截面损伤综合评定标度 R	截面折减系数 ξ_c
1≤R<2	(0.98, 1.00]	3≤R<4	(0.85, 0.93]
2≤R<3	(0.93, 0.98]	4≤R<5	≤0.85

对圬工与配筋混凝土桥梁，由于材料风化、碳化、物理与化学损伤（如混凝土剥落、疏松、掉棱、缺角、桩基与墩柱由于冲蚀引起的剥落缩径等）引起的结构或构件有效截面损失，以及由于钢筋腐蚀剥落造成的钢筋有效面积损失，对结构构件截面抗力效应会产生影响。在检算结构抗力效应时，可用截面折减系数计及这一影响。

配筋混凝土结构中，发生腐蚀的钢筋截面折减系数 ξ_s 宜按表 6-29 确定。

表 6-29　配筋混凝土钢筋截面折减系数 ξ_s

评定标度	性状描述	截面折减系数
1	沿钢筋出现裂缝，宽度小于限值	(0.98, 1.00]
2	沿钢筋出现裂缝，宽度大于限值，或钢筋锈蚀引起混凝土发生层离	(0.95, 0.98]
3	钢筋锈蚀引起混凝土剥落，钢筋外露，表面有膨胀薄锈层或坑蚀	(0.90, 0.95]
4	钢筋锈蚀引起混凝土剥落，钢筋外露，表面膨胀性锈层显著，钢筋断面损失在10%以内	(0.80, 0.90]
5	钢筋锈蚀引起混凝土剥落，钢筋外露，出现锈蚀剥落，钢筋断面损失在10%以上	≤0.80

10. 活载影响修正系数

依据实际调查的典型代表交通量、大吨位车辆混入率和轴荷分布情况，可按式（6-32）确定活载影响修正系数 ξ_q。

$$\xi_q = \sqrt[3]{\xi_{q1}\xi_{q2}\xi_{q3}} \tag{6-32}$$

式中　ξ_{q1}——典型代表交通量影响修正系数，按表 6-30 确定；

ξ_{q2}——大吨位车辆混入影响修正系数，按表 6-31 确定；

ξ_{q3}——轴荷分布影响修正系数，按表 6-32 确定；

表 6-30　交通量影响修正系数 ξ_{q1}

Q_m/Q_d	ξ_{q1}	Q_m/Q_d	ξ_{q1}
1<Q_m/Q_d≤1.3	[1.0, 1.05)	1.7<Q_m/Q_d≤2.0	[1.10, 1.20)
1.3<Q_m/Q_d≤1.7	[1.05, 1.10)	2.0<Q_m/Q_d	[1.20, 1.35]

注：Q_m 为典型代表交通量；Q_d 为设计交通量。

表 6-31　大吨位车辆混入影响修正系数 ξ_{q2}

α	ξ_{q2}	α	ξ_{q2}
$\alpha<0.3$	[1.0, 1.05)	$0.5\leqslant\alpha<0.8$	[1.10, 1.20)
$0.3\leqslant\alpha<0.5$	[1.05, 1.10)	$0.8\leqslant\alpha<1.0$	[1.20, 1.35]

注：α 为大吨位车辆混入率；ξ_{q2} 值可按 α 值线性内插。

表 6-32　轴荷分布影响修正系数 ξ_{q3}

β	ξ_{q3}	β	ξ_{q3}
$\beta<5\%$	1.00	$15\%\leqslant\beta<30\%$	1.30
$5\%\leqslant\beta<15\%$	1.15	$\beta\geqslant30\%$	1.40

注：β 为实际调查轴荷分布中轴重超过 14t 所占的百分比。

活载影响系数用于考虑实际桥梁所承受的汽车荷载与标准汽车荷载之间的差异，主要根据桥梁运营荷载的调查统计情况，从典型代表交通量、大吨位车辆混入率和轴荷分布情况三个方面进行综合修正确定。

习题与讨论

1. 经常检查的内容有哪些？其周期如何确定？
2. 桥梁动荷载试验主要解决哪些问题？动载试验时如何使结构产生激振？
3. 桥梁技术状况评定等级可分为哪几类？相应采取什么养护措施？
4. 混凝土桥梁缺陷产生的原因有哪几种？
5. 影响桥梁承载力的病害主要有哪些？
6. 静力试验荷载效率公式中 S 是指什么？

第7章 隧道工程试验检测技术

在现代公路桥梁建设中，隧道占比越来越高。同时，我国国土面积大，地质条件非常复杂和多变，因勘察手段的局限，隧道施工难度更高，隧道在建设期和运营期间经常会出现各种质量问题，其中建设期容易出现的质量问题主要有空洞、渗漏、衬砌厚度不足、衬砌开裂等，在运营期间容易出现渗水、衬砌发生开裂、限界受侵、结合部不密实等质量问题。

因此，我们不但需要进行施工期间的隧道结构材料检测、施工质量检测和环境检测等，还需要进行施工监控量测和超前地质预报，以便进行隧道动态设计和动态施工。这种动态设计、动态施工、动态管理是符合地下工程不确定性客观规律的重要手段，是确保安全、可靠、适用、优质建成工程的关键。

7.1 隧道工程检测内容

隧道检测是质量管理的重要手段，公路隧道检测内容及方法较多，由于施工方法不同，山岭隧道、水下沉埋隧道和盾构隧道的检测内容及方法均不同，本章着重介绍山岭隧道的检测内容及相关技术。

隧道工程检测由于施工方法的区别而不同，检测主要内容包括材料质量检测、超前支护与预加固围岩施工质量检测、开挖质量检测、初期支护施工质量检测、防排水质量检测、施工监控量测、混凝土衬砌质量检测、通风检测、照明检测等。按内容也可分为材料检测、施工检测、环境检测等。

7.1.1 材料检测

隧道工程使用的原材料种类较多，属土建工程的通用原材料，其检测方法可查阅有关规定，例如衬砌材料、锚杆和喷射混凝土等；属隧道工程特有的材料需专项检测，主要对锚喷的最终材质强度、防排水材料各项指标进行检测。

7.1.2 施工检测

施工检测包括施工质量检测和施工监控量测。

1. 施工质量检测

山岭隧道爆破成型好坏对于后续工序的工程质量及进度影响很大，可以使用隧道断面仪对爆破成型质量进行检测，并将其与设计开挖面比较而得知隧道的超欠挖情况。

初期支护质量检测主要是指锚杆的安装质量、喷射混凝土质量和钢构件质量。锚杆的主要质量检测内容是锚杆的间距、排距、长度、方向、浆液注满度、抗拔力等；喷射混凝土的主要检测内容是强度、厚度、平整度；钢支撑的主要检测内容是间距、节间连接、榀间连接；另外，支护背后的回填密实度也需要进行探测。

衬砌混凝土质量检测主要包括衬砌的几何尺寸、衬砌混凝土强度、混凝土的完整性、混凝土裂缝、背后回填密实程度和衬砌内部钢架、钢筋分布的检测。此外，还有隧道的防排水系统质量检测，主要检测内容为防排水材质、规格以及加工安设质量。

2. 施工监控监测

隧道施工过程中使用各种类型的仪表和工具，对围岩和支护、衬砌的力学行为以及它们之间的力学关系进行量测和观察，并对其稳定性进行评价，统称为监控量测。隧道施工监控量测是评定隧道围岩稳定性的重要手段，也是隧道施工中工程设计和施工需要的重要依据。

7.1.3 环境检测

隧道环境检测分为施工环境检测和营运环境检测。

隧道施工环境复杂，施工期间洞内的易爆、易燃、有毒气体对施工安全危害极大；粉尘、高地温、缺氧对施工人员健康的影响不容忽视。因此，施工环境检测主要是检测隧道内的粉尘和有害气体。运营检测主要检测通风、照明和噪声等，其中，通风检测的检测内容较多且比较复杂，主要有 CO_2 浓度、烟尘浓度和风速等。

本章主要介绍锚杆、喷射混凝土、监控量测和超前地质预报等相关试验检测技术，其他项目请自行查阅相关规范。

7.2 预应力锚杆试验

7.2.1 一般规定

1) 为锚杆设计和检验锚杆的品质而进行的锚杆试验包括基本试验、验收试验和蠕变试验。

2) 锚杆的最大试验荷载应取杆体极限抗拉强度标准值的75%或屈服强度标准值的85%中的较小值。

3) 锚杆试验的加载装置的额定负荷能力不应小于最大试验荷载的1.2倍，并应能满足在所设定的时间内持荷稳定。

4) 锚杆试验的反力装置在最大试验荷载下应具有足够的强度和刚度，并应在试验过程中不发生结构性破坏。

5) 锚杆试验的计量测试装置应在试验前检定确认。

7.2.2 基本试验

1) 永久性锚杆工程应进行锚杆的基本试验，临时性锚杆工程当采用任何一种新型锚杆或锚杆用于从未用过的地层时，应进行锚杆的基本试验。

2) 锚杆基本试验的地层条件、锚杆杆体和参数、施工工艺应与工程锚杆相同，且试验数量不应少于3根。

3) 锚杆基本试验应采用多循环张拉方式,其加荷、持荷、卸荷方法应符合下列规定:

(1) 预加的初始荷载应取最大试验荷载的0.1倍;分5~8级加载到最大试验荷载。黏性土中的锚杆每级荷载持荷时间宜为10min,砂性土、岩层中的锚杆每级荷载持荷时间宜为5min。

(2) 试验中的加荷速度宜为50~100kN/min,卸荷速度宜为100~200kN/min。

4) 荷载分散型锚杆基本试验的荷载施加方式应符合下列规定:

(1) 宜采用并联千斤顶组,按等荷载方式加荷、持荷与卸荷;

(2) 当不具备上述条件时,可按锚杆锚固段前端至底端的顺序对各单元锚杆逐一进行多循环张拉试验。

5) 锚杆基本试验出现下列情况之一时,应判定锚杆破坏:

(1) 在规定的持荷时间内锚杆或单元锚杆位移增量大于2.0mm;

(2) 锚杆杆体破坏。

6) 基本试验结果宜按荷载等级与对应的锚头位移列表整理绘制锚杆荷载-位移(N-S) 曲线、锚杆荷载-弹性位移(N-S_e) 曲线、锚杆荷载-塑性位移(N-S_p) 曲线。

7) 锚杆受拉极限承载力取破坏荷载的前一级荷载,在最大试验荷载下未达到锚杆破坏标准时,锚杆受拉极限承载力取最大试验荷载。

8) 每组锚杆极限承载力的最大差值不大于30%时,应取最小值作为锚杆的极限承载力;当最大差值大于30%时,应增加试验锚杆数量,按95%保证概率计算锚杆的受拉极限承载力。

7.2.3 蠕变试验

1) 塑性指数大于17的土层锚杆、强风化的泥岩或节理裂隙发育张开且充填有黏性土的岩层中的锚杆应进行蠕变试验。蠕变试验的锚杆不得少于3根。

2) 锚杆蠕变试验加荷等级与观测时间应满足表7-1的规定。在观测时间内荷载应保持恒定。

表7-1 锚杆蠕变试验加荷等级与观测时间

加荷等级	观测时间(min)	
	临时锚杆	永久锚杆
$0.25N_d$	—	10
$0.50N_d$	10	30
$0.75N_d$	30	60
$1.00N_d$	60	120
$1.10N_d$	120	240
$1.20N_d$	—	360

3) 每级荷载应按持荷时间间隔1、2、3、4、5、10、15、20、30、45、60、75、90、120、150、180、210、240、270、300、330、360 (min) 记录蠕变量。

4) 试验结果按荷载-时间-蠕变量整理,并应绘制蠕变量-时间对数(S-$\lg t$) 曲线,蠕变率应按照式（7-1）计算。

$$K_c = \frac{S_2 - S_1}{\lg t_2 - \lg t_1} \tag{7-1}$$

式中　S_1——t_1 时所测得的蠕变量；

S_2——t_2 时所测得的蠕变量。

5）锚杆在最大试验荷载作用下的蠕变率不应大于 2.0mm/对数周期。

7.2.4　验收试验

1）工程锚杆必须进行验收试验。其中占锚杆总量 5% 且不少于 3 根的锚杆应进行多循环张拉验收试验，占铺杆总量 95% 的锚杆应进行单循环张拉验收试验。

2）锚杆多循环张拉验收试验应由业主委托第三方负责实施，锚杆单循环张拉验收试验可由工程施工单位在锚杆张拉过程中实施。

3）锚杆多循环验收试验应符合下列规定：

（1）最大试验荷载：永久性锚杆应取锚杆拉力设计值的 1.2 倍；临时性锚杆应取锚杆拉力设计值的 1.1 倍；

（2）加荷级数不宜小于 5 级，加荷速度宜为 50～100kN/min；卸荷速度宜为 100～200kN/min；

（3）锚杆多循环张拉的加荷、持荷、卸荷方式应按相应规范规定实施；

（4）每级荷载 10min 的持荷时间内，按持荷 1min、3min、5min、10min 测读一次锚杆位移值；

（5）荷载分散型锚杆多循环张拉验收试验按《锚杆锚固质量无损检测技术规程》（JGJ/T 182—2009）附录 C 所规定的荷载补偿张拉方式进行加荷、持荷和卸荷。

4）锚杆多循环张拉验收试验结果的整理与判定应符合下列规定：

（1）试验结果应绘制出荷载-位移（N-δ）曲线、荷载-弹性位移（N-δ_e）曲线，荷载-塑性位移（N-δ_p）曲线。

（2）验收合格的标准：

①最大试验荷载作用下，在规定的持荷时间内锚杆的位移增量应小于 1.0mm，不能满足时，则增加持荷时间至 60min 时，错杆累计位移增量应小于 2.0mm；

②压力型锚杆或压力分散型锚杆的单元锚杆在最大试验荷载作用下所测得的弹性位移应大于锚杆自由杆体长度理论弹性伸长值的 90%，且应小于锚杆自由杆体长度理论弹性伸长值的 110%；

③拉力型铺杆或拉力分散型锚杆的单元锚杆在最大试验荷载作用下，所测得的弹性位移应大于锚杆自由杆体长度理论弹性伸长值的 90%，且应小于自由杆体长度与 1/3 锚固段之和的理论弹性伸长值。

5）锚杆单循环验收试验应符合下列规定：

（1）最大试验荷载：永久性锚杆应取锚杆轴向拉力设计值的 1.2 倍，临时性锚杆应取锚杆轴向拉力设计值的 1.1 倍；

（2）加荷级数宜大于 4 级，加荷速度宜为 50～100kN/min，卸荷速度宜为 100～200kN/min；

(3) 锚杆单循环张拉的加荷、持荷与减荷方式应按相应规范的规定实施；

(4) 在最大试验荷载持荷时间内，测读位移的时间宜为 1min、3min、5min 后；

(5) 荷载分散型锚杆单循环张拉验收试验施荷方式应按规范规定的荷载补偿张拉方式进行施荷、持荷和卸荷。

6) 锚杆单循环张拉验收试验结果整理与判定应符合下列规定：

(1) 试验结果应绘制荷载-位移曲线；

(2) 锚杆验收合格的标准：

①与多循环验收试验结果相比，在同级荷载作用下，两者的荷载-位移曲线包络图相近似；

②所测得的锚杆弹性位移值应符合锚杆多循环张拉验收标准规定的要求。

7.3 喷射混凝土试验

7.3.1 一般规定

1) 喷射混凝土支护工程应进行喷射混凝土 28d 龄期抗压强度试验，地下工程喷射混凝土支护应进行 1d 龄期的抗压强度试验。工作环境有特殊要求的喷射混凝土工程，尚应进行抗渗、抗冻或耐腐蚀性试验。

2) 喷射钢纤维混凝土尚应进行抗弯强度和抗拉强度试验，有特殊要求时应进行喷射钢纤维的残余抗弯强度（韧性）试验和抗冲击性能试验。

3) 承担结构作用的喷射混凝土支护，应进行喷射混凝土与岩石间的黏结强度试验。

4) 喷射混凝土强度试验应采取在喷射混凝土试验板上切割或钻芯成型的试件。

7.3.2 抗压强度试验

1) 检验喷射混凝土抗压强度所需的试件应在工程施工中制取，试块数量为每 500m² 喷射混凝土取一组，小于 500m² 喷射混凝土的独立工程不得少于一组，每组试块不得少于 3 个。材料或配合比变更时应另做一组。

2) 检验喷射混凝土强度的标准试块应在不小于 450mm×450mm×120mm 的喷射混凝土试验板件上用切割法或钻芯法取得。喷射混凝土试验板件的制取方法应符合《锚杆锚固质量无损检测技术规程》（JGJ/T 182—2009）附录 L 的规定。

3) 采用切割法取得试件试验应符合下列规定：

(1) 试件应为边长 100mm 的立方体。

(2) 试件在标准养护条件下养护 28d，用标准试验方法测得的极限抗压强度乘以 0.95 系数为试件的抗压强度值。

4) 采用钻芯法取得的试件试验应符合下列规定：

(1) 钻取的试件应为直径 100mm、高 100mm 的圆柱状芯样，试件端面应在磨平机上磨平。

(2) 试件在标准养护条件下养护 28d，用标准试验方法测得试件的极限抗压强度，应按式（7-2）计算：

$$f_c = \frac{4P}{\pi D^2} \tag{7-2}$$

式中 f_c——喷射混凝土抗压强度（MPa）；
　　　P——试件极限荷载（N）；
　　　D——试件直径（mm）。

5) 喷射混凝土抗压强度的评定验收应符合下列规定：

(1) 同批喷射混凝土的抗压强度应以同批内标准试块的抗压强度代表值来评定。

(2) 同组试块应在同板件上切割或钻芯制取，对有明显缺陷的试块应予舍弃。

(3) 每组试块的抗压强度代表值为三个试块试验结果的平均值；当三个试块强度中的最大值或最小值之一与中间值之差超过中间值的15%时，可用中间值代表该组的强度；当三个试块强度中的最大值和最小值与中间值之差均超过中间值的15%，该组试块不应作为强度评定的依据。

(4) 喷射混凝土质量合格标准应为：28d龄期抗压强度平均值大于设计值，且最低试验强度不小于设计强度的80%。

(5) 喷射混凝土强度不符合要求时应查明原因采取补强措施。

7.3.3　粘结强度试验

1) 喷射混凝土与岩石或硬化混凝土的粘结强度试验可在现场采用对被钻芯隔离的混凝土试件进行拉拔试验完成，也可在试验室采用对钻取的芯样进行拉力试验完成。

2) 试件直径尺寸可取50~60mm，加荷速率应为每分钟1.3~3.0MPa；加荷时应确保试件轴向受拉。

7.3.4　喷射混凝土抗弯强度试验

1) 喷射混凝土的抗弯强度与残余抗弯强度试验的试件应在喷射混凝土大板上切割为75mm×125mm×600mm的小梁试件，切割后的试件应立即置于水中养护不少于3d。

2) 喷射混凝土抗弯强度和残余抗弯强度试验应在喷射混凝土试件养护28d后进行，小梁试验应采用跨度为450mm的三点加荷。

3) 试件及加荷装置的布设应能测得小梁的跨中挠度。加荷过程中，当梁的挠度达0.5mm前，梁跨中变形速度应控制为0.20~0.30mm/min。此后，梁跨中变形可增至1.0mm/min。应连续记录梁跨中的荷载-挠度曲线。

7.4　监控量测

监控量测的主要目的是掌握围岩和支护工作状态，判断围岩稳定性、支护结构的合理性和隧道整体安全性，确定二次衬砌合理的施作时间，为在施工中调整围岩级别、变更设计方案及参数、优化施工方案及为施工工艺提供依据，直接为设计和施工管理服务。

7.4.1　一般规定

1) 监控量测应纳入施工工序管理。监控量测应达到下列目的：

(1) 掌握围岩和支护动态，及时反馈信息，指导施工作业。

(2) 围岩和支护的变形、应力量测信息，可为修改设计提供依据。

2) 隧道开工前，应根据设计要求，结合隧道规模、地形地质条件、施工方法、支护类型和参数、工期安排等编制施工全过程监控量测方案。编制内容应包括：量测项目、量测仪器选择、测点布置、量测频率、数据处理、信息反馈、组织机构、管理体系等。量测计划应与施工进度计划相适应。

3) 监控量测工作应结合开挖、支护作业的进程，按量测方案布点和监测，根据现场量测情况及时调整补充，量测数据应及时分析、处理和反馈。

4) 现场量测仪器，应根据量测项目及测试精度选用。宜选择简单适用、稳定可靠、操作方便、量程合理、便于进行结果处理和分析的测试仪器，并经过有效检校。

5) 监控量测数据应真实、有效、规范并经过复核，有可追溯性，及时填报反馈报表。

6) 在复合式衬砌和喷锚衬砌隧道施工时必须进行洞内外观察、周边位移、拱顶下沉、地表下沉和拱脚下沉项目的量测，其作业应符合相关规范规定。

7) 应根据设计要求、隧道横断面形状和断面大小、埋深、围岩条件、周边环境条件、支护类型和参数、施工方法等综合确定选测项目。选测项目量测主要包括钢架内力及外力、围岩内部位移、围岩压力等项目。

8) 洞内必测项目，各测点宜在靠近掌子面、不受爆破影响范围内尽快安设，初读数应在每次开挖后 12h 内、下一循环开挖前取得，最迟不得超过 24h。选测项目测点埋设时间宜根据实际需要确定。

9) 测点应牢固、可靠、易于识别，应能真实反映围岩、支护的动态变化信息。洞内必测项目各测点应埋入围岩中，深度不应小于 0.2m，不应焊接在钢架上，外露部分应有保护装置。

10) 各项量测作业均应持续到量测断面开挖支护全部结束，临时支护拆除完成，且变形基本稳定后 15～20d。

7.4.2 变形量测

1) 隧道施工过程中应进行洞内外观察，并应符合下列规定：
(1) 洞内观察应进行开挖工作面观察和已支护地段观察。
(2) 开挖工作面观察应在每次开挖后进行，及时绘制开挖工作面地质素描图，填写开挖工作面地质状态记录表。
(3) 已支护地段观察应每天进行一次，观察围岩、喷射混凝土、锚杆和钢架等的工作状态，记录喷射混凝土表面起鼓、剥落、开裂、渗漏水、钢架变形及发展情况等内容。观察中发现围岩条件变差或支护状态结构异常时，应及时采取相应措施。
(4) 洞外观察应观察记录洞口段、偏压段、浅埋段及特殊地质地段的地表开裂、沉降、塌陷、边坡及仰坡稳定状态，地表水渗漏情况，地表植被变化等。应与地表下沉、地表水平位移对照分析洞口段边坡稳定性。
(5) 观察记录应翔实，应与其他量测数据综合分析。

2) 周边位移、拱顶下沉和地表下沉等必测项目量测断面应符合下列规定：
(1) 量测断面间距及测点数量应根据隧道埋深、围岩级别、断面大小、开挖方法、支护形式等确定。

(2) 周边位移、拱顶下沉、地表下沉宜布置在相同里程断面。

(3) 围岩差、断面大或地表沉降控制要求高时可进行围岩内部位移量测和其他量测。

(4) 测点挂钩应牢固不变形，宜做成闭合三角形，挂钩接触点应光滑无焊点。

3) 周边位移和拱顶下沉量测断面布置间距应符合表7-2的规定。

表7-2 周边位移和拱顶下沉量测断面布置间距

围岩级别	断面间距（m）
Ⅴ～Ⅵ	5～10
Ⅳ	10～20
Ⅲ	20～50
Ⅰ～Ⅱ	50～100

4) 周边位移测点布置应符合下列规定：

(1) 全断面法宜设置1条水平测线。

(2) 台阶法每个台阶宜设置1条水平测线。

(3) 中隔壁法或交叉中隔壁法等分部开挖法，每开挖分部宜设置1条水平测线。

(4) 双侧壁导洞法，每开挖分部宜设置1条水平测线。

(5) 偏压隧道或者小净距隧道可加设斜向测线。

(6) 同一断面测点宜对称布置。

(7) 不同断面测点应布置在相同部位。

5) 拱顶下沉测点应符合下列规定：

(1) 双车道及以下隧道每个量测断面应布置1～2个测点，三车道及以上隧道每个量测断面应布置2～3个测点。

(2) 采用分部开挖法时，每开挖分部拱部应至少布置1个测点。

6) 偏压或者大变形隧道，宜根据需要设置整体位移测点。高水压、大变形、膨胀岩土等地段宜在仰拱设置底鼓测点，可与拱顶下沉对应设置。

7) 周边位移和拱顶下沉量测的量测频率除了满足必测项目的量测频率要求外，还应该按位移速率和距开挖断面距离符合表7-3和表7-4的要求。

表7-3 周边位移和拱顶下沉的量测频率（按位移速率）

位移速率（mm/d）	量测频率
≥5	2～3次/d
1～5	1次/d
0.5～1	1次/（2～3d）
0.2～0.5	1次/3d
<0.2	1次/（3～7d）

第7章 隧道工程试验检测技术

表 7-4 周边位移和拱顶下沉的量测频率（按距开挖断面距离）

量测断面距开挖断面距离（m）	量测频率
(0~1) b	2次/d
(1~2) b	1次/d
(2~5) b	1次/（2~3d）
>5b	1次/（3~7d）

注：1. b 为隧道开挖宽度。
2. 变形速率突然变大，喷射混凝土表面、地表有裂缝出现并持续发展时应加大量测频率。
3. 上下台阶开挖工序转换或拆除临时支撑时应加大量测频率。

8）浅埋隧道、洞口段或有特殊要求的应进行地表下沉量测。地表下沉量测应符合下列规定：

（1）应在开挖面距离量测断面 3 倍隧道开挖宽度以前布设地表下沉测点。地表下沉的量测宜与洞内周边位移和拱顶下沉量测在同一横断面。当地表有建（构）筑物时，应在建（构）筑物周围增设地表下沉测点。地表下沉量测断面纵向间距宜符合表 7-5 的规定。

表 7-5 地表下沉量测断面纵向间距

隧道埋深	纵向测点距离（m）
$h>2.5b$	视情况布设量测断面
$b<h\leqslant 2.5b$	10~20
$h\leqslant b$	5~10

注：b 为隧道开挖宽度，h 为隧道埋深。

（2）地表下沉测点横向间距宜为 2~5m。量测范围应大于隧道开挖影响范围。在隧道中线附近测点宜适当加密。建（构）筑物对地表下沉有特殊要求时，测点应适当加密，范围应适当加宽。

（3）地表下沉量测应在开挖工作面距离测点不小于隧道埋深与隧道开挖高度之和处开始，直到衬砌结构封闭、下沉基本稳定时为止。

（4）地表下沉量测频率应根据量测区间段的位置确定：当开挖面距量测断面前后距离 $d\leqslant 2.5b$ 时，每天 1~2 次；$2.5b<d\leqslant 5b$ 时，每两天量测一次；$5b<d$ 时，每周量测一次；当有工序转换或出现异常情况时，应适当增大量测频率。

（5）应及时计算当次地表下沉变形值和变形速率，绘制地表下沉量与时间关系曲线，及地表横向下沉量与时间关系曲线，回归分析量测结果，预测该测点可能出现的最大地表下沉变形值，评估围岩稳定性。

9）地表水平位移量测应符合下列规定：

（1）有可能发生滑移的洞口段高边坡应结合地表下沉设置地表水平位移测点。

（2）采用全站仪进行量测时，地表水平位移测点宜与地表下沉测点设在同一断面上。

10）存在下列情况可埋设土体测斜管量测土体深层水平位移：

（1）穿越建（构）筑物或周边建（构）筑物要求较高；

（2）存在严重偏压；

（3）具有明显滑移面。

7.4.3 监控量测数据处理与应用

1）监控量测应及时进行数据整理和数据分析，并绘制监控量测数据时态曲线和距开挖面距离变化曲线图；应绘制地表下沉值沿隧道纵向和横向变化量和变化速率曲线。

2）监控量测数据整理、分析与反馈应符合下列规定：

（1）对初期的时态曲线应进行回归分析，预测可能出现的最大值和变化速度，掌握位置变化的规律。

（2）数据异常时，应及时分析原因，提出对策和建议，并及时反馈有关单位。

3）围岩稳定性的综合判别，应根据监控量测结果，按下列指标判定：

（1）实测位移值不应大于隧道的极限位移，并按表 7-6 进行管理，一般情况下，将隧道设计的预留变形量作为极限位移，设计变形量应根据检测结果不断修正。

表 7-6 位移管理等级

管理等级	管理位移（mm）	施工状态
Ⅲ	$U < (U_0/3)$	可正常施工
Ⅱ	$(U_0/3) \leqslant U \leqslant (2U_0/3)$	应加强支护
Ⅰ	$(2U_0/3) < U$	应采取特殊措施

注：U—实测位移值；U_0—设计极限位移值。

（2）根据位移速率判断：速率大于 1.0mm/d 时，围岩处于急剧变形状态，应加强初期支护；速率变化在 0.2～1.0mm/d 时，应加强观测，做好加固的准备；速率小于 0.2mm/d 时，围岩达到基本稳定。在高地应力软岩、膨胀岩土、流变蠕变岩土和挤压地层等不良地质和特殊性岩土中，应根据具体情况制定判别标准。

（3）根据位移速率变化趋势判断：当围岩位移速率不断下降时，围岩处于稳定状态；当围岩位移速率保持不变时，围岩尚不稳定，应加强支护；当围岩位移速率上升时，围岩处于危险状态，必须立即停止掘进，采取应急措施。

（4）初期支护承受的应力、应变、压力实测值与允许值之比大于或等于 0.8 时，围岩不稳定，应加强初期支护；初期支护承受的应力、应变、压力实测值与允许值之比小于 0.8 时，围岩处于稳定状态。

7.5 超前地质预报

7.5.1 一般规定

1）跟踪地质调查与超前地质预报，应达到下列主要目的：

（1）在施工前期地质勘察成果的基础上，进一步查明掌子面前方一定范围内围岩的地质条件，进而预测前方不良地质以及隐伏的重大地质问题。

（2）为信息化设计和施工提供依据。

（3）为降低地质灾害发生风险提供预警。

（4）为编制交竣工文件提供地质资料。

2）隧道超前地质预报应以地质分析为基础，运用地质调查与物探相结合、长短探测相结合、洞内与洞外相结合、物探与钻探相结合、超前导洞与主洞探测相结合、地质构造探测与水文探测相结合的综合预报方法，并相互验证。

3）隧道施工前应根据区域地质资料和设计文件的地勘资料，编制超前地质预报方案和实施细则，报批后实施。

4）隧道超前地质预报应包括下列主要内容：

（1）地层岩性预报，特别是对软弱夹层、破碎地层、煤层及特殊性岩土的岩性预报。

（2）地质构造预报，特别是对断层、节理裂隙密集带、褶皱等影响岩体完整性的构造发育情况的预报。

（3）不良地质预报，特别是对岩溶、人为坑洞、瓦斯等发育情况的预报。

（4）地下水预报，特别是对岩溶管道水以及富水断层、富水褶皱轴、富水地层中的裂隙水等发育情况的预报。

5）超前地质预报按预报距离可分为3类，见表7-7。

表7-7 超前地质预报按预报距离分类

按预报长度分类	预报长度 L（m）	说明
短距离预报	$L<30$	可采用地质调查法、地质雷达法及超前钻探法等
中距离预报	$30 \leqslant L<100$	可采用地质调查法、弹性波反射法及超前钻探法等
长距离预报	$L \geqslant 100$	可采用地质调查法、弹性波反射法及超前钻探法等

6）应根据隧道工程地质与水文地质条件和复杂程度、地质因素对隧道施工影响程度、诱发环境问题程度等，针对不同类型地质问题，选择不同方法和手段，分段、分级进行超前地质预测预报。

7）施工过程中应将开挖揭露的地质情况与多方法超前地质预测预报对比印证，提高预报准确率和精度，动态调整超前地质预测预报分级、方法、手段。

8）隧道超前地质预报应由具有相关经验的单位实施，实施单位应根据预报方案和合同规定配备专业人员和仪器设备，仪器设备的性能、精度及效率应能满足预报和工期的要求。

9）超前地质预报相关各方应协调一致、相互配合，信息传递顺畅、反馈及时、决策处理迅速。

10）地质预报结论应有书面报告，并及时报送相关单位，所有预报资料应存档备查。

11）超前地质预报结果有异常情况时应及时通知相关单位，并采取多种超前探测手段，详细查明。

12）超前地质预报应进行实际地质状况与设计的对比分析，总结经验教训，不断提高隧道工程地质勘察质量。

7.5.2 地质调查法

1）地质调查法应包括隧道地表补充地质调查和隧道内地质素描，可适用于各种地质条件下的隧道超前地质预报。

2）地表补充地质调查应在隧道内实施超前地质预报前进行，并在洞内超前地质预报实施过程中根据需要及时补充修正。

3）隧道内地质素描应包括掌子面地质素描和洞身地质素描。

4）地质调查法应开展地层分界线、构造线的地下和地表相关性分析，地质作图等工作。

7.5.3 物探法

1）地质条件复杂的隧道和存在多种干扰因素的隧道，应根据被探测对象的物性条件开展综合物探，并与其他探测方法相互配合，对所测得的物探资料进行综合分析。

2）物探仪器及附属设备应满足性能稳定、结构合理、构件牢固可靠、防潮、抗震和绝缘性良好等要求。仪器应定期保养和比对检校。

3）弹性波反射法可适用于划分地层界线、查找地质构造、探测不良地质体的厚度和范围，应符合下列规定：

（1）下列情况可选择弹性波反射法：

①探测对象与相邻介质存在较明显的波阻抗差异并具有可被探测的规模；

②断层或岩性界面的倾角、构造走向与隧道轴线的夹角有利于弹性波的反射和接收。

（2）数据采集时应减少隧道内其他震源振动产生的地震波、声波干扰，采取压制地震波、声波干扰的措施。

（3）地震波反射法与地震反射负视速度法可长距离预报具有一定规模的溶洞、洞穴和断层破碎带、软硬岩接触带等。软弱破碎地层或岩溶发育区的有效探测距离宜取100m左右，不宜超过150m；岩体完整的硬岩地层的有效探测距离宜取150~180m，不宜超过200m。

（4）水平声波剖面法可中距离预报断层破碎带、洞穴、采空区等。软弱破碎地层或岩溶发育区的有效探测距离宜取20~50m，不宜超过70m；岩体完整的硬岩地层的有效探测距离宜取50~70m，不宜超过100m。

（5）连续预报时前后两次应重叠10m以上。

（6）隧道位于曲线时，宜缩短预报距离。

4）地质雷达法可适用于岩溶、采空区、空洞、断层破碎带、软弱夹层等不均匀地质体的探测，应符合下列规定：

（1）探测目标体与周边介质之间存在明显介电常数差异，电磁波反射信号明显，且探测目标体具有足以被探测的规模时，可选择地质雷达法。

（2）探测区域不应有较强的电磁波干扰；现场探测时应清除或避开测线附近的金属等电磁干扰物，不能清除或避开时，应在记录中注明，并标记出位置。

（3）硬岩地层的有效探测距离宜取20~30m；泥质和软弱破碎地层、潮湿含水层或岩溶发育区的有效探测距离宜取10~20m，并结合雷达波形判定。

（4）连续预报时前后两次宜重叠5m以上。

5）高分辨直流电法应符合下列规定：

（1）现场采集数据时，应布设3个以上的发射电极进行空间交汇，区分各种影响，并压制不需要信号,突出隧道前方地质异常体信号。

(2) 应尽量排除金属物体等导电体、低阻体的干扰。

(3) 有效探测距离不宜超过 80m,连续探测时前后两次宜重叠 10m 以上。

6) 物探成果应与地表、洞内地质调查资料、已有地勘资料进行印证,综合分析,形成物探报告。

7) 物探报告应主要包括施工简介、地质概况、物探法、数据采集、数据处理、地质解译、地质评价与建议等内容。

习题与讨论

1. 公路隧道预应力锚杆测试内容主要有哪些?
2. 简述喷射混凝土强度测定方法。
3. 施工监控量测的主要测试内容有哪些?
4. 简述使用探地雷达检测隧道初次衬砌质量方法。

附录 A 单位、分部及分项工程的划分

1. 路基工程

小桥及符合小桥标准的通道、人行天桥、渡槽，大型挡土墙、组合挡土墙按座或处划分分部工程，涵洞、砌筑防护工程按路段划分分部工程，并列出了各自所含的具体分项工程名称，便于及时对工程质量进行评定。排水工程应根据其数量、工程特点以及施工程序划分。

2. 桥梁工程

桥梁按照桥长或跨径进行分类，上部构造和下部构造分部工程划分规定桥跨范围，以力求分部工程规模相近。

3. 互通式立体交叉工程

去除原来的互通式立体交叉工程，在各自的路基和桥涵部分评定。

4. 隧道工程

原标准《公路工程质量检验评定标准》（JTG F80/1—2004）分部工程太多，对分部工程进行了重新划分，将总体与装饰装修合并，明洞并入洞口工程，洞身衬砌包括支护（超前支护和初期支护）和二次衬砌。鉴于目前特长隧道数量增多，将辅助通道增列为分部工程，此外明确了单位工程和分部工程的划分。

5. 交通工程

将交通工程分为交通安全设施和交通机电工程，作为两个独立的单位工程。交通安全设施分部工程的路段长度进行了调整。

增加声屏障工程，声屏障和绿化工程分别作为单位工程进行评定。

房屋建筑工程也纳入进来作为单位工程，应按其相应的专业工程质量检验评定标准进行评定。房屋建筑工程按其相应的专业工程质量检验评定标准进行评定。

如有本附录未列出的分项工程，但又无法列入其他单位工程时，可放到本单位工程另设的分部工程中。

附录 B 结构混凝土外观质量限制缺陷

本附录按照结构混凝土常见外观质量缺陷的特征现象分类，并根据外观缺陷对结构性能、使用功能、耐久性和景观的影响程度，规定不允许存在或出现后必须加以处置的限制缺陷。

B.0.1 为全面准确了解外观质量，并通过外观检查发现其他可能存在的质量缺陷，对混凝土构件或结构应进行全面检查。

B.0.2 对结构混凝土的表面进行涂装或其他装饰后，将改变其外观状况，外观缺陷可能被覆盖，缺陷的大小范围、轻重程度等难以判定，故检查前要求不得进行此类施工。

B.0.3 本条规定限制缺陷。结构混凝土出现外观缺陷是难以避免的，不允许有任何外观缺陷存在经济上并不合理。同时，不同结构、构件，外观缺陷对其性能、使用功能、耐久性和景观的影响不同，只要其影响程度在一定范围内，应允许存在。

（1）缺陷现象描述参照现行《混凝土结构工程施工质量验收规范》（GB 50204）编制。

（2）限制的预应力混凝土构件非受力裂缝和受力裂缝仅限于在施加预应力区域且与预应力方向垂直的裂缝。其他区域和方向的裂缝限制与普通钢筋混凝土构件的规定相同。

（3）由露筋造成的危害不仅是钢筋的锈蚀、截面削弱，还有因锈胀引起的混凝土剥落，引发更大面积的锈蚀，应严格限制出现露筋现象。

（4）蜂窝、疏松的深度超过 10mm 时，其范围一般也较大，对保护层厚度削弱较多，应加以限制。

（5）棱线不直、翘曲不平等外形缺陷虽然不影响结构性能，但对结构功能、安装及景观效果有影响，应加以限制。

（6）混凝土颜色受水泥品种影响大，使用不同厂家的水泥产品会使混凝土颜色产生差异，模板表面、养护因素也有影响。另一方面，混凝土颜色随时间逐渐发生变化，颜色差异虽会影响景观效果，但并不一定表示其性能存在差异。故本次修订取消了原标准《公路工程质量检验评定标准》（JTG F80/1—2004）外观质量中对混凝土颜色的要求。

参考文献

[1] 新华社. 中共中央 国务院印发《交通强国建设纲要》[J]. 中华人民共和国国务院公报, 2019 (28): 5-10.

[2] 全国人大常委会对《中华人民共和国计量法》做出修改决定 [J]. 中国计量, 2018 (12): 28.

[3] 全国人民代表大会常务委员会关于授权国务院在营商环境创新试点城市暂时调整适用《中华人民共和国计量法》有关规定的决定 [J]. 中华人民共和国全国人民代表大会常务委员会公报, 2021 (7): 1313.

[4] 中华人民共和国国务院. 中华人民共和国标准化法 [J]. 中华人民共和国国务院公报, 1988 (27): 867-870.

[5] 中华人民共和国全国人民代表大会常务委员会. 全国人民代表大会常务委员会关于修改《中华人民共和国产品质量法》等五部法律的决定 [J]. 中华人民共和国全国人民代表大会常务委员会公报, 2019 (1): 66-123.

[6] 中华人民共和国国务院. 中华人民共和国国务院令（第714号），2019.04.23.

[7] 交通部. 公路水运工程试验检测管理办法（交通部2005年12号令）.

[8] 交通运输部. 公路水运工程试验检测信用评价办法（试行）（交质监发〔2009〕318号）.

[9] 交通运输部. 公路水运工程试验检测信用评价办法（交质监发〔2018〕78号）.

[10] 中国建筑材料科学研究总院. 通用硅酸盐水泥：GB 175—2007 [S]. 北京：中国标准出版社，2007.

[11] 首钢总公司，冶金工业信息标准研究院，钢铁研究总院. 金属材料 弯曲试验方法：GB/T 232—2010 [S]. 北京：中国标准出版社，2010.

[12] 交通部公路科学研究所. 公路工程集料试验规程：JTG E42—2005 [S]. 北京：人民交通出版社，2005.

[13] 交通运输部公路科学研究院. 公路工程沥青及沥青混合料试验规程：JTG E20—2011 [S]. 北京：人民交通出版社，2011.

[14] 交通运输部公路科学研究院. 公路土工试验规程：JTG 3430—2020 [S]. 北京：人民交通出版社，2020.

[15] 国家认证认可监督管理委员会. 实验室资质认定工作指南 [M]. 北京：中国计量出版社，2007.

[16] 交通运输部. 关于公布《公路水运工程试验检测机构等级标准》及《公路水运试验检测机构等级评定程序》的通知（交质监发〔2008〕274号），2008.

[17] 交通运输部. 关于进一步加强公路水运工程工地试验室管理工作的意见（厅质监字〔2009〕183号），2009.

[18] 交通运输部. 交通运输部办公厅关于印发工地试验室标准化建设要点的通知（厅质监字〔2012〕200号），2012.

[19] 交通运输部. 交通运输部关于进一步加强和规范公路水运工程试验检测工作的若干意见（交质监发〔2013〕114号），2013.

[20] 交通运输部. 公路水运工程试验检测管理办法（交通运输部令2016年第80号），2016.

[21] 交通运输部．交通运输部关于公布《公路水运工程试验检测机构等级标准》及《公路水运工程试验检测机构等级评定及换证复核工作程序》的通知（交安监发〔2017〕113号），2017．

[22] 中华人民共和国交通运输部．公路水运工程试验检测等级管理要求：JT/T 1181—2018［S］．北京：人民交通出版社，2018．

[23] 交通运输部安全与质量监督管理司，交通运输部职业资格中心．公路水运工程试验检测专业技术人员职业资格考试用书：公共基础［M］．2021年版．北京：人民交通出版社，2021．

[24] 交通运输部质监局．公路工程工地试验室标准化指南［M］．北京：人民交通出版社，2012．

[25] 河南省交通运输厅．高速公路施工标准化技术指南 第一分册：工地建设［S］．郑州：河南人民出版社，2016．

[26] 交通运输部工程质量监督局．公路水运试验检测数据报告编制导则：JT/T 828—2019［S］．北京：人民交通出版社，2019．

[27] 交通运输部．交通运输部办公厅关于发布公路工程试验检测仪器设备计量管理目录的通知（厅科技字〔2012〕305号），2012．

[28] 交通运输部．关于印发《公路工程试验检测仪器设备检定/校准指导手册》的通知（质监综字〔2013〕5号），2013．

[29] 中华人民共和国交通运输部．公路试验检测数据报告编制导则：JTT 828—2012［S］．北京：人民交通出版社，2012．

[30] 王梦恕．重任，摆在我们面前：我国公路隧道修筑技术发展现状［N］．中国交通报，2002-11-06（B01）．

[31] 中国冶金建设协会．岩土锚杆与喷射混凝土支护工程技术规范：GB 50086—2015［S］．北京：中国计划出版社，2015：100-107．

[32] 中华人民共和国交通运输部．公路隧道施工技术规范：JTG/T 3660—2020［S］．北京：人民交通出版社股份有限公司，2020：176-216．

[33] 中华人民共和国交通运输部．公路隧道养护技术规范：JTG H12—2015［S］．北京：人民交通出版社，2015．

[34] 中华人民共和国住房和城乡建设部．锚杆锚固质量无损检测技术规程：JGJ/T 182—2009［S］．北京：中国建筑工业出版社，2009．

[35] 乔志琴．公路工程试验检测［M］．北京：人民交通出版社，2007．

[36] 中华人民共和国交通运输部．公路工程质量检验评定标准：JTG F80/1—2017［S］．北京：人民交通出版社，2017．

[37] 中华人民共和国交通运输部．公路路面技术状况自动化检测规程：JTG/T E61—2014［S］．北京：人民交通出版社，2014．

[38] 中华人民共和国交通运输部．公路路基路面现场测试规程：JTG 3450—2019［S］．北京：人民交通出版社，2019．

[39] 侯相琛，曹丽萍．公路养护与管理［M］．北京：人民交通出版社，2017．

[40] 董连成，宋高嵩．公路工程检测技术［M］．北京：化学工业出版社，2013．

[41] 凌天清．道路工程试验检测技术［M］．重庆：重庆大学出版社，2020．

[42] 胡昌斌，韩建刚．道路与桥梁检测技术［M］．北京：人民交通出版社，2015．

[43] 中华人民共和国交通运输部．公路桥涵养护规范：JTG 5120—2021［S］．北京：人民交通出版社，2021．

[44] 中华人民共和国交通运输部．公路桥梁技术状况评定标准：JTG/T H21—2011［S］．北京：人民交通出版社，2011．

[45] 中华人民共和国交通运输部．公路桥梁荷载试验规程：JTG/T J21-01—2015［S］．北京：人民

交通出版社，2015.
［46］中华人民共和国交通运输部. 公路桥梁承载能力检测评定规程：JTG/T J21—2011［S］. 北京：人民交通出版社，2011.
［47］姚国文. 桥梁检测与加固技术［M］. 北京：人民交通出版社，2014.